# TRAVAILLEZ COMME INDEPENDANT EN MODE MISSION

## Tirez profit de la Nouvelle Economie

Par Daniel Pardo

Editions Allo Mission

© Allo Mission, Paris, 2017

www.allomission.com

Une Marque de Transifi Management

56 rue Davy 75017 Paris

Tous droits réservés.

Crédit photo couverture : Philippe Du Pont

ISBN : 978-2955987308

# L'Auteur

**Daniel PARDO** est le fondateur et Dirigeant de la société de portage salarial Flexi-Entrepreneur. Il accompagne quotidiennement des managers de transition et des experts à déployer leur activité d'indépendant avec plus de simplicité.

Les formes de travail en mode mission sont une véritable opportunité et c'est ce qui l'a motivé à publier cet ouvrage.

# Remerciements

Si vous pouvez lire cet ouvrage, c'est grâce à la contribution et au soutien de managers de transition, de *contracteurs*, de consultants, de dirigeants et d'experts. Leurs conseils, remarques et apports pour cet ouvrage ont une valeur inestimable. Un Grand Merci pour votre aide et pour votre esprit de partage.

**Alain Bosetti** - Président du Salon SME et co-auteur du livre *Je réussis grâce à mon réseau* (Dunod)

**Alexandre Lecherf** – Directeur Associé du cabinet IMT Partners

**Aymeric de Jenlis** – Directeur Associé du cabinet IMT Partners

**Bernard Granier** – Manager de Transition en sureté des biens et des personnes

**Bertrand Riedinger** – Vice-Président du SNMT

**Carole Valenza** – Directeur Ressources Humaines, spécialisée en management de transition

**Catherine Mongénie** – Directeur de ressources humaines et Présidente de l'ANDRH des Hauts de Seine

**Christophe Etienne** – Président du Réseau Oudinot et Directeur des Opérations France du Laboratoire Galderma

**Dominique Leymarie** – Président du Réseau Daubigny

**Eric Beaudouin** – Président de Oasys Consultants

**Eric Lamarque** – Directeur financier de transition

**Gaël Guays** – Directeur Achats de Transition

**Géraldine Hurez** – Coordinatrice de projet

**Gwen Chapman** – Directeur Financier de Transition

**Hanna Vaaranen** – Directeur de Ressources Humaines

**Hervé Allaire** – Directeur Général de Transition

**Isabelle Hiaux** – Directeur Achats de Transition

**Jacques van Robais** – Directeur Associé du cabinet IMT Partners

**Jérôme Hoarau** – coach et consultant, co-auteur de *Le Réflexe Soft Skills* (Dunod)

**Laurence Frenkiel** – Directeur de Ressources Humaines et spécialiste du Management de Transition

**Laurent Péchinot** – Directeur Actuariat Manager de Transition

**Mahdi Ben Ghorbel** – Intégrateur systèmes 4G/LTE

**Marc-William Attié** – Directeur National BNI France et Belgique francophone

**Marie Koehler de Montblanc** – Avocat, Directeur Associé du Cabinet FIDAL

**Marie-Pierre Huré** – Secrétaire Générale du MEDEF Hauts-de-Seine

**Michèle Le Donge** – Consultante création d'entreprise Right Management

**Olivier Sarezinski** – Co-Fondateur de OptimRezo

**Patricia Blanche-Rotermund** – Avocat, Directeur Associé du Cabinet FIDAL. Un merci tout particulier pour votre accompagnement sur les aspects juridiques et sociaux.

**Philippe Kersebet** – Intérim management en Contrôle de Gestion

**Pierre Valiergue** – Directeur opérationnel assurances

**Rémi Guittet** – Conseiller chez V. International

**Samuel Tual** – Président du Groupe Actual, Président du Medef Mayenne et auteur de *Le Travail pour Tous !* (Alisio)

**Thierry Debut** – Urbaniste Systèmes d'Information

**Thierry Mosbah** – Directeur de Ressources Humaines de Transition

**Wilfrid Pliya** – Directeur Administratif et Financier de Transition

Un grand merci aux salariés et partenaires de Flexi-Entrepreneur et à toutes les personnes qui ont facilité la rédaction de cet ouvrage.

# Sommaire

L'Auteur ................................................................5

Remerciements ......................................................5

Sommaire ..............................................................9

Préambule ............................................................11

INTRODUCTION GENERALE ................................ 13
    Saisir le moment présent ..................................13

CHAPITRE 1 : Naviguer en indépendant dans la nouvelle économie ...........................................................23
  1. Qui sont les *contracteurs* ? ......................... 23
  2. Les tendances actuelles de l'économie favorisent les indépendants ...................................... 35
  3. Des conséquences importantes sur l'organisation des entreprises ......................................... 42
  4. Suis-je fait pour devenir contracteur ?........ 47

CHAPITRE 2 : Trouvez vos missions.......................55
  1. Les premiers éléments avant de vous lancer ............. 55
  2. Posez vos conditions financières ................ 67
  3. Consolidez votre image au début de votre activité ..... 77
  4. Prospectez en direct.................................... 92
  5. Prospectez les cabinets ............................. 100
  6. Cultivez votre réseau professionnel............ 109
  7. Gérez votre premier rendez-vous commercial ?........123

CHAPITRE 3 : La dimension administrative................151
  1. Quels sont les différents statuts possibles ? .............. 151
  2. Les étapes administratives pour se lancer.................184
  3. Le contrat de prestation de services ? .........231

CHAPITRE 4 : En mission .................................243
  1. Le premier mois décisif de la mission .........243
  2. Quelques bonnes pratiques pour bien s'intégrer en entreprise............................................264

3.    Comment faire face aux freins et difficultés ?........... 279
4.    Conclure la mission................................................. 286

CHAPITRE 5 : Entreprises, comment intégrer les
consultants externes et sécuriser vos relations ...........299
   1.    Les préalables d'une collaboration réussie ............. 300
   2.    Les ingrédients d'une collaboration en mode mission
       réussie .................................................................... 338

CONCLUSION GENERALE .....................................355
   Savoir saisir les opportunités............................................. 355
   Un nouveau mode de travail................................................ 356

Bibliographie.................................................................357
   Ouvrages .............................................................................357
   Ressources internet........................................................... 358

ANNEXES ......................................................................359
   Annexe 2.1 - Contacter via les groupes Linkedin .............. 360
   Annexe 2.2 - La liste des cabinets de management de
             transition ........................................ 363
   Annexe 2.3 - La liste des cabinets de conseils et des ESN 365
   Annexe 2.4 – Proposition de collaboration........................367
   Annexe 3.1 – Les étapes de création d'une entreprise .......372
   Annexe 4.1 – Préparation d'intervention...........................373
   Annexe 4.2 – Rapport d'étonnement..................................378
   Annexe 4.3 – Trame de fin de mission............................... 383
   Annexe 5.1 – Préparation d'intervention ........................... 386

Table des matières ........................................................ 391

# Préambule

*« Votre travail remplit une grande partie de votre vie, et la seule manière d'être pleinement satisfait est de faire ce que vous pensez être un super travail. Et la seule façon de faire un super travail c'est d'aimer ce que vous faites. Si vous ne l'avez pas encore trouvé, continuez de le chercher. Ne vous résignez pas. Et comme pour toutes les choses qui vous tiennent à cœur, vous saurez lorsque vous l'aurez trouvé. »*
- Steve Jobs

Le travail *en mode mission longue* est une approche nouvelle et complémentaire aux autres modes d'intervention traditionnels en entreprise. En effet, ce mode de travail ouvre de nouvelles perspectives pour proposer son expertise à une société. Au-delà des opportunités professionnelles supplémentaires, travailler *en mode mission longue* est un style de vie à part entière. D'où la montée croissante du nombre de consultants indépendants en France et ailleurs. Mais de quoi s'agit-il précisément ? Comment se lancer en *contracteur* ou manager de transition ? Quelles sont les bonnes pratiques à mettre en place pour gérer ses missions ?

L'objectif de cet ouvrage est de vous apporter des éléments de réponses à ces questions à travers des méthodes et des conseils de consultants indépendants en mission longue en entreprise. Vous serez ainsi guidé pas à pas depuis le choix de votre statut juridique, jusqu'à la conclusion de votre mission en passant par des conseils pratiques pour décrocher votre premier contrat.

L'approche de ce livre est empirique : vous découvrirez des astuces et des techniques utilisées sur le terrain par d'autres experts. Certains éléments peuvent par conséquent vous sembler naturels, d'autres parfois surprenants. L'objectif est donc de vous donner un panel d'options dans lequel vous pourrez tester et sélectionner ce qui correspond le mieux à votre situation et à vos aspirations.

*Bonne lecture à vous !*

*Daniel PARDO*

# INTRODUCTION GENERALE
*Les opportunités de la Nouvelle Economie*

## Saisir le moment présent

> « *Le pessimiste voit la difficulté dans l'opportunité.*
> *L'optimiste voit l'opportunité dans la difficulté* »
> - Winston Churchill.

L'avenir regorge d'opportunités. Si notre système économique connaît aujourd'hui d'importants bouleversements, et sort avec peine de la crise financière de 2008, de nouveaux horizons s'ouvrent en même temps. Nous le savons, l'économie est faite de cycles et est rythmée par des moments de crise. Or, c'est bien souvent dans les crises que les grandes innovations naissent. Voici quelques exemples illustrant une tendance bien réelle et soulignant la corrélation entre les périodes de crises et la vivacité de l'innovation[1].

- De nombreux chercheurs ont mis ce phénomène en évidence, aux Etats-Unis notamment, dès la fin du XVIIIème siècle[2].

---

[1] Alfred Kleinknecht, *Determinants of Innovation*, Palgrave, 1996

[2] Par exemple, Joel Mokyr, dans http://www.econtalk.org/archives/2013/11/joel_mokyr_on_g.html, ou Sally H. Clarke, Naomi R. Lamoreaux et Steven W. Usselman dans *The Challenge of Remaining Innovative*, Stanford University Press, 2009

- Au XIXème siècle la révolution industrielle connaît plusieurs crises, souvent suivies d'innovations majeurs : des énergies nouvelles (pétrole et électricité), de nouveaux moyens de transport (rail surtout, puis automobile dans un second temps), des modes de consommation alternatifs (grands magasins).
- Les années 30, pourtant marquées d'une des pires crises de l'histoire, représentent la décennie la plus remplie d'innovations du XXème siècle, particulièrement dans les télécommunications : radar, radio FM, perfectionnement des premiers prototypes de téléviseurs, mais aussi photocopieuse, stylo à bille et papier scotch !
- De nos jours, c'est le numérique, et plus particulièrement ses nouvelles applications (nouveaux modes de mise en relation, importances des données et métadonnées ou Big Data), qui mènent la course à l'innovation.

De nombreuses innovations voient le jour pour faire face aux problèmes actuels.

- Les océans surexploités, par le commerce mondial, sont soumis à une pollution importante. Pour faire face à ce défi, The Ocean Cleanup, lancé par un jeune entrepreneur, vise à nettoyer nos océans pollués.
- L'inégalité d'accès aux comptes bancaires dans les différents pays du monde a été contournée par Muhammad Yunus, inventeur du micro-crédit.
- Les dérives du piratage musical ont donné lieu à l'invention de iTunes, qui conserve les avantages de la dématérialisation tout en permettant de continuer à rémunérer les artistes.

- C'est pour pallier les imperfections des systèmes de transport, et à l'engorgement des routes, que Frédéric Mazzella a eu l'idée de fonder BlaBlacar.

De nos jours, malgré les nombreuses innovations que nous connaissons, notre rapport au travail en particulier change profondément. Les modes de collaboration évoluent, favorisent la flexibilité, le changement et l'agilité au sein des organisations. Le travail indépendant ne cesse de croître, et il n'y a jamais eu autant d'entrepreneurs en France qu'aujourd'hui : plus de 500,000 créations d'entreprises par an, et pas seulement de micro-entreprises[1] ! L'envie d'indépendance attire un nombre croissant de nouvelles vocations. Nous assistons à un véritable engouement pour l'indépendance et l'entrepreneuriat[2].

Pour autant, ce livre ne tient pas à en faire le Graal de l'économie globalisée de demain. Le salariat constitue, dans la plupart des cas, la forme traditionnelle du travail, et cela convient parfaitement à un grand nombre de personnes. Les salariés jouissent d'importantes garanties, en particulier en termes de protection sociale, de stabilité et de sécurité. Et même si certaines voix prédisent la fin prochaine du salariat, elle n'est en fait ni souhaitable ni réaliste, car être salarié est plus qu'un mode de travail, c'est un choix de vie.

---

[1] Chiffres de l'INSEE.

[2] 37% des Français se déclarent désireux de lancer leur entreprise un jour. Enquête de l'Union des Autoentrepreneurs.

Un choix de vie que beaucoup d'experts ont fait dans leur vie professionnelle. Une carrière classique peut en effet se dérouler au sein d'une seule entreprise voire deux ou même trois. Mais il arrive que, par choix ou par accident, un expert veuille réinventer son mode de travail, et se tourner vers l'indépendance. Avec un sérieux bagage d'expérience et de compétences, comme manager (DG, DRH, DAF, DSI...), mais aussi comme expert qualifié (développeur web, spécialiste en communication, architecte IT, directeur artistique, etc.), l'indépendance est envisageable.

En France, c'est une voie pratiquée depuis 20 ans par les managers de transition et par des consultants intervenant dans des SSII (les Sociétés de Services et d'Ingénierie en Informatique) ou des ESN (Entreprises de Services du Numérique). Mais elle peut être empruntée par n'importe quel autre professionnel.

C'est pourquoi ce livre existe. Afin d'accompagner au mieux les tendances nouvelles voyant le jour sur le marché du travail, et de répondre à l'envie d'un nombre croissant de personnes désirant innover, se lancer et créer sur mesure leur activité, ce livre a été pensé comme un manuel. Il a vocation d'informer, d'éclairer et de guider les actuels ou futurs experts quelques soient leurs domaines (informatique, finance, ressources humaines...) désirant exercer leur profession de manière indépendante auprès d'entreprises clientes. Car si franchir un tel pas est susceptible de vous mener à la création d'entreprise, il peut aussi vous mener à un grand nombre d'autres statuts, voire même à retrouver un contrat de travail salarié classique !

# Travailler *en mode mission* : l'innovation d'aujourd'hui

Vous êtes de plus en plus nombreux à intervenir sur des durées significatives dans les entreprises sans forcément avoir un contrat de travail salarié. Nous pouvons appeler ce mode d'intervention : *travailler en indépendant en mode mission*, ou encore *être contracteur*. En effet, aujourd'hui il n'existe pas de mot en français pour qualifier ce groupe d'intervenants extérieurs indépendants qui assurent des missions de longue durée en entreprise. Ce sont des experts à qui l'on confie des projets. En ancien et en moyen français, nous trouvons le terme de *"constracteur"*, au sens de *"celui qui conclut un contrat"*[1]. Pourquoi ne pas s'en saisir à nouveau ? Le *contracteur* est donc l'indépendant qui travaille *en mode mission de longue durée.*

Ce mode de travail a toujours existé, mais son développement s'accélère, et revêt, depuis quelques années, de nouvelles formes, en particulier avec la montée du management de transition. Les managers de transition sont des *contracteurs*. Ils interviennent, généralement, pour une durée de 3 à 18 mois dans les entreprises les engageant, pour y mener à bien une mission précise. Mais d'autres experts ont des problématiques similaires à celles des managers de transition et peuvent intervenir comme *contracteurs*. Par exemple, les métiers de :
- l'informatique, intégrateurs, développeurs,
- du marketing ou de la communication,
- artistiques, designers,
- de la qualité de la sécurité et de l'environnement,
- de la sureté des biens et des personnes.

---

[1] *Dictionnaire du Moyen Français*, http://www.atilf.fr/dmf/

# Le *mode mission* : pourquoi et pour qui ?

Devenir *contracteur* permet avant tout de gagner en indépendance et en flexibilité. Un *contracteur* prospecte ses clients potentiels, crée une relation de confiance avec eux, fixe les termes de son intervention, agit dans la durée fixée, et change de mission lorsque la précédente est achevée. La vie d'un *contracteur* est faite d'engagement, de responsabilités et d'aventures. Dans l'exercice de ses fonctions, il est affecté à une mission précise, avec des responsabilités généralement élevées, voire très élevées. Dans les temps d'intermission, il fait le bilan et se projette dans l'avenir, entretient son réseau et travaille sur ses acquis, ou tout simplement jouit pleinement de son temps libre.

Pour se lancer dans ce mode de travail, les qualités essentielles sont donc l'enthousiasme, l'envie, des compétences professionnelles solides et du courage. La réorientation professionnelle peut être une étape difficile lorsqu'elle est subie, après un licenciement par exemple. Mais elle peut surtout être l'occasion de se remettre en question et de faire des choix.

Pour vous accompagner dans ce cheminement, ce livre vise à donner un panorama exhaustif de l'environnement de travail qui attend le consultant indépendant *en mode mission longue*, le *contracteur*, et à le guider dans les étapes successives de son lancement, de la préparation au changement jusqu'à l'exécution de la mission. Vous y trouverez donc les clefs permettant de :

- comprendre le cadre dans lequel ce nouveau mode de travail s'inscrit,
- savoir si ce mode de travail est fait pour vous,
- travailler en mode projet/mission avec des entreprises,

- retrouver une activité en vous appuyant sur votre expertise,
- effectuer votre transition de salarié à consultant indépendant,
- connaître les statuts juridiques qui s'offrent à vous,
- mettre en œuvre les meilleures pratiques pour se lancer, trouver et réaliser vos missions,
- facturer vos prestations à des entreprises,
- considérer les problématiques de l'entreprise cliente.

# CHAPITRE 1

# Naviguer en indépendant dans la nouvelle économie

1. Qui sont les *contracteurs* ?

2. Les tendances actuelles de l'économie favorisent les indépendants

3. Des conséquences importantes sur l'organisation des entreprises

4. Suis-je fait pour devenir *contracteur* ?

# CHAPITRE 1 : Naviguer en indépendant dans la nouvelle économie

> « *Face au monde qui change, il vaut mieux penser le changement que changer le pansement.* »
> - Francis Blanche

## 1. Qui sont les *contracteurs* ?

### 1.1. Les termes liés au consultant externe

Il n'existe pas encore de référentiel international communément admis pour désigner les consultants indépendants en mode mission.

Peter Block dans son ouvrage *Flawless Consulting* différencie le *consulting* (définir les paramètres, faire un audit) et le *contracting* (travailler dans les paramètres, réaliser la mission définie par un audit). L'auteur de l'ouvrage *Consulting, Contracting and Freelancing*, Ian Benjamin, quant à lui, utilise le terme de *consultant* pour désigner cette famille d'indépendants en mode mission composée de *freelances* (en mission courte) et de *contractors* (en mission longue).

Afin de clarifier la terminologie, voici les définitions adoptées pour cet ouvrage :

## *Les consultants indépendants*

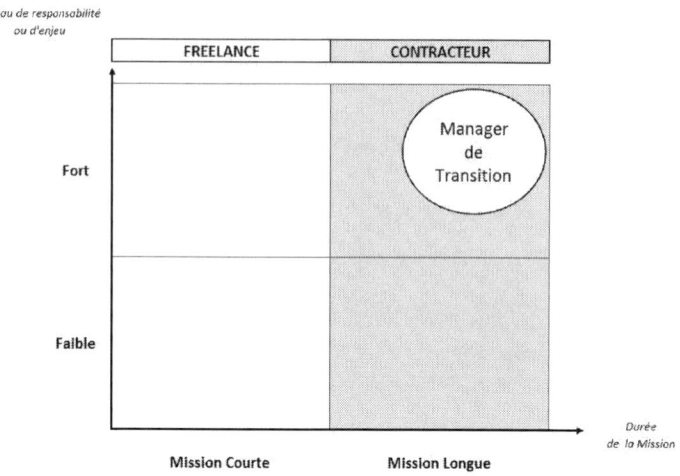

### Quelques définitions

<u>Contracteur</u> : En France, il n'existe pas de terme pour désigner le mode de travail en mission longue durée. Le terme de « contracteur » sera ici adopté afin de désigner les personnes travaillant de cette manière, par opposition à celles qui exercent des missions de courte durée. La différence entre contracteur au sens large et Manager de Transition porte sur le niveau de responsabilité managériale ou du niveau d'enjeu. Tous les contracteurs ne sont pas managers, mais tous les managers de transition sont des contracteurs.

*Exemple : Paul remporte un contrat de 10 mois pour réaliser le site internet de son client, en gérer la mise en place, ainsi que la prise en main par les futurs administrateurs web.*

<u>Management de Transition</u> : « Le management de transition est une prestation de service consistant à permettre à des entreprises ou organisations de bénéficier, dans un délai court et pour une durée déterminée, de compétences managériales opérationnelles hautement qualifiées pour faire face à des situations particulières rencontrées par ces structures. » (Fédération Nationale du Management de Transition)[1].

NB : Le manager de transition n'est pas un « cost killer » et n'est pas défini par sa séniorité ni son âge.

*Exemple : Bernard, un manager de transition est missionné pour 6 mois pour diriger le bureau à Londres d'une entreprise de services. Il fait du management de transition.*

<u>Freelance</u> : « Travailler pour différentes entreprises en indépendant pour effectuer certaines tâches ou projets, plutôt que de travailler à plein temps pour une seule organisation. » (Cambridge Dictionnary). Le freelancing rassemble les missions de longue durée comme de courte durée. Mais ce terme désigne généralement une intervention ponctuelle, aux enjeux généralement moins importants que ceux des contracteurs, qui travaillent forcément sur des missions de longue durée.

*Exemple : Dominique va pouvoir donner 6 heures de formation pour l'équipe de commerciaux de son client. Elle a également prévu 2 heures de formation la même semaine pour un autre client.*

<u>Consultant</u> : Une personne proposant son expertise à une entreprise. Il recouvre un grand nombre d'activités et de modes de travail différents.

---

[1] Livre blanc du management de transition édité par la Fédération Nationale du Management de Transition

*Exemple : Paul, Bernard et Dominique sont entrepreneurs indépendants et proposent leurs services à d'autres entreprises. Ils sont consultants.*

Plus généralement, par facilité de langage, le terme consultant sera employé comme synonyme de *contracteur* car il est au final plus employé et plus générique. Si besoin la portée sera précisée.

*Par conséquent, par rapport à l'exemple précédent, seuls Paul et Bernard seront généralement visés par le terme consultant.*

Cabinet de Management de Transition : « Le cabinet de Management de transition cadre la demande du client et le met en relation avec le manager de transition le plus compétent pour la mission. Il suit également le bon déroulement de la mission pour en faire un bilan quand cette dernière est menée à terme. » (livre blanc de la FNMT - Fédération Nationale du Management de Transition). *Exemple : Valtus, EIM, IMT Partners.*

SSII (Société de services et d'ingénierie en informatique) : « La SSII est experte dans le domaine des nouvelles technologies et de l'informatique. » (Petite-Entreprise.net)

ESN (Entreprise de Services du Numérique) : il s'agit du terme employé depuis 2013 pour désigner les SSII. Exemple : Altran, Alten, Akka Technologies.

Cabinet de conseil : Sociétés délivrant des avis ou des recommandations à des entreprises par exemple en matière de stratégie, d'achats, de management, d'organisation... *Exemple : BCG, McKinsey, Bain, Meotec.*

## 1.2.   Exemples de situation

Un contracteur, ou consultant indépendant en mission longue en entreprise, offre ses services pour réaliser des missions spécifiques et délimitées dans le temps. Chaque mission longue durant entre 3 et 18 mois en moyenne, vous vous assurez un rythme professionnel tonique avec des nouveautés régulières. Travailler en mode mission c'est aussi l'opportunité d'explorer de nouveaux secteurs d'activités tout en s'appuyant sur son expertise.

Voici quelques exemples de situations menant au contracting ou au management de transition.

**1er scénario** : Une personne en poste souhaite devenir indépendante et travailler en mode mission.

> *Un chiffre :*
>
> # 37% des français disent vouloir un jour
>
> être à leur propre compte.
>
> Enquête réalisée par l'Union des autoentrepreneurs en 2016

Le travail en mode mission apporte de nombreux avantages, qui séduisent les personnes désireuses d'augmenter leur rémunération, avoir de plus grands défis, plus de responsabilité, plus de flexibilité, ou de diversité dans leur travail. Si c'est votre cas, que vous soyez actuellement en poste en entreprise ou que vous aspiriez simplement à travailler en mode mission, alors vous n'êtes pas seul ! En effet, selon une enquête réalisée par l'Union des autoentrepreneurs en 2016, 37% des français disent vouloir un jour être à leur propre compte.

**2ème scénario** : Un ex-salarié d'une entreprise à la recherche d'un nouvel emploi.

---

*Un chiffre :*

# +70% Le nombre de chômeurs

âgés de 50 ans et plus a
augmenté de 70% entre 2010 et 2014.
Source : Pôle Emploi

---

Si vous êtes dans cette situation, adopter le mode mission peut avoir un grand avantage. Plutôt que de vous mettre dans la posture d'un demandeur d'emploi, vous vous positionnez en situation de prestataire de services. Plusieurs bénéfices en découlent :

- vous vous démarquez vis-à-vis des recruteurs avec une approche différente,

- vous changez votre dynamique car il est plus confortable d'être dans une posture d'offre de services que de demande d'emploi,
- vous offrez à l'entreprise une autre option de collaboration qui pourrait mieux lui convenir,
- vous proposez de remplir une mission plutôt que de prendre un poste.

Se présenter comme prestataire de services change la dynamique de l'entretien. Inversez les rôles, faites en sorte que ce soit le client qui parle davantage de lui afin de mieux cerner sa problématique : tout à fait l'opposé d'un entretien d'embauche habituel.

Ce scénario fonctionne aussi bien pour les cadres souhaitant devenir managers de transition, que pour les contracteurs avec une spécialisation. Notez que certaines personnes n'ont pas forcément choisi cette option mais cela leur permet d'avoir de nouvelles perspectives pour leur recherche d'emploi. C'est le cas notamment des seniors éprouvant des difficultés à retrouver un emploi.

---

**Le saviez-vous ?**

Les entreprises britanniques sont de plus en plus nombreuses à proposer des missions en « contracting » sur les sites d'offres d'emploi comme vous pouvez le voir sur ideed.co.uk. Sur ce site, vous pouvez cocher la case « contract » pour ne voir que des offres de ce type. Ce genre de possibilité arrive progressivement en France mais tous les sites ne le proposent pas encore, loin de là.

---

**3ème scénario** : Les freelancers opérant en missions courtes et voulant plus de stabilité.

Un consultant intervenant en entreprise à travers des missions ponctuelles a une contrainte très forte : la récurrence de ses revenus. Même si les missions courtes peuvent bénéficier de rémunérations journalières plus élevées, à moyen et long terme elles sont généralement moins rémunératrices que les missions longues et requièrent un temps important de prospection commerciale. Travailler en tant que consultant indépendant dans le cadre de missions longues permet souvent une plus grande stabilité.

**4ème scénario** : Les experts voulant augmenter leur niveau de rémunération.

L'une des plus fortes motivations pour devenir consultant indépendant est notamment la perspective d'une rémunération plus élevée (selon l'étude menée par l'Agence France Entrepreneur pour le Salon des Entrepreneurs en 2016).

Nous verrons donc quelles sont les raisons pour lesquelles les rémunérations perçues sont, en effet, généralement plus élevées dans le cadre de missions longues.

## 1.3.   Le cas des missions de courte durée

Le travail en mode mission existe sous deux formes différentes : les missions courtes et les missions longues. Cet ouvrage est entièrement consacré aux missions longues. Mais arrêtons-nous un petit instant sur les missions courtes.

Vous pouvez intervenir en entreprise de manière ponctuelle, allant d'une heure à plusieurs jours pour une mission. C'est le cas par exemple des consultants qui animent une journée de créativité pour une équipe, ou pour effectuer une consultation de deux heures pour conseiller un dirigeant sur sa prise de décision.

Les missions longues, à l'inverse, sont toujours adossées à un projet de plusieurs mois au minimum. Elles demandent une implication plus forte avec le client et se construisent sur la confiance mutuelle de long terme.

Travailler en indépendant dans le cadre de missions courtes ou longues apporte des avantages. Voici un tableau comparatif (indicatif) des avantages de ces deux formes de travail en mode mission :

| Missions de courte durée | Missions de longue durée |
|---|---|
| Etre son propre patron ||
| Avoir des responsabilités ||
| Relever des défis stimulants ||
| Etre rémunéré à la hauteur de son engagement ||
| Gérer sa carrière soi-même ||
| Expérimenter une grande diversité de missions ||
| Ne pas être mêlé aux jeux de politique interne ||
| Avoir une plus grande liberté vis-à-vis de l'entreprise. ||
| Avoir la possibilité d'augmenter votre rémunération. ||
| Travailler de chez soi (liberté géographique) | Travailler dans l'entreprise (est entouré) |
| | Bénéficier d'une protection sociale équivalente à un salarié est possible |
| | Ne pas avoir à constamment prospecter des clients potentiels |
| | Bénéficier des ressources de l'entreprise pour mener à bien sa mission |

Bien que cet ouvrage soit principalement centré sur le travail en mode mission longue, les bonnes pratiques présentées seront utiles aux consultants intervenant en missions courtes tels que les formateurs, les coachs, etc. Par ailleurs, il n'est pas exclu de débuter sa carrière de consultant indépendant avec une mission courte pour tester ce type de prestation et voir s'il vous convient.

Il peut également être pertinent parfois d'accepter une mission courte si vous identifiez le potentiel de transformer la collaboration en mission longue par la suite.

Le travail en missions courtes est tout à fait adapté aux personnes qui valorisent, dans la vie professionnelle, la diversité des expériences. Mais il faut d'emblée noter que le travail en tant que manager de transition, ou contracteur, apporte des avantages importants, notamment d'un point de vue financier.

Le premier avantage notable du travail en mode mission longue comparé à celui en mission courte est qu'il demande moins de démarchage commercial. En effet, le contracteur ou le manager de transition est généralement en mission pour 4 à 18 mois consécutifs, durant lesquels, il n'a pas besoin de prospecter d'autres clients, à l'inverse de son homologue, qui lui, pour dégager des revenus réguliers doit prospecter. En plus de consommer beaucoup d'énergie et de temps, ce mode d'organisation a également un impact économique important.

Prenons l'exemple d'un freelancer en mission courte facturant 1100€ par jour de prestations. S'il doit en moyenne passer 10 jours pour trouver une mission et créer de la récurrence dans ses revenus, alors il aura 10 jours de non-activité pour une journée de prestation payée. Si vous étalez cette rémunération sur ces 11 jours, cela ne revient pas à 1100 euros par jour mais à 100 euros par jour. Une énorme différence !

A contrario, le contracteur facturant 500 euros par jour aura quant à lui généré 5500 euros de chiffre d'affaires sur 11 jours d'activité. Si vous extrapolez cela sur plusieurs mois et considérez que la mission du contracteur peut même être reconduite sur une année, la différence finit par être très grande entre le niveau de rémunération du consultant en mission courte et celui du consultant en mission longue.

## 1.4. Quels sont les prérequis pour travailler en mode mission de longue durée ?

La première condition est d'avoir une expertise particulière à proposer aux entreprises. Cette expertise doit reposer sur :
- votre expérience (les missions que vous avez pu réaliser par le passé),
- votre niveau de connaissance (un savoir pointu sur la thématique concernée),
- votre niveau de compétences (en termes de savoir-faire et de savoir-être).

Ian Benjamin conseille également aux consultants de posséder les qualités suivantes :

- Une capacité de communication pour mener un entretien commercial avec un client (identifier son besoin, dégager une attitude professionnelle, faire preuve d'empathie, ...),
- Être persistant et patient (le nombre d'essais et d'entretien peut être élevé avant de décrocher la mission),
- Savoir prendre des risques (en tout cas ne pas rester dans l'inertie par peur du risque).

L'auteur souligne également quatre compétences clefs que l'indépendant en mode mission doit développer :

- Professionnalisme,

- Compétences interpersonnelles,

- Sens des affaires,

- Compétences en conseil.

Ces compétences peuvent être développées grâce à des outils et techniques que vous retrouvez notamment dans cet ouvrage. Ainsi vous comprendrez qu'un commercial ayant exercé dans le milieu du BTP pendant 10 ans pourra proposer ses services à une entreprise du même secteur pour une mission commerciale car il aura acquis tout le bagage et la légitimité pour le faire. L'entreprise est donc prête à rémunérer davantage une personne expérimentée et opérationnelle sur laquelle elle pourra compter dès le premier jour de sa mission

Cela implique donc de votre part une disponibilité réelle et une mobilité immédiate. Il arrive en effet que l'entreprise vous missionne sur un de ses sites situé loin de votre domicile. Et contrairement à un freelancer en mission courte, le consultant en mission longue tend à travailler dans les locaux de l'entreprise, comme un salarié.

Notez qu'il n'existe pas de diplôme pour devenir manager de transition ou contracteur, vous pouvez donc dès aujourd'hui l'intégrer à votre CV si vous pensez remplir les conditions pour le faire.

## 2. Les tendances actuelles de l'économie favorisent les indépendants

Pour vivre avec enthousiasme la période « d'ubérisation de l'économie » que nous traversons, une économie de plus en plus flexible, allégée d'intermédiaires, caractérisée par un rapprochement constant entre l'offre et la demande, grâce notamment aux nouvelles technologies, il est important d'en décrypter les tendances.

Les faits le montrent, le nombre de « freelancers » (ou consultants indépendants), a explosé en Europe ces dernières années. Selon l'étude réalisée par le « European Forum of Independant Professionnals » en 2014, le nombre d'indépendants a augmenté de plus de 45% entre 2000 et 2013, et de plus de 85% sur la même période en France. Une véritable explosion !

Les origines de ce boom de l'entrepreneuriat individuel sont multiples avec :

- une situation globale propice au « freelancing », qui est devenu une alternative pour renouer avec une activité professionnelle dans un contexte de chômage,
- des entreprises motivées par le recours à l'externalisation de certains de leurs services,
- des avantages pour les personnes désirant travailler en mode mission,
- le besoin et l'envie d'être plus flexible et agile (à la fois pour les entreprises et les personnes désirant travailler en mode mission).

## 2.1. Une économie en transformation : l'ubérisation du travail

De nombreuses innovations technologiques, organisationnelles et opérationnelles ont impulsé de grands changements dans notre société ces dernières années.

La plus connue d'entre elles est Uber, ce service créé en 2009 en Californie, permettant la mise en relation d'un chauffeur privé avec une personne désirant être transportée contre rémunération d'un point A à un point B.

Le déploiement de cette technologie a provoqué une remise en question du paradigme du transport privé, surtout pour les taxis, ces derniers ayant vu leur métier directement mis en danger. Mais au-delà de ces bouleversements, ce sont les utilisateurs qui sont ravis avec une nouvelle expérience. De plus elle ouvre des perspectives pour les personnes désirant diversifier leurs activités !

Cet impact d'Uber au niveau mondial a été tel ; qu'un néologisme est apparu : « l'ubérisation ».

L'ubérisation désigne tous les modèles économiques portés par de nouvelles pratiques reposant sur une innovation technologique qui supprime des intermédiaires et accélère la mise en relation entre l'offre et la demande. Plusieurs secteurs sont concernés par l'ubérisation de leur activité[1] :

- L'hôtellerie : AirBnB par exemple a « ubérisé » le secteur de l'hôtellerie en permettant aux particuliers de réserver un logement pour une nuit ou une semaine directement chez d'autres personnes. Le particulier peut donc aussi devenir hôte et être rémunéré pour ce service.
- Les librairies : Amazon peut être considéré comme « le Uber » des librairies en permettant aux lecteurs de commander des livres sans se déplacer. De même, les particuliers peuvent eux aussi publier leurs ouvrages directement sur la plateforme d'Amazon via Kindle ou Createspace. Certains sont devenus auteurs indépendants grâce à cette ubérisation.
- Les banques : Le crowdfunding est une pratique permettant de financer des projets directement par des particuliers à travers des petits montants. Des plateformes célèbres telles que Kickstarter ont permis à des millions de personnes de lancer leurs projets soutenus par leur communauté.

Les exemples ci-dessus ne sont pas exhaustifs, et il serait maladroit de réduire l'ubérisation aux plateformes de mise en relation ou aux places de marché en ligne. Ce qui est notable, c'est la diminution du nombre d'intermédiaires à leur strict minimum. Et ce phénomène de fond peut concerner tous les secteurs d'activité.

---

[1] http://www.lemonde.fr/les-decodeurs/article/2015/06/26/de-quoi-l-uberisation-est-elle-le-nom_4662261_4355770.html

Or, l'ubérisation est avant tout une chance car elle incite au renouvellement et à l'ouverture. Il est aujourd'hui plus simple et plus courant d'aborder une entreprise en lui proposant vos prestations, votre expertise, vos tarifs et vos conditions d'intervention.

Sur le plan personnel, si vous souhaitez travailler uniquement le matin, c'est tout à fait envisageable ! Facturer à la journée de travail, à la semaine ou au mois, c'est possible. Puisque votre mode de relation n'est plus celui de salarié à employeur, mais de prestataire à client, la flexibilité gagne du terrain.

Devenir consultant indépendant et facturer vos prestations directement à l'entreprise partenaire, ce n'est pas de la science-fiction. Au contraire, ce mode de travail est parfait pour les personnes qui désirent plus d'indépendance.

Sur le plan social, la flexibilisation du travail telle qu'elle peut se pratiquer aujourd'hui n'équivaut pas, comme on l'entend parfois, à un retour au travail du XIXème siècle, antérieur au Code du Travail et à la protection sociale généralisée. Bien au contraire ! Il est possible aujourd'hui d'être flexible sans perdre les avantages classiques du salariat. Nous verrons bientôt comment cela est possible.


De leur côté, les entreprises connaissent bien sûr cette manière de fonctionner qui consiste à faire appel à des prestataires externes pour réaliser des tâches et projets internes : c'est l'externalisation.

## 2.2. L'externalisation : une tendance de fond

L'externalisation vient du terme anglo-saxon "outsourcing", signifiant recourir à des services externes à son entreprise pour y réaliser des activités internes. Elle permet d'obtenir quatre avantages principaux :
- réduction des coûts,
- recherche d'un savoir-faire spécifique,
- recentrage sur le cœur de métier
- gain en flexibilité.[1]

Quatre sources de motivation confirmées par le rapport de l'INSEE « Les entreprises du tertiaire externalisent aussi leurs services »[2].

Comme le notent Cécile Jolly et Emmanuelle Prouet dans un rapport publié par France Stratégies en mars 2016 sur l'avenir du travail, le modèle de l'emploi actuel en France et dans le monde occidental de manière générale est remis en cause depuis les années 1980. La tertiarisation de notre économie pousse les entreprises à se transformer, recentrant une grande partie des activités sur le service.

Or, cette transition amène les organisations à modifier leur manière de fonctionner et de gérer leurs talents. C'est dans ce contexte que celles-ci recourent à l'externalisation de certaines de leurs activités (comme la communication, le marketing, etc.) afin de rester centré sur le cœur de leur activité et de générer ainsi d'autres avantages.

---

[1] Rapport Deloitte "Environnement de travail Quel modèle d'externalisation dans votre entreprise ?" Octobre 2012
[2] http://www.insee.fr/fr/ffc/docs_ffc/IP952.pdf

Même si les besoins d'externalisation sont différents selon la taille et le secteur d'activité des entreprises, cette tendance à recourir à des prestataires de service est une réelle opportunité pour les professionnels indépendants (20% à 65% de taux d'externalisation dans les entreprises de service selon les fonctions[1]).

Cette pratique amène naturellement les chefs d'entreprises à ne plus se focaliser sur les postes ou les emplois à créer. Ainsi il est plus aisé de réfléchir *en mode projet,* et d'externaliser les services nécessaires à la réalisation de chaque projet particulier.

Par exemple, il peut s'agir dans ce cas de l'accompagnement de la transformation d'un service interne ou du développement d'un marché. Par conséquent, du point de vue des indépendants, cette tendance à l'externalisation génère de nouvelles aubaines pour les personnes désirant travailler *en mode mission.*

## 2.3.  La tendance vers l'indépendance

Le travail *en mode mission* est une pratique qui n'est pas nouvelle dans notre société. Dans les années 1980, les Etats-Unis ont vu se déployer dans leur économie des travailleurs indépendants, principalement dans le domaine de l'immobilier et de la construction. Rapidement, ce mode de travail a séduit d'autres pays tels que le Royaume-Uni et les Pays-Bas, puis le reste de l'Europe.

---

[1] Les entreprises du tertiaire externalisent aussi leurs services, INSEE

Depuis les années 1990, d'autres services et secteurs sont concernés par ce mode de travail, comme les prestations intellectuelles telles que la comptabilité, le marketing, la communication, la vente, ... Et la tendance continue avec les métiers du digital depuis les années 2000.

La diversité des modes de travail, le manque de définitions homogènes et des réalités très différentes entre les pays posent un véritable défi aux études statistiques tentant de recenser le nombre d'indépendants. Ces chiffres peuvent beaucoup varier d'une source à une autre, par conséquent, ils sont à prendre avec précaution.

### Quelques chiffres clefs

| Pays | Nombre d'indépendants | Pourcentage de la population active |
|------|------------------------|--------------------------------------|
| Etats-Unis [1] | 53 millions | 34% |
| Royaume-Uni [2] | 5,1 millions | 16% |
| France [3] | 2,8 millions | 10% |
| Europe (UE à 28) [4] | 30,6 millions | 14% |

Une étude de Intuit en 2010 anticipe une augmentation du nombre de consultants indépendants aux Etats-Unis, passant la barre des 60 millions d'ici à 2020 (soit plus de 40% de la population active).[5]

---

[1] "Freelancers Union '53 million' report" réalisé en 2014
[2] « Business statistics », The House of Commons Library, 2015
[3] « Panorama de l'emploi et des revenus des non-salariés », 2011, INSEE
[4] Eurostat 2016, http://ec.europa.eu
http://appsso.eurostat.ec.europa.eu/nui/show.do?dataset=lfsq_esgaed&lang=en
[5] http://http-download.intuit.com/http.intuit/CMO/intuit/futureofsmallbusiness/intuit_2020_report.pdf (page 21)

# 3. Des conséquences importantes sur l'organisation des entreprises

> *« Les espèces qui survivent ne sont pas les espèces les plus fortes, ni les plus intelligentes, mais celles qui s'adaptent le mieux aux changements. »*
> - Charles Darwin

Souplesse, agilité, flexibilité, réactivité. Ces termes sont incontournables lorsqu'on parle · du renouveau de l'entreprise du 21e siècle. Celle-ci a plus que jamais besoin de repenser son organisation du travail et d'envisager la question de l'emploi sous un prisme nouveau, qui puisse introduire dans l'organisation les nouvelles formes de travail: sous-traitance, statut de freelance, management de transition, portage salarial, etc.

En effet, au-delà de l'emploi, les entreprises connaissent une période de changements liée à une conjoncture globale mouvante : globalisation, NTIC, ubérisation, externalisation, tertiarisation, aspirations nouvelles des travailleurs, etc.

Afin de s'adapter à ces changements, les organisations doivent elles aussi se transformer pour devenir plus flexibles et plus agiles.

## 3.1.    Qu'est-ce qu'une entreprise agile ?

L'agilité d'une organisation est la capacité de cette dernière à apporter une réponse rapide à un changement en adaptant la configuration de sa structure initiale[1]. Une entreprise agile peut donc changer son fonctionnement interne ou moduler ses ressources pour répondre à des besoins émergents. C'est le cas notamment des startups travaillant en mode projet pour apporter une innovation rapide à un besoin précis. Les entreprises agiles sont armées pour avancer dans l'inconnu et l'incertitude.

Le gouvernement britannique a publié un guide de bonnes pratiques en 2014 pour un travail plus agile en organisation : « Smart Working for the Civil Service »[2].

Voici les 7 principes que ce rapport met en avant :

1- Le travail a lieu dans les endroits les plus adaptés, dans un temps approprié tout en respectant les besoins de la tâche, du client, de l'individu et de l'équipe.

2- La collaboration simplifiée et la connexion virtuelle quel que soit le lieu géographique des personnes. Cela implique donc de partager les informations et de travailler ensemble quel que soit l'endroit où les collaborateurs se trouvent.

3- Les espaces sont alloués à des activités, pas à des personnes et pas sur la base de la séniorité.

4- L'approche « Flexibilité d'abord » implique que la flexibilité est la norme et pas l'exception. Tous les membres de l'organisation doivent travailler dans ce sens sans présupposition liée au poste ou à la responsabilité.

---

[1] Leybourn, Evan (2013). Directing the Agile Organisation: A Lean Approach to Business Management
[2] http://www.flexibility.co.uk/downloads/TW3-Guide-to-SmartWorking-summary3mb.pdf

5- L'approche « travail intelligent » offre un équilibre entre la liberté de choisir, la responsabilité et la réponse aux besoins des clients.

6- Les processus dans lesquels les collaborateurs travaillent doivent être régulièrement remis en question afin de s'assurer qu'ils remplissent leurs objectifs.

7- Le management de la performance est centré sur les résultats et pas sur la présence.

Dans ce rapport, l'optimisation des ressources semble être l'une des clefs les plus importantes de l'agilité. Cette optimisation permet d'augmenter l'efficacité (la capacité à atteindre ses objectifs) et l'efficience (l'optimisation des ressources durant le processus d'action).

En travaillant en *mode mission* vous pouvez apporter de vraies réponses à l'enjeu d'agilité des entreprises. En effet, votre mode d'intervention offre aux sociétés l'optimisation des ressources, l'efficacité et l'efficience attendues de l'agilité.

Au-delà de la recherche d'agilité, les organisations faisant appel à des équipes externes rencontrent également un besoin de définition ou de redéfinition des rôles internes au sein de la structure.

## 3.2. Rôles et responsabilités des fonctions internes de l'entreprise

*« Les deux choses les plus importantes n'apparaissent pas au bilan de l'entreprise : sa réputation et ses hommes. »*
- Henry Ford

Rendre l'entreprise plus agile par le recours à des consultants externes provoquera quelques changements dans sa manière de fonctionner, principalement du point de vue de la répartition des responsabilités en son sein.

Comment répondre à un besoin urgent ? Mettre en place un nouveau projet ? Disposer rapidement des compétences d'un expert introuvable en interne ? Voilà quelques-unes des questions auxquelles les entreprises doivent régulièrement trouver des réponses. Or, en fonction du statut juridique des intervenants, nous nous apercevons que le processus de décision interne pourra être confié à un département différent à chaque fois. Prenons un exemple.

Imaginons que l'entreprise « Je Grosssi » déploie un projet informatique pour lequel elle ait besoin de recourir pendant 6 mois à un responsable de projet informatique. Pour cette mission, si l'entreprise envisage de recruter en CDD, l'équipe des Ressources Humaines sera probablement sollicitée pour recruter l'expert recherché.

De même pour recruter ce candidat, l'intérim sera sans doute envisagé et piloté par le même département. Toutefois, si ce même candidat souhaite intervenir ni en CDD, ni en intérim mais tout simplement en facturant des honoraires au travers de l'entreprise qu'il a créée, alors le processus est susceptible d'être géré par d'autres départements.

Dans ce cas, cela passerait peut-être par le Département des Achats, comme il s'agit d'un prestataire de services, ou directement par le département métier (ici la Direction Informatique), qui peut recourir sans intermédiaire aux services d'une société externe (celle du consultant indépendant) et en imputer la charge sur son budget propre de fonctionnement.

Cet exemple ne fait qu'illustrer l'un des aspects induits par l'intervention de consultants indépendants. Au quotidien, les entreprises auront certainement tout intérêt à structurer une politique générale des « ressources humaines externes ». Comme nous le verrons dans le chapitre 5, dans le cadre du recours à des consultants externes, l'entreprise doit tenir compte de toutes les dimensions de la structure :

- Dimension Politique des Ressources Humaines. Par exemple, la sélection des candidats quel que soit leur statut juridique (salarié ou indépendant).
- Dimension Achat. Par exemple, les délais de paiement ou la vérification du respect des déclarations sociales et fiscales exigées par la loi.
- Dimension Financière, Comptable et Fiscale. Par exemple, déterminer la pertinence et le coût de passer par une solution externe ou non.
- Dimension Juridique. Par exemple, en évitant tous les risques comme celui de requalification en contrat de travail d'un consultant indépendant.
- Dimension Métier. Par exemple, pour s'assurer de la bonne adéquation poste/candidat.

Bien entendu, chaque service ou département doit assurer sa partition mais il conviendra probablement qu'il n'y ait qu'un seul chef d'orchestre pour pouvoir tenir une politique globale cohérente. Pour votre part, en intervenant comme externe, un manque de cohérence de la politique générale des « ressources humaines externes » peut selon les cas constituer un avantage ou un inconvénient. Si cela vous pose problème, vous avez toujours la possibilité de proposer vos services comme salarié.

Maintenant que vous avez un aperçu des enjeux du travail en *mode mission*, vous pouvez vous préparer à vous lancer !

# 4.    Suis-je fait pour devenir contracteur ?

*« Il faut d'abord savoir ce que l'on veut, il faut ensuite avoir le courage de le dire, il faut enfin l'énergie de le faire »*
- Georges Clémenceau

## 4.1.    Un mode de travail stimulant

Le travail en mode mission permet d'aborder une grande diversité de situations, et d'enrichir son panel d'expériences et de compétences. A travers des missions exigeantes et motivantes d'une durée de plusieurs mois, vous accumulerez un bagage d'expérience important en peu de temps.

Si vous avez toujours travaillé dans le même secteur d'activité, devenir contracteur vous permettra de conserver votre cœur de métier et de connaître des expériences nouvelles et enrichissantes. Si vous avez exercé pendant 20 ans dans une entreprise de transport en commun, le métier de Directeur Marketing, vous pouvez l'exercer cette année dans une entreprise de construction, l'an prochain dans une industrie pharmaceutique ! En décidant de vous lancer en tant que consultant indépendant pour donner un second souffle à votre parcours professionnel, vous pourrez tout à fait proposer vos services à des entreprises de domaines variés. De quoi casser la routine qui s'était petit à petit installée dans votre ancien CDI ? La posture de consultant indépendant offre une liberté et une possibilité d'exploration extrêmement stimulantes.

Travailler en tant que consultant indépendant apporte d'autres éléments de motivation. Selon des études observées par Daniel Pink et rapportées dans son ouvrage *Drive*[1], il distingue deux types de motivation : la motivation extrinsèque illustrée par l'image de la carotte et du bâton, et la motivation intrinsèque, plus durable, parce qu'elle vient de la personne elle-même.

L'auteur explique comment cette dernière motivation offre de meilleurs résultats à long terme à travers trois piliers : le sens, l'autonomie et la maîtrise. En d'autres termes, une tâche vous motive si vous comprenez pourquoi vous la réalisez, si vous vous sentez libre de vos décisions et de vos actions, et si vous développez vos compétences et votre expertise en travaillant.

---

[1] Drive: The Surprising Truth About What Motivates Us, Daniel Pink, 2011

En mode mission, puisque vous choisissez vos clients, vous gardez la main sur votre carrière et vous développez votre expertise à travers des missions stimulantes. Les conditions optimales de motivation dont parle Daniel Pink sont réunies afin de rester motivé sur la durée dans le cadre du travail en mode mission.

## 4.2. Avec les avantages des entrepreneurs sans les inconvénients

En tant que consultant indépendant, vous avez de nombreux avantages proches de ceux d'un chef d'entreprise, avec, la plupart du temps, une prise de risques moindre.

En effet, pour un contracteur, les risques sont limités par rapport à ceux du dirigeant de TPE ou de PME car :

- Vous ne cherchez qu'un client à la fois.
- Les charges sont limitées. Par exemple, un ordinateur et un abonnement internet suffisent et vous pouvez chercher vos missions depuis chez vous (pas de loyer).
- Le BFR (Besoin de Fond de Roulement) est beaucoup moins important et a priori vous ne devriez pas en souffrir (sauf si vous accordez des délais de paiement trop importants).
- Vous n'avez pas de salariés ou de fournisseurs à gérer.
- Vous n'aurez pas d'associés ou d'actionnaires à intégrer dans les prises de décision.
- Vous n'avez pas besoin d'investir de capital.
- Vous n'avez pas besoin de recourir à l'endettement.

Finalement le consultant indépendant est un entrepreneur qui a moins de problèmes à gérer qu'un dirigeant de TPE et de PME ! Pourtant il vit avec le même état d'esprit. La liberté et la flexibilité qu'apporte l'entrepreneuriat, l'envie d'apporter de la valeur ajoutée à ses clients ; ces valeurs sont au cœur de l'activité en mode mission.

## 4.3.  Ce mode de travail est-il fait pour vous ?

Le travail en mode mission est destiné aux personnes désirant prendre leur autonomie pour intervenir sur des projets spécifiques en tant que consultant externe.

Donc si vous aimez les défis avec des objectifs à atteindre. Si être cadré par des délais ne vous inquiète pas. Si vous appréciez la collaboration avec d'autres personnes et avez le sens des responsabilités, alors il est fort probable que ce mode de travail vous corresponde.

Le travail en mode mission de longue durée peut concerner des managers de transition pour les cas suivants :
- des projets de croissance d'entreprise (exemple : Un groupe rachète un concurrent et vous êtes missionné pour réorganiser la direction de la nouvelle filiale),
- des projets d'adaptation (exemple : Une entreprise est en difficulté économique et vous êtes missionné pour accompagner un plan social),
- des projets de changement (exemple : Une organisation veut améliorer l'efficacité de ses équipes en changeant de système d'information ; vous êtes missionné pour intégrer ce nouveau système dans tous les services).

Le travail en mode mission de longue durée peut aussi se faire dans un cadre non managérial et plus opérationnel. Voici quelques exemples de contracteur en mission :
- un recruteur pour recruter de nouveaux talents,
- un développeur web pour créer une nouvelle plateforme,
- un consultant pour organiser le congrès national d'un réseau,
- généralement, toute prestation intellectuelle à destination des entreprises sur une durée conséquente.

Le mode d'intervention en consultant en mission longue peut également être une stratégie de rebond. Dans le cadre par exemple d'un plan de restructuration, vous pouvez être accompagné par une entreprise spécialisée en reclassement de salariés.

---

**Interview d'Eric Beaudouin Président de Oasys Consultants**

**Qu'est-ce que l'Outplacement ou le Reclassement ?**
Dans le cadre d'un départ souhaité ou subi, l'entreprise propose au salarié ou au dirigeant une prestation d'accompagnement et de conseil visant à faire réussir son nouveau projet professionnel en cohérence avec ses aspirations et le marché, à bien gérer sa communication, son réseau et à l'aider à vivre de façon positive cette période de transition.
D'après les études du Syntec, le temps moyen de cette transition est divisé par deux pour les personnes se faisant accompagner. En offrant ainsi un outplacement à son collaborateur, au-delà du soutien et de l'assistance apportée,

---

l'entreprise lui démontre de la considération, renforce sa communication interne et externe et rassure les collaborateurs restants.

**Comment cela se déroule-t-il ?**

Habituellement la première étape est un soutien psychologique. Le cabinet d'outplacement offre l'appui d'un coach ou d'un consultant attitré, pour faire :

- un point personnel et professionnel (bilan de carrière),

- définir son projet professionnel, (retrouver un emploi en continuité, se reconvertir, devenir consultant ou manager de transition, créer ou reprendre, une entreprise, etc.),

- fixer la stratégie adéquate pour le réussir dans les délais impartis.

- préparer le discours.

Puis, nous pouvons accompagner le professionnel dans le cadre de sa négociation et dans la phase d'intégration dans ses nouvelles fonctions.

Vous découvrirez au cours de cet ouvrage toutes les possibilités qui s'offrent à vous pour tirer le meilleur parti des nouveaux modes de travail d'aujourd'hui.

# CHAPITRE 2

# Trouvez vos missions

1. Les premiers éléments avant de vous lancer

2. Posez vos conditions financières

3. Consolidez votre image au début de votre activité

4. Prospectez en direct

5. Prospectez les cabinets

6. Cultivez votre réseau professionnel

7. Comment gérer votre premier rendez-vous commercial ?

# CHAPITRE 2 : Trouvez vos missions

La vie d'un consultant indépendant est une aventure remplie de missions à mener. Il se plaint rarement de s'ennuyer, et pour cause, sa vie est pleine d'adrénaline : construire sa marque personnelle, rencontrer de nouveaux interlocuteurs, proposer ses services aux entreprises, découvrir des projets et des missions variés... Le quotidien du contracteur et du manager de transition est rythmé de défis à relever.

Mais avant de brûler les vaisseaux, il est important de valider certains éléments en amont.

## 1. Les premiers éléments avant de vous lancer

> « L'avenir ne se prévoit pas, il se prépare. »
> - Maurice Blondel

Cette partie vous apportera des éléments à considérer avant d'entrer dans le vif du sujet. En mettant en pratique ces astuces, vous préparerez une base solide pour vous lancer.

## 1.1. Le rythme des missions et des intermissions

> « *Il vaut mieux suivre le bon chemin en boitant que le mauvais d'un pas ferme.* »
> - Saint Augustin

L'une des particularités des consultants indépendants est qu'ils naviguent de mission en mission. En choisissant cette voie, votre vie professionnelle et votre vie personnelle seront par conséquent rythmées par les durées de vos missions (quand vous êtes en poste) et celles des intermissions (quand vous n'êtes plus ou pas encore en poste). Cette cadence est à la fois appréciée, car elle permet pendant les périodes de non-activité de prendre du temps pour soi, mais également crainte, si la période d'intermission s'éternisait.

Ces phases d'intermission sont assez proches de celles du démarrage lorsque vous vous lancez pour trouver votre première mission. Certaines personnes profiteront de ce moment pour prendre du temps pour elles (se former ou partir à l'étranger par exemple), d'autres l'utiliseront directement pour le lancement de leur nouvelle activité d'indépendant. Il n'y a pas de bonnes ou de mauvaises façons de faire, cela dépend du contexte dans lequel vous êtes, de vos aspirations et de vos priorités.

Par exemple, si vous avez été salarié dans une entreprise pendant 15 ans et que vous avez décidé de devenir manager de transition pour donner une seconde vie à votre carrière, vous pouvez profiter d'une semaine de repos et d'une semaine de formation durant cette phase de démarrage de votre nouvelle activité (démarrant à la fin de votre contrat salarié et se terminant au premier jour de votre première mission en tant qu'indépendant).

En restant sur cet exemple, imaginez qu'après quatre semaines de démarrage, vous parvenez à décrocher votre première mission qui durera 4 mois. C'est une belle opportunité, car elle permet de vous mettre le pied à l'étrier et de vous lancer comme indépendant. D'ailleurs, l'entreprise cliente vous a fait savoir que ce premier engagement pourrait déboucher sur un nouveau contrat d'une durée plus longue si tout se passait bien. Retenez que ce scénario arrive régulièrement, que des contrats d'une durée de 3 ou 4 mois sont proposés pour démarrer la collaboration et peuvent déboucher sur des missions plus longues par la suite.

Après 10 mois (4 mois initiaux puis 6 mois de plus) de mission réussie, vous arrivez au terme. Une première période d'intermission démarre avec plusieurs possibilités pour vous :
- prendre du temps pour vous, pour une formation ou un moment pour vous ressourcer avant une nouvelle mission,
- chercher une nouvelle mission tout de suite,
- proposer d'aller plus loin avec l'entreprise cliente.

Cet exemple illustre de manière simple la liberté et la flexibilité qu'offre le travail en mode mission longue avec des périodes de mission entrecoupées de périodes d'intermission. Mais gardez tout de même à l'esprit que ces périodes d'intermission peuvent parfois être désagréables (incertitude, recherche de mission, entretiens ...). C'est la raison pour laquelle vous trouverez plusieurs astuces dans ce chapitre pour vous préparer au mieux aux intermissions.

La flexibilité du travail en mode mission est double : elle est à la fois temporelle avec la durée des missions et des intermissions, mais également géographique.

En effet, il est courant notamment dans le milieu du management de transition d'effectuer des déplacements afin d'être basé sur un site de l'entreprise, non nécessairement là où vous habitez en premier lieu. D'ailleurs si vous souhaitez rester en haut de la liste des potentiels retenus pour la mission, mieux vaut être mobile. La mobilité, ou flexibilité géographique apportent des points supplémentaires pour décrocher la mission.

Un autre élément contribuant à vous faire gagner des points auprès des entreprises est de miser sur votre expertise. C'est-à-dire de capitaliser sur votre cœur de métier. En restant centré sur votre « core business », vous serez probablement plus légitime aux yeux des recruteurs cherchant des compétences spécifiques pour leurs missions. Par exemple, si vous avez 10 ans d'expérience en CRM, il sera plus simple d'être retenu pour des missions liées à ce domaine d'expertise. Cela peut paraître basique, mais il est souvent tentant de changer de métier en même temps que de mode de travail (de salarié à consultant indépendant par exemple).

Le travail en mode mission vous permet de changer de secteur d'activité. Par exemple, si vous souhaitez quitter le secteur automobile dans lequel vous avez travaillé tout au long de votre carrière, dans ce cas vous aurez plus de chances de décrocher une mission en capitalisant sur votre expertise métier (le CRM dans l'exemple précédent).

Mais quoiqu'il arrive, gardez à l'esprit que miser sur votre expertise en restant dans votre cœur de métier augmentera vos chances d'être retenu par l'entreprise cliente.

---

**Changer de secteur ou de métier**

Si vous souhaitez profiter de cette transition professionnelle pour changer de secteur et de métier, mais que vous n'êtes pas encore sûr de la direction à prendre, vous pouvez réaliser un bilan de compétences. Ceci peut vous permettre d'avoir une meilleure vision du chemin plus adapté pour vous. Néanmoins, il reste plus simple d'essayer le travail en mode mission, car vous n'avez rien à y perdre et tout à y gagner. C'est en testant par vous-même que vous vous construirez un avis basé sur votre expérience personnelle. D'ailleurs, le choix de travailler en mode mission n'est pas nécessairement un choix définitif, cela peut-être un ou plusieurs moments dans votre vie professionnelle.

---

Après cette réflexion sur le type de carrière que vous souhaitez avoir, êtes-vous d'autant plus convaincu que le travail en mode mission est fait pour vous ? Oui ? Il est alors temps de passer à l'action et de décrocher cette première mission !

## 1.2. Créez un environnement propice à votre changement de carrière

*« La motivation vous fait débuter, mais c'est l'habitude qui vous fait continuer. »*
- Jim Ryun

La quête de la première mission ressemble fortement à celle de la recherche d'un premier emploi. Pour mener à bien cette quête, vous aurez à mettre en place une certaine structure et certaines pratiques pour créer les bonnes conditions menant à la réussite.

Cette structure repose sur 3 piliers :
- l'environnement mental,
- l'environnement de travail,
- l'environnement social,

Votre environnement mental conditionne votre capacité à réaliser des tâches. Votre attitude et votre état d'esprit influent sur les décisions que vous prenez et donc sur les actions que vous réalisez. Si vous êtes dans un état d'esprit de sportif de compétition, que vous avez un désir ardant d'atteindre votre objectif, vous prendrez des décisions vous faisant avancer vers cet objectif, décrocher la première mission. Vos actions iront donc dans ce sens : création du CV, prises de contact, rendez-vous informels...

Comment bâtir un environnement mental propice à cette bonne dynamique ?

En mettant en place quelques astuces simples dans votre quotidien, vous contribuerez à bâtir un bon environnement mental pour avancer dans votre quête de la première mission.

## 1.2.1. Pour votre environnement mental

### Astuce 1 : Se lever pour partir au travail

Quand vous êtes en poste dans une entreprise, vous avez des habitudes quotidiennes : vous  vous levez à la même heure tous les jours, prenez le petit déjeuner avec le café serré, enfilez les vêtements de travail, etc. Ces habitudes vous permettent d'être dans une attitude professionnelle, distinguant ainsi clairement les jours de la semaine des weekends.

Quand vous êtes à la recherche d'une mission, vous n'avez plus l'obligation de vous  lever tôt pour partir au travail. En revanche il sera opportun pour vous de continuer à cultiver ces habitudes pour garder cette attitude professionnelle. Ce rythme quotidien vous mettra dans les bonnes dispositions pour avancer vers votre objectif. Au-delà de l'impact positif sur votre attitude et comportement, ces bonnes habitudes améliorent aussi votre autodiscipline, contribuant ainsi à l'amélioration de votre force de volonté. Or, la force de volonté est un attribut améliorant directement vos chances d'atteindre vos objectifs professionnels[1].

---

[1] Tangney, J. P., Baumeister, R. F., & Boone, A. L. (2004). High self-control predicts good adjustment, less pathology, better grades, and interpersonal success. Journal of Personality,

## Astuce 2 : La to do list

Une autre pratique menant à l'autodiscipline consiste à créer des listes de tâches, ou to do list, vous permettant de mettre sur papier les tâches quotidiennes à réaliser et d'avoir une visibilité sur ce qui a été fait et ce qui reste à faire.

Ces listes d'actions à réaliser peuvent même être exploitées à l'extrême dans ce qui est appelé un « Bullet Journal », un agenda personnel composé de listes de tâches quotidiennes et hebdomadaires. Pour en savoir plus, vous pouvez explorer ce sujet à travers votre moteur de recherches favori. Peut-être un des éléments les plus intéressants à retenir de ces « bullet journaux » est l'utilisation de symboles au début des listes de tâches. Par exemple, vous pouvez utiliser les suivants :

- Le symbole – est utilisé pour les notes diverses,
- Le symbole □ est utilisé pour une tâche à accomplir,
- Le symbole O est utilisé pour un rendez-vous ou un événement.

Lorsqu'une tâche est réalisée, vous la cochez avec un **X**.

Quand elle n'est plus d'actualité, vous rayez la ligne.

## Astuce 3 : Démarrer ses journées par l'important

« Démarrez vos journées en avalant le crapaud » écrivait Mark Twain. En d'autres termes, il recommande que la première chose que vous fassiez soit la réalisation de la tâche la plus importante du jour, celle qui devrait être en haut de votre « to do list ». C'est à ce moment de la journée que votre réservoir d'autodiscipline est au plus haut, donc profitez-en. Si vous attendez d'être épuisé en fin de journée pour le faire, cela sera plus difficile.

Il se peut aussi que vous soyez à court de temps et que vous ayez à reporter la tâche au lendemain. En démarrant votre journée par la réalisation de cette tâche, vous êtes sûr qu'avant d'aller vous coucher, quoiqu'il arrive, vous aurez accompli quelque chose d'important.

---

**L'important n'est pas forcément urgent**

Une tâche importante est une action vous permettant d'avancer vers votre objectif final. Si votre objectif est de décrocher votre première mission, alors les tâches importantes seront celles qui vous aideront à atteindre cet objectif comme par exemple appeler tel recruteur, participer à un événement de networking, postuler à telle offre, etc.

Une tâche urgente n'est pas forcément importante. Si vous avez l'urgence de répondre à un email, mais que ce dernier n'est pas lié à votre objectif final, alors cette tâche est urgente, mais pas importante.

---

Ces trois astuces devraient vous permettre de cultiver un environnement mental propice pour décrocher votre première mission.

Voici maintenant une astuce pour améliorer votre environnement de travail.

## 1.2.2. Pour votre environnement de travail

### Astuce 4 : Aménager un espace de travail

L'environnement de travail, l'espace dans lequel vous allez travailler pour avancer dans votre quête aura un impact important sur votre efficacité. Si vous êtes dans un environnement avec une forte pollution sonore et visuelle, il sera plus difficile pour vous de vous concentrer sur votre tâche comme répondre à des emails par exemple. Afin d'éviter les sources de distractions, aménagez chez vous un espace dédié à votre carrière. Si cela n'est pas possible, optez pour le travail dans un tiers-lieu, dans un café ou dans un espace de coworking par exemple.

Notez que cette situation est temporaire, car une fois la mission décrochée, vous serez installé dans les locaux de l'entreprise cliente.

Cette astuce pour créer un environnement de travail même lorsque vous n'êtes pas en mission sera nécessaire pour cultiver un état d'esprit professionnel. Cependant cela n'est pas suffisant : vous avez également besoin de baigner dans un bon environnement social. C'est ce que vous verrez pour les deux prochaines astuces.

### 1.2.3. Pour votre environnement social

### Astuce 5 : Entourez-vous des bonnes personnes

Les personnes que vous côtoyez régulièrement impacteront votre état d'esprit. D'où l'importance de bien les choisir. Pour cela, vous pouvez faire une analyse de vos fréquentations et comprendre certains aspects de votre comportement au quotidien. Si suite à cette analyse il s'avère que vous aimeriez développer certaines qualités, prenez l'initiative de trouver des personnes possédant eux-mêmes ces traits. Supposons que vous vouliez développer votre mentalité d'entrepreneur, mais que vous n'en côtoyez aucun, alors trouvez dans votre région une association d'entrepreneurs se réunissant régulièrement, et plus précisément une association de managers de transition ou de consultants indépendants si possible. Ces personnes partagent les mêmes défis que vous, ce qui rendra les échanges d'autant plus pertinents.

Vous pouvez aussi créer un groupe d'entraide, ou en intégrer un déjà existant, constitué de personnes possédant les traits que vous aimeriez vous-même développer. Vous serez alors amené à les rencontrer régulièrement, en général de manière hebdomadaire ou mensuelle.

En plus de votre groupe d'entraide, se faire épauler par un mentor peut vous apporter les avantages suivants :
- retours d'expérience sur le métier,
- des conseils pour se lancer,
- des contacts professionnels.

Un mentor peut être un consultant expérimenté ou un salarié en entreprise ayant l'habitude de collaborer avec des contracteurs.

Dans un registre différent du mentorat, le coaching peut également apporter des éléments pour vous épauler lors de la réalisation de vos objectifs. De nombreux professionnels en transition de carrière font appel à un coach pour les accompagner vers la réalisation de leurs nouveaux objectifs. Notez qu'un coach n'est pas là pour vous donner des conseils ou pour réaliser des tâches pour vous, il est là pour faire émerger votre potentiel et s'assurer du processus vous amenant vers la réalisation de votre objectif. Néanmoins, ce type d'accompagnement est payant.

Ces différentes pratiques vous permettront de cultiver un environnement social propice à vous faire avancer et augmenter vos chances d'atteindre vos objectifs.

## Astuce 6 : Restez connecté avec vos relations

Il est recommandé de ne pas couper les ponts avec ses anciens collègues : gardez vos connexions, car votre réseau est votre plus grand atout commercial. Même si ces collègues n'ont pas de pouvoir de décision pour vous aider à trouver votre mission, ils peuvent tout de même connaître certains contacts qui eux pourraient directement jouer un rôle dans votre quête. Par exemple, votre ancien collègue du service achats avec qui vous vous entendiez bien a peut-être un fournisseur qui recrute des consultants externes. Qui sait...

# 2. Posez vos conditions financières

*« Il n'est pas de vent favorable pour celui qui ne sait pas où il va. »* - Sénèque

Travailler en mode mission apporte de nombreux avantages, dont des avantages financiers comme vus dans le chapitre précédent. Dans cette partie, vous découvrirez un outil vous permettant de fixer vos tarifs et d'avoir une visibilité sur votre niveau de rémunération possible quand vous êtes consultant indépendant.

## 2.1. De salaire à prestation de services

*« Je compterais plus sur le rôle d'un homme espérant une grande récompense que sur celui d'un homme l'ayant déjà reçue. »*
- Voltaire

Quand vous postulez à une offre d'emploi, vous convenez avec l'entreprise d'une rémunération, exprimée en salaire brut. Quand vous offrez une prestation de services, vous convenez d'un tarif exprimé en hors taxes comprenant le salaire brut ainsi que toutes les autres charges patronales, taxes et coûts de votre structure.

C'est l'une des grandes différences entre intervenir en mode mission et intervenir en tant que salarié en entreprise. Il est communément admis que les consultants indépendants possèdent leurs tarifs journaliers, même si certaines entreprises souhaitent négocier la rémunération de l'indépendant.

Alors vous vous demandez peut-être : « Comment puis-je déterminer le montant que je vais demander à l'entreprise ? », « Quelles charges doivent y être intégrées ? ».

L'outil le plus répandu pour répondre à cette question lorsque l'on est consultant indépendant est le taux journalier moyen (TJM). Voyons comment le calculer ci-après.

## 2.2.  Le Taux Journalier Moyen (TJM)

> « Je ne paye pas de bons salaires parce que j'ai beaucoup d'argent, j'ai beaucoup d'argent, car je paye de bons salaires. »
> - Robert Bosch

Il est très courant dans le milieu des prestataires de services de facturer à la journée. Par exemple, si l'on fait appel à vos services pour une mission de 3 mois, vous convenez du nombre de journées facturées, disons 54 journées de travail. Le taux journalier moyen, ou TJM, est le tarif à la journée de travail effectuée que vous facturez à votre client.

---

**Calculer son TJM (Taux Journalier Moyen)**
Afin de calculer avec plus de simplicité votre TJM, vous pouvez accéder à un petit formulaire en ligne très pratique dans lequel vous entrez votre objectif de rémunération annuelle brut et les  calculs se font automatiquement en entrant quelques paramètres complémentaires sur ce lien http://allomission.com/tjm

---

Avant de détailler les calculs du TJM, il est important de garder à l'esprit qu'en tant que prestataire de services :

- vous ne facturez que le nombre de jours travaillés,
- vous ne serez donc pas directement rémunéré pour les jours de congés que vous pourriez prendre si vous étiez salarié.

Alors, combien de jours travaillerez-vous par an ?

Le travail en mode mission avec une facturation basée sur un taux journalier moyen apporte également un autre avantage : si vous n'êtes pas rémunéré pour les journées non travaillées, vous êtes rémunéré pour chaque journée travaillée ! C'est-à-dire que si vous devez effectuer des journées supplémentaires de travail, vous pourrez les facturer à votre client.

En prenant en considération ces éléments de facturation d'une prestation de services pour une mission longue, voyons comment calculer votre TJM.

Si vous étiez salarié d'une entreprise, vous pouvez vous reposer sur la rémunération brute annuelle que vous aviez comme repère initial. Vous pouvez aussi vous baser sur les revenus annuels bruts ou nets que vous aimeriez avoir plutôt que de vous baser sur votre ancien salaire.

Par la suite, voici une démarche que vous pouvez adopter en partant d'une référence de salaire brut.

1) En termes de salaire, quelle est la rémunération brute annuelle que vous souhaitez recevoir ? Notez ce montant.
2) Multipliez cette base brute annuelle par 1,5 afin d'intégrer les charges patronales que vous aurez à vous acquitter ainsi que les frais liés à votre structure.

3) Ajoutez 10% de prime de précarité.

4) Ramenez cette base annuelle sur une base journalière en divisant ce montant par 218 (218 jours travaillés par an).

5) A ce montant journalier, ajoutez les frais de repas et de déplacement (voire même logement si cela est nécessaire).

6) Vous obtenez ainsi votre TJM hors taxes.

## 2.2.1.   Pourquoi diviser la base annuelle par 218 ?

Le meilleur référentiel que nous pouvons prendre pour le nombre de jours travaillés à temps plein lors des missions longues est celui des cadres au forfait jours. Ces cadres travaillent au maximum 218 jours par an. Ce nombre est obtenu en enlevant les weekends et deux jours de congés par mois pour une année ainsi que des jours de RTT.

Ces 218 jours de travail, et par conséquent de journées facturées, doivent vous permettre de dégager une facturation suffisante qui vous permettra de financer les journées pendant lesquelles vous ne travaillerez pas. Sur cette base, un consultant externe travaille un peu plus de 18 jours en moyenne par mois (218 jours travaillés / 12 mois).

Pour les calculs précédents, vous pourriez même prendre une marge de sécurité en prenant un nombre inférieur à 218 jours, par exemple 200 jours, mais il est conseillé de prendre une base comparable à celle d'un salarié cadre au forfait afin d'avoir la même référence de coût que l'entreprise cliente.

NB : Si vous ne prenez pas de jours de congés, vous pouvez travailler plus de 218 jours sur l'année, ou bien réaliser ces 218 jours avant que l'année soit écoulée, avec l'accord du client bien entendu.

### 2.2.2. Pourquoi 10% de prime de précarité ?

Les CDD intègrent ces 10% de prime de précarité en guise de compensation pour la stabilité moindre de ce type de contrat par rapport à un CDI. L'idée ici est d'intégrer ce même principe dans votre facturation en tant que consultant indépendant.

Toutefois, ce rajout de 10% est optionnel. Il peut aller de 0% si vous souhaitez un salaire comparable à celui que vous aviez en CDI où vous ne perceviez pas de prime de précarité, à 10% ou 15% ou plus si vous considérez que les efforts de flexibilité que vous consentez sont supérieurs à ceux d'un CDD.

Globalement, vous pourriez modifier plusieurs variables, comme le niveau de prime de précarité, le nombre de jours, le salaire brut. Mais le plus simple sera probablement de fixer toutes les variables aux taux indiqués et seulement faire varier la variable la plus parlante, le salaire brut. Par exemple, au lieu d'indiquer une prime de précarité de 15%, vous pouvez la conserver à 10% et augmenter le salaire brut de 5%.

### 2.2.3. Ne faut-il pas également prendre un coefficient pour tenir compte des congés ?

De par la méthode de calcul, où l'on divise le salaire annuel souhaité par 218 jours, il suffit de travailler ce nombre de jours par an pour en tirer la rémunération annuelle attendue. Sur une base mensuelle, il convient de travailler 18 jours pour obtenir l'intégralité de la rémunération mensuelle que vous souhaitez obtenir. Or un mois comporte généralement plus de jours ouvrables que 18 jours.

Par exemple, si le nombre de jours ouvrables est de 20, dans ce cas, soit vous décidez de ne pas travailler ces 2 jours supplémentaires, ce qui représenterait une sorte de prise de congés, soit vous travaillez pendant ces jours, ce qui entrainera une rémunération complémentaire de deux jours et votre « compteur » de 218 sera atteint plus rapidement.

Par exemple, au rythme de 20 jours travaillés en moyenne par mois, vous arrivez aux 218 jours en moins de 11 mois, vous permettant ainsi de ne pas travailler un peu plus d'un mois.

En définitive, à partir de la méthode de calcul, il n'y a normalement pas besoin de rajouter un pourcentage lié à la prise de congés, par conséquent nous n'intégrons pas un accroissement complémentaire de 10% du TJM. Toutefois, dans le cadre d'une négociation rien ne vous empêche d'estimer que la rémunération attendue ne prend pas en compte les congés et dans ce cas vous pourriez rajouter 10% au TJM. Les calculs qui suivent n'en tiennent pas compte.

Pour rappel, si vous ne souhaitez pas calculer vous-même le TJM, reportez-vous au simulateur en ligne. Sinon examinons un exemple de calcul.

## 2.3. Exemple de calcul du TJM

*« On se souvient de la qualité bien plus longtemps que du prix. »*
*- Gucci*

Prenons maintenant un exemple concret pour illustrer le calcul du TJM avec pour base l'équivalent d'un salaire brut de 60 000 euros bruts par an.

1) 60 000€
2) 60 000€ x 1,5 = 90 000€
3) 90 000€ + 10% = 99 000€
4) 99 000€ / 218 = 454,12€
5) 454,12€ + 10€ + 20€ = 484,12€
6) TJM = 484,12€ hors taxes

Afin de réaliser cette série de calculs plus rapidement, vous pouvez utiliser le taux suivant pour calculer automatiquement votre TJM à partir de votre revenu brut annuel désiré : 0,0076 (qui représente 454,12€ / 60000€). Ainsi pour connaitre le TJM d'une autre rémunération, multipliez votre salaire brut annuel désiré par 0,0076 puis ajoutez les éventuels frais de repas et déplacement et vous obtiendrez votre TJM intégrant les congés et la prime de précarité.

Par exemple, si vous désirez une rémunération de 70000€, alors multipliez ce montant par 0,0076 et vous obtenez le TJM de 532€ auquel il ne restera qu'à ajouter les éventuels frais de repas et de déplacement.

Voici une petite astuce si vous vous demandez quel salaire net vous obtiendrez avec le TJM précédemment calculé. Puisqu'il s'agit d'une facturation hors taxes alors, retirez tous les frais de repas, déplacement et logement puis divisez ce montant par 2 pour tenir compte des charges sociales et patronales ainsi que les frais de gestion ou de structure dont vous aurez à vous acquitter.

Dans le cas précédent, nous obtenons 227€ nets par jour travaillé (454,12€ / 2), soit 4087€ nets pour un mois (18 jours x 227€) ou 49 500€ pour une année (218 jours x 227€). Gardez à l'esprit que ce montant est à titre indicatif, pour vous, il n'est pas opportun de le partager avec votre client qui paiera le TJM hors taxes.

Si vous souhaitez déterminer votre TJM directement partir du salaire net désiré, c'est possible également, mais le calcul sera légèrement différent : à l'étape 2 du calcul, vous multipliez par deux plutôt que par 1,5. Par exemple, si votre objectif de salaire annuel net est de 40 000 euros, alors voici le calcul :

1) 40 000€
2) 40 000€ x 2 = 80 000€
3) 80 000€ x 10% = 88 000€
4) 88 000€ / 218 = 403,67€
5) 403,67€ + 10€ + 20€ = 433,67€
6) TJM = 433,67€ hors taxes

Le taux ici pour calculer plus rapidement le TJM est de 0,01 (403,67€ / 40000€) auxquels il conviendra de rajouter les frais de mission.

---

**Astuce : les frais de mission**

Afin d'éviter des facturations et des justifications inutiles risquant de peser sur votre trésorerie, essayez d'accorder avec votre client que celui-ci prendra directement à sa charge les frais de mission. Par exemple, s'il y a des déplacements en avion à prévoir alors le client effectuera la réservation et le règlement du vol.

---

## 2.4. Facturer un forfait mensuel ?

La norme est de facturer à la journée travaillée, mais si vous le souhaitez, vous pouvez convenir de facturer un forfait mensuel. Dans ce cas, n'oubliez pas de préciser que ce forfait de facturation porte en moyenne sur 18 jours de travail par mois. Ceci vous permettra d'intégrer vos jours de repos.

Par exemple, si votre TJM est de 530€, vous pourrez proposer un forfait mensuel de 9540 euros (soit 530€ x 18), ou de 10 000 euros pour l'arrondir.

A noter, pour vous le désavantage du forfait mensuel sera de limiter la facturation maximale mensuelle et l'avantage sera d'être rémunéré au même niveau les mois où vous travaillez moins de 18 jours.

Sachez que la facturation au forfait mensuel est moins répandue.

---

**Ajouter une part variable à votre rémunération**

Il est possible de prévoir une part variable en fonction de la réalisation de certains objectifs. Dans le cas d'une part variable, vous pouvez convenir qu'elle sera à la libre appréciation du client (cas le moins contraignant pour votre client) ou bien vous pouvez convenir d'indicateurs précis et factuels. Dans ce dernier cas, il sera nécessaire de précisément les fixer dans votre contrat et de déterminer les moments où ces parts variables entrent en jeu (à la fin de la mission, tous les trimestres, etc.).

---

## 2.5. Les honoraires de la première mission

*« Il n'y a point de petits pas dans les grandes affaires. »*
- Jean-François Paul de Gondi

La première mission est l'étape critique de votre lancement en tant que consultant indépendant. L'objectif ici n'est pas d'obtenir à tout prix une rémunération élevée, mais plutôt d'obtenir votre premier client validant ainsi votre nouvelle démarche. Cette première mission vous servira de tremplin pour en décrocher par la suite de nouvelles qui seront mieux rémunérées.

Ne pas faire une obsession sur son tarif pour la première mission ne veut pas dire accepter une rémunération indécente. Si vous avez une expertise répondant à un véritable besoin pour l'entreprise, il est tout à fait normal que vous soyez rémunéré en conséquence. Une question vient alors naturellement : quel est ce prix planché en dessous duquel vous n'allez pas pouvoir accepter la mission ?

Basez-vous sur votre TJM et voyez jusqu'où vous pouvez le baisser pour faire preuve de flexibilité pour votre premier client, sans pour autant dévaluer votre expertise.

Une petite astuce : si vous acceptez une rémunération moins conséquente, précisez que vous faites un geste commercial. Cela vous permettra entre autres de  demander une augmentation de votre rémunération si la mission se déroule bien et que votre client souhaite prolonger la collaboration.

Maintenant que vous avez calculé votre TJM et déterminé votre TJM plancher, vous êtes prêt à passer à l'étape suivante pour vous lancer !

# 3. Consolidez votre image au début de votre activité

> « Votre marque est ce que les gens disent de vous
> lorsque vous n'êtes pas dans la pièce... »
> - Jeff Bezos

Que vous recherchiez un emploi ou une mission, votre image de marque personnelle jouera un rôle prépondérant. C'est cette perception qu'auront vos prospects avant de vous rencontrer.

Comment mettre toutes vos chances de votre côté pour générer une image positive ?

## 3.1. Préparez un CV professionnel

> « Vous n'êtes pas votre CV, vous êtes votre travail. »
> - Seth Godin

Lorsque vous recherchez une mission, votre client aura besoin d'en savoir plus sur votre potentiel et votre profil. Pour cela, le CV est encore aujourd'hui l'outil le plus utilisé et le plus adapté.

D'ailleurs, concentrez-vous surtout sur ce support, et ne perdez pas votre temps avec la création d'une plaquette commerciale. Vous avez surement déjà entendu le conseil « créez une plaquette ».

Certes, ce format est peut-être adapté pour des services de freelancing de quelques jours ou de formations, mais dans le cas des missions longues il semble plus pertinent de se rapprocher de ce qu'une entreprise connait le mieux : un CV professionnel.

En effet, imaginez un instant que les recruteurs reçoivent 50 plaquettes de formats différents, toutes plus jolies les unes que les autres, mais dont l'information n'est pas structurée de la même manière. Combien de temps croyez-vous qu'ils passeront à essayer de décrypter chaque plaquette ? Probablement pas beaucoup d'autant que généralement un recruteur ne passe pas plus de 30 secondes sur un CV ! Faites-leur gagner du temps en respectant un format qu'ils connaissent bien. Et pour leur faciliter un peu plus le travail, n'hésitez pas à ajouter un paragraphe introductif de 3 à 4 phrases pour clarifier votre positionnement et vos compétences. Il sera également utile d'intégrer un titre clair sur le poste que vous visez et le mode de collaboration, par exemple « DRH Manager de transition », « Développeur java freelance » ...

Pour construire votre CV, à moins que vous ne soyez un professionnel du recrutement ou de l'image, pensez à déléguer cette tâche chronophage à des professionnels spécialisés en la matière. Sinon, vous risquez d'y passer facilement une semaine, pour en fin de compte un résultat qui pourrait ne pas être aussi bon que si cela avait été réalisé par des spécialistes. Ces experts en CV apportent une valeur ajoutée multiple : économie de temps passé, pertinence de rédaction, choix des termes, expertise pour équilibrer le CV et rédaction facilitant l'intégration dans les moteurs des cabinets ou des entreprises qui recherchent un candidat.

Si vous faites le choix de suivre cette démarche, effectuez une recherche sur Internet, tapez par exemple « CV professionnel » ou « réaliser un CV professionnel ». Examinez le prestataire qui vous semble le plus adapté et trouvez éventuellement des commentaires ou critiques sur les différentes sociétés.

Un conseil : choisissez un service le plus prémium possible comprenant au moins une étape d'échange téléphonique. Les prix démarrent à 60 euros et vont jusqu'à 300 euros.

Si ce montant vous paraît élevé, voyez-le comme un investissement qui :
- vous fera gagner du temps,
- augmentera vos chances d'attirer l'attention des recruteurs,
- contribuera à trouver votre première mission,
- sera rapidement rentabilisé une fois la mission décrochée.

Notez aussi qu'adopter cette démarche vous met dans un état d'esprit d'entrepreneur qui pense à canaliser son temps et son énergie vers des actions correspondant à son domaine de compétences et d'expertise. Pour cela, il délègue ou sous-traite le reste.

Ce CV devra être obligatoirement complété par d'autres éléments contribuant à votre image de marque personnelle.

## 3.2. Soignez votre image et votre marque personnelle

*« La répétition fait la réputation, et la réputation attire les clients. »*
- Florence Nightingale Graham

### 3.2.1. Photo professionnelle

Maintenant que vous avez ce CV, vous aurez besoin d'y intégrer une photo de profil professionnelle également. D'ailleurs, cette photo pourra être réutilisée sur d'autres supports tels que votre site Internet ou vos profils de réseaux sociaux.

Si vous ne connaissez pas de photographes professionnels, vous pouvez procéder comme lors de la recherche du prestataire pour votre CV :
-   faites des recherches sur un moteur de recherche en précisant votre lieu géographique,
-   analysez les commentaires et critiques des photographes pour les comparer,
-   effectuez votre choix en conséquence.

Les tarifs en studio peuvent varier de 40 euros pour la réalisation d'une photo unique professionnelle, à 150 euros pour plusieurs clichés.

Notez qu'une photo professionnelle semble nécessaire, car c'est notamment sur elle que les recruteurs ou vos prospects construiront, consciemment ou inconsciemment, une première impression. Mettez-vous à leur place : naviguez sur Linkedin.com et observez vos réactions en voyant différentes photos de profil. Ensuite posez-vous la question : quelle réaction ai-je envie de susciter chez les recruteurs lorsqu'ils découvrent ma photo pour la première fois ?

Pourquoi aller sur le site de Linkedin pour cette petite expérience d'observation ? Parce que c'est tout simplement le premier réseau social professionnel mondial. Une énorme partie des professionnels en France et d'ailleurs s'y sont inscrits pour construire et animer leurs réseaux professionnels. Et vous ?

Si ce n'est pas encore le cas, je vous conseille fortement de le faire, et ce pour plusieurs raisons :

- Si vous contactez une entreprise pour un poste, il y a de fortes chances que le recruteur fasse des recherches sur vous via Internet (qu'il vous « googelise »). Il serait probablement intrigant qu'un consultant ne possède pas un profil professionnel en ligne.
- Il arrive parfois que des recruteurs vous contactent directement via ce réseau si votre profil les intéresse. Autant être visible pour profiter de ce type d'opportunité, surtout en période d'intermission.
- Lorsque vous cultivez votre réseau professionnel, vous aurez probablement des invitations à vous connecter via ce réseau social.

Si vous avez déjà créé votre profil Linkedin, posez-vous la question : quelles informations ai-je envie de partager ? Sur ce réseau social, vous pouvez mettre en avant votre profil de deux manières différentes :

- en restant succinct, en précisant l'intitulé des postes et les entreprises pour lesquelles vous avez travaillé, sans rentrer dans les détails,
- en détaillant tout votre CV.

Si vous optez pour la deuxième solution, portez attention aux éléments suivants :

- indiquez vos expériences professionnelles et vos réalisations (objectifs réalisés),
- vérifiez que vos diplômes et certifications mettent en valeur votre domaine d'expertise,
- ajoutez vos engagements bénévoles et associatifs, ces informations pouvant servir de pont de communication plus informel avec vos futurs interlocuteurs,
- sollicitez des recommandations spécifiques à certains postes et missions.

Notez toutefois un désavantage du profil détaillé : en présentant votre CV dans les détails au tout-venant y compris aux équipes que vous allez manager, vous vous exposez au risque que ces dernières aient une image préconçue de vous-même à votre arrivée dans l'entreprise.

---

**Guide d'utilisation de Linkedin**
Pour aller plus loin, voici un guide complet créé par Linkedin pour vous guider dans cette démarche :
http://allomission.com/guide-linkedin

---

---

**Qui acceptez-vous comme contacts ?**

Une fois inscrit sur ce réseau social, vous recevrez des demandes de contact de personnes avec qui vous avez travaillé, mais pas que. Il arrive que certaines personnes que vous n'avez jamais rencontrées vous ajoutent à leur réseau. Soit vous êtes sélectif et vous vous restreignez aux personnes que vous connaissez vraiment, soit vous acceptez peu ou prou toutes les mises en relations mêmes de personnes que vous ne connaissez pas. Chaque situation possède ses avantages et ses inconvénients.

---

Votre profil Linkedin est en place et mis à jour, vous avez donc installé la première pierre de l'édifice de votre e-réputation. Si vous voulez aller plus loin dans cette démarche de présence sur Internet, voici d'autres éléments à mettre en place.

### 3.2.2. Créez votre site Internet et blog professionnel (étape optionnelle)

Dans l'ère du numérique que nous vivons aujourd'hui, il est devenu très accessible de créer un site Internet. Si vous avez une fibre technologique et que vous aimiez vous amuser à créer votre propre site, cette étape vous stimulera. En revanche, notez qu'un site Internet est un bonus, il s'agit d'un levier de communication à manipuler avec précaution, car mieux vaut ne pas avoir de site Internet qu'en avoir un de mauvaise qualité.

Comme pour votre CV professionnel, vous pouvez sous-traiter la construction de votre site, mais cela vous demandera un budget plus conséquent. Si vous souhaitez le faire vous-même, il existe des tutoriels pour construire votre site Internet avec simplicité.

> **Créez votre site avec Wordpress**
> A partir d'un nom de domaine (par exemple votrenom.com)
> et d'un hébergement web (pour mettre du contenu en ligne),
> vous allez pouvoir installer le logiciel Wordpress pour
> construire avec simplicité votre site Internet, en suivant les
> tutoriels proposés ci-dessous :
> http://allomission.com/wordpress

Cet outil Wordpress a également l'avantage de pouvoir intégrer à votre site une partie blog, vous permettant de publier régulièrement du contenu pour animer votre site avec des articles, des images et des vidéos par exemple.

Cette rubrique vous sera fort utile pour consolider votre image et notoriété, en publiant notamment ce type de contenu :

- votre point de vue d'expert sur des sujets d'actualité,
- des témoignages liés à vos prestations,
- des interviews de personnes d'autorité dans votre domaine d'activité,
- les interviews auxquelles vous aurez répondu pour d'autres médias ou sites Internet,
- vos réalisations professionnelles, associatives et bénévoles.

Il va de soi que si d'autres personnes sont impliquées dans les contenus publiés, vous aurez nécessairement besoin de leur autorisation avant publication.

Entretenir cette dynamique vous permettra d'asseoir votre réputation et potentiellement de bien vous positionner sur les moteurs de recherche.

Chaque publication pouvant être référencée dans Google, Yahoo et autres moteurs avec un travail de SEO (Search Engine Optimisation, ou également appelé référencement).

> NB : gardez à l'esprit que les traces restent sur Internet et qu'il faut rester prudent sur ce que l'on publie pour que cela ne se retourne pas contre vous.

Pour illustrer une dynamique de publication régulière de contenu, prenons un exemple : vous êtes un expert en systèmes d'information et vous avez créé un site Internet dans lequel vous publiez des billets sur ce domaine. Vos articles remonteront dans le moteur de recherche Google pour des requêtes du type « solutions pour un changement de système d'information pour mon entreprise ».

Imaginez maintenant un dirigeant d'entreprise faisant face à cette situation de changement. En effectuant des recherches sur cette plateforme, il découvrira une de vos publications (si vos articles sont bien référencés). Pour en savoir plus, il cliquera sur le lien de votre article et atterrira sur votre site : il sera probablement amené à vous contacter après lecture de votre contenu. Vous venez d'obtenir un prospect intéressé grâce à un article ciblé que vous avez publié !

Cette stratégie appelée stratégie de contenu (ou marketing content) permet d'attirer des clients potentiels sur votre site, vous faisant ainsi gagner beaucoup de temps.

### 3.2.3. Savoir aborder d'autres médias intelligemment (étape optionnelle)

La démarche de publication de contenu vue précédemment peut se faire sur votre site, mais pas que ! Vous pouvez profiter de la notoriété et de la puissance de communication d'autres sites Internet spécialisés acceptant des contributions d'auteurs extérieurs ou des interviews d'experts. Par exemple, si vous avez rédigé un article vous pouvez contacter des revues qui émanent de votre association professionnelle.

Pour en citer une, un Directeur administratif et financier peut se rapprocher de la DFCG (Association Nationale des Directeurs Financiers et de Contrôle de Gestion) qui publie le magazine « Revue et Gestion ». Etre visible avec du contenu de qualité sur ces médias contribuera à votre image et notoriété.

Les sites Internet et les magazines spécialisés reçoivent de nombreuses sollicitations de publication de contenus sur leurs sites, et toutes les demandes ne sont pas acceptées. Il est donc nécessaire de procéder de manière intelligente pour que votre interlocuteur considère votre demande et accepte la publication de votre article.

Pour cela, voici quelques pratiques à mettre en place pour augmenter vos chances d'être publié :

- Créez une relation avec votre interlocuteur à travers des réseaux sociaux par exemple, en commentant leurs publications.
- Proposez du contenu exclusif à valeur ajoutée, qui plaira à leur auditoire et qui corresponde à leur ligne éditoriale.
- Ne faites pas de l'autopromotion et traitez d'un sujet précis en lien avec votre expertise.

- Faites gagner du temps à votre interlocuteur en lui proposant un contenu prêt, tout en précisant que vous êtes flexible pour apporter des modifications si nécessaire.

---

**Astuces :**

Faites des recherches sur le média sur lequel vous souhaitez vous exprimer afin d'identifier un intérêt pour ce que vous avez envie de dire. Par exemple, si vous souhaitez publier un article dans Courrier Cadres et que vous avez pu voir un article publié sur les nouvelles compétences dans le recrutement, vous pouvez utiliser cet article en précisant que vous avez quelque chose à dire de différent sur ce thème. L'idée bien entendu est d'apporter un point de vue ou un contenu différent qui enrichira le média.

---

Si vous n'êtes pas un as en écriture et que vous êtes plus à l'aise à l'oral, vous pouvez créer des vidéos et les poster sur Internet (sur YouTube notamment). Cela a l'avantage d'être un contenu utilisable sur plusieurs sites à la fois sans risque de duplicata de contenu (le fait de réutiliser le même écrit sur plusieurs sites différents est fortement pénalisé par Google).

En revanche, faites très attention à la qualité et au contenu de celles-ci, car les vidéos restent et sont difficiles à être éliminées d'Internet. Par ailleurs, évitez autant que possible l'autopromotion dans vos contenus qu'ils soient écrits ou vidéos, car vous risquez de déplaire aux personnes qui vous liront ou qui vous regarderont.

### 3.2.4. Obtenez une adresse email professionnelle

Le nom de domaine que vous obtiendrez pour créer votre site Internet vous sera utile pour un détail qui améliorera votre posture de consultant : une adresse email professionnelle. Cette adresse email contribuera à cette première bonne impression sur votre CV, car il est plus professionnel d'avoir par exemple pro@louisedupond.com plutôt que louise92458@gmail.com.

Si vous ne souhaitez pas créer de site Internet, optez tout de même pour l'achat d'un nom de domaine (par exemple, nom-prenom.com) pour que vous puissiez créer cette adresse email singulière. Cela ne vous coûtera pas plus de 10 euros par an dans ce cas !

### 3.2.5. Ayez des réflexes téléphoniques professionnels

Dans le même état d'esprit que l'adresse email professionnelle, votre messagerie téléphonique joue un rôle fondamental dans votre première bonne impression. Prenons l'exemple d'un responsable RH appelant un potentiel contracteur pour une mission et tombe sur cette messagerie : « Vous êtes bien sur le répondeur du 0102030405. La personne est injoignable pour le moment, veuillez laisser un message après le bip. »

Ensuite, ce même responsable RH appelle le second candidat qui est lui aussi injoignable. Voici sa messagerie téléphonique : « Bonjour, vous êtes bien sur le répondeur de Julien Thomas, je ne suis pas joignable pour le moment, mais je vous rappellerai dès que possible. » Si vous étiez ce recruteur RH, quelle serait votre première impression pour ces deux candidats ?

Généralement, avoir un répondeur personnalisé et professionnel augmentera vos chances de faire bonne impression auprès de vos potentiels clients.

Et quels bons réflexes adopter lorsque l'on est joignable et que l'on doit décrocher le téléphone ? Reprenons un autre exemple avec deux contracteurs répondant à l'appel d'un client potentiel :

- Candidat 1 : « Allô oui ? »
- Candidat 2 : « Allô, Julien à l'appareil, j'écoute »

Le deuxième candidat montre à travers cette réponse qu'il attendait cet appel et qu'il est prêt. Cela aura surement un impact positif sur le client potentiel.

Bien entendu, l'idée n'est pas forcément de répondre à tous vos appels de cette manière s'il s'agit de votre téléphone privé, mais si vous êtes dans une démarche de recherche de mission et que vous voyez un appel entrant d'un numéro que vous ne connaissez pas, mieux vaut adopter ce réflexe pour mettre toutes les chances de votre côté. Cela peut ressembler à un détail, mais ce sont les détails qui peuvent faire la différence.

Ces quelques éléments vont contribuer à créer une première bonne impression auprès de vos prochains prospects. Pour aller plus loin, il est possible également de mettre en avant votre professionnalisme grâce aux témoignages de vos précédents collègues ou clients. C'est ce que nous allons aborder juste après.

## 3.3.　Faites-vous recommander

*« On n'est jamais trop recommandé auprès de ses chefs. »*
*- Alphonse Allais*

Essayez de vous rappeler les derniers achats que vous avez réalisés. Parmi ces derniers, combien de fois avez-vous sollicité l'avis d'autrui, que ce soit au travers de vos proches ou des témoignages recueillis sur Internet par exemple ? Ou peut-être avez-vous simplement suivi une recommandation qu'on vous a faite pour un restaurant ou un film ?

D'après une étude réalisée par Nielsen en 2012[1], 92% des consommateurs affirment faire confiance aux recommandations de leurs proches pour un achat. Plus de 45% d'entre eux font également confiance aux témoignages clients qu'ils peuvent voir sur Internet, alors que seuls 24% font confiance aux publicités.

Ces chiffres illustrent que l'acte d'achat est facilité par le fait que ce soient d'autres personnes qui recommandent un produit ou service, plutôt que le prestataire directement. Comment pouvez-vous également utiliser cela à votre avantage ?

Tout d'abord, osez demander des témoignages et des recommandations de la part de vos anciens collègues ou clients. Ces témoignages peuvent être par écrit, et être mis en avant sur votre site Internet, sur votre profil Linkedin ou même sur votre CV ou lettre de motivation.

---

[1] Source : http://www.nielsen.com/us/en/insights/reports/2012/global-trust-in-advertising-and-brand-messages.html

Ces déclarations seront une illustration que vous êtes recommandé par vos précédentes relations, mettant en avant un niveau de satisfaction par rapport à vos services : cela rassurera votre prospect.

Ensuite, pour compléter cette pratique, il existe une technique de réseautage simple, mais terriblement efficace : la mise en relation. Si vous pouvez en effet vous faire introduire auprès de votre client potentiel par une relation commune, alors la moitié du chemin est déjà réalisée !

Imaginez que vous souhaitez effectuer une mission pour une entreprise de BTP, et que votre ancien collègue connaisse un responsable RH dans cette organisation. Ce ne sera pas vous, mais lui qui enverra un email à son contact pour vous présenter directement. Ainsi, le responsable RH de cette entreprise de BTP sera mis en confiance d'entrée de jeu, car vous avez été introduit par une personne de sa connaissance.

La mise en place de ces éléments tels que votre CV professionnel, un profil Linkedin, un site Internet, une stratégie de recommandation, une adresse email et un répondeur professionnels, etc. vous aidera fortement à consolider votre image de marque et d'augmenter vos chances de générer une bonne première impression. Celle-ci conditionnera en partie votre capacité à décrocher des rendez-vous et à obtenir votre première mission.

# 4. Prospectez en direct

*« Les gens qui réussissent ont l'habitude de faire ce que les gens qui échouent n'aiment pas faire. »*
*– Thomas Edison*

Avec les outils vus précédemment, vous pouvez augmenter vos chances de générer une bonne première impression auprès de vos interlocuteurs. Vous êtes prêt pour la chasse au premier rendez-vous. Cette partie vous fournira des pratiques nécessaires pour décrocher votre premier entretien.

## 4.1. Postulez à des offres d'emploi !

*« La normalité est une route pavée : on y marche aisément, mais les fleurs n'y poussent pas. »*
*– Vincent Van Gogh*

Trouver votre première mission, en tant que consultant indépendant, est similaire au processus pour trouver un emploi. Un des réflexes que vous pouvez adopter consiste à éplucher les offres d'emploi sur des sites spécialisés tels que :
- apec.fr
- cadremploi.fr
- cadresonline.com
- monster.fr
- keljob.com
- indeed.fr

Oui, oui, vous pouvez tout à fait cibler des offres d'emploi qui sont en CDI ou CDD et leur offrir vos services ! En effet, vous avez deux grands avantages, vous êtes disponible immédiatement et flexible.

Toutefois, essayez de vous limiter en postulant à des offres réalisées par des sociétés en direct et non par des cabinets de recrutement. Nous verrons l'approche des cabinets dans le point suivant.

Vous remarquerez que dans la plupart des sites d'emploi, les offres proposées concernent des postes salariés, il sera alors pertinent d'ajouter une mention sur votre CV clarifiant le fait que vous voulez intervenir en tant que consultant indépendant.

Vous pourrez entre autres ajouter la mention « Statut freelance possible », ou « facturation en honoraires possible », ou « Intervention en tant que consultant indépendant possible », etc. Cela permettra d'être clair vis-à-vis des recruteurs et aussi de vous différencier des autres postulants. Mais si vous préférez attendre l'entretien de recrutement pour présenter cette option de collaboration, cela est également possible.

Au-delà de ces sites spécialisés en recherche d'emploi, certaines entreprises possèdent leurs propres outils de recrutement, incluant une partie emploi sur leur site Internet. Si vous avez à l'esprit plusieurs entreprises pour lesquelles vous aimeriez travailler, vous pouvez aller directement sur leur site pour proposer votre candidature. Vous aurez dans ce cas également à déposer votre CV et votre lettre de motivation, voire même répondre à des formulaires supplémentaires (certaines entreprises ont même créé des serious games !). Toutefois, cette démarche risque d'apporter peu de résultats dans le cas de recherche de missions.

Qu'en est-il des offres de missions en tant qu'indépendant ? Il est vrai que ces offres sont plus rares que celles des offres d'emploi. Néanmoins, des initiatives émergent, mais davantage pour des missions courtes telles que la réalisation d'un logo ou d'une carte de visite.

D'autres sites commencent à faire leur apparition pour des missions longues, mais il existe encore peu de recul aujourd'hui sur la qualité des services proposés par ces sites, il est donc trop tôt pour en recommander un. D'autant plus que certaines sociétés mettent en avant des offres de missions non actualisées, voire purement imaginaires, afin d'attirer de nouveaux profils et des prospects pour leurs services complémentaires.

Cette technique qui est assez répandue dans l'univers du recrutement pour constituer un vivier de candidatures, est semble-t-il poussée au maximum par certains sites de mise en relation de freelances.

Si vous optez pour un site de mise en relation de freelances, dites-vous bien que tant que vous n'avez pas rencontré ou échangé avec le client potentiel, il y a une grande probabilité pour que l'offre ne soit pas réelle. Et si vous constatez qu'il ne s'agit que d'une technique pour commercialiser autre chose, fuyez.

Rechercher votre premier contrat par le biais d'offres d'emploi ou d'offres de missions n'est pas la seule manière de procéder. Vous pouvez aussi aborder directement les entreprises, comme vous le feriez pour une candidature spontanée dans le cadre de la recherche d'un emploi.

## 4.2.  Démarchez directement les entreprises

> *« Lorsque tu as plusieurs choix devant toi (...) et que tu n'arrives pas à te décider, prends toujours le chemin qui demande le plus d'audace. »*
> - Donald Wright

Une offre d'emploi a pour avantage d'exposer de manière relativement claire le besoin de l'entreprise. Mais ce n'est pas parce qu'une entreprise n'a pas posté une offre d'emploi qu'elle n'a pas de besoins. Si vous vous rendez compte par exemple que l'entreprise « A » dans le secteur de la formation recrute pour un poste de responsable de l'innovation, alors il se peut que l'entreprise « B » concurrente de l'entreprise « A » ait aussi besoin d'innover  si ce n'est pas encore le cas. Vous pouvez donc faire une analyse des entreprises du secteur qui vous intéressent et voir les tendances se dessiner pour les démarcher même lorsque le besoin n'est pas exprimé (par une offre de mission ou d'emploi).

En faisant vos recherches par secteur, vous pourrez peut-être vous rendre compte de certains défis auxquels ces entreprises sont confrontées. Par exemple, le déploiement d'une nouvelle technologie révolutionnant le secteur. C'est là que vous pourrez identifier et saisir une opportunité ! Utilisez cette information pour entrer en contact avec l'entreprise, si vous avez les compétences pour ce défi bien entendu.

Une pratique sur Internet, assez répandue d'ailleurs, consiste à interpeler une entreprise ou un salarié en poste qui peut être concerné par une actualité spécifique.

Prenons un exemple :
- Vous êtes un expert en ressources humaines.
- Vous notez la sortie d'un logiciel de serious game pour recruter de nouveaux talents.
- Vous aimeriez travailler pour une grande entreprise à Paris.

En entreprenant des recherches sur les entreprises ouvertes aux processus de recrutement originaux, vous avez pu en remarquer une en particulier. Mais comme elles n'ont pas posté d'offres d'emploi en matière de ressources humaines, vous décidez de les interpeller sur cette actualité. Vous publiez un article sur votre blog et envoyez un « tweet » sur le réseau social Twitter à l'entreprise concernée « Que pensez-vous des serious games pour recruter vos nouveaux talents ? ».

L'entreprise répondra probablement à votre question : vous avez enclenché une première discussion et un premier contact a été créé. Vous avez maintenant une accroche pour obtenir un rendez-vous. Vous demandez à rencontrer une personne des ressources humaines de l'entreprise pour approfondir les échanges. Et voilà, vous avez décroché votre premier entretien !

Il s'agit ici d'un exemple bien entendu et cette démarche de premier contact peut se faire par d'autres moyens comme par email ou via d'autres réseaux sociaux. L'idée ici n'est pas de considérer les réseaux sociaux comme un moyen de décrocher des rendez-vous, mais plutôt comme un moyen de communication permettant de créer un premier contact. C'est à partir de ce premier contact que vous allez pouvoir bâtir une relation qui débouchera potentiellement sur un entretien.

## 4.3. Les réseaux sociaux professionnels

> « *Les médias sociaux concernent la sociologie et la psychologie plus que la technologie.* »
> - Brian Solis

Au-delà d'être référencé sur la plateforme, Linkedin vous permet de découvrir des contacts potentiels et de pouvoir communiquer avec eux.

---

**Tutoriel : Utiliser Linkedin**
Si vous n'êtes pas encore à l'aise avec toutes les possibilités d'utilisation de Linkedin, voici un tutoriel vidéo qui pourrait vous guider sur la création et la gestion de votre profil :
http://allomission.com/video-tuto-linkedin
Il existe aussi le site Viadeo dans la même lignée que Linkedin, mais focalisons-nous principalement sur Linkedin dans cet ouvrage, car il s'agit du plus important.

---

L'un des premiers réflexes à avoir sur ce type de réseau social professionnel est de participer à des groupes. Les groupes Linkedin sont des communautés créées autour de thématiques, de métiers et de secteurs d'activité dans lesquels les membres peuvent :

- partager des informations (liens, vidéos, etc.) en évitant l'autopromotion,
- échanger entre eux via messagerie privée.

Ce dernier point est très intéressant pour une tactique que vous pouvez mettre en place pour contacter des personnes ciblées et cela sans disposer de compte payant ! Au-delà de cette dimension de communication, rejoindre des groupes ciblés vous permet de vous rendre visible dans des communautés spécialisées, contribuant ainsi à votre image de marque personnelle. L'intérêt de rejoindre des groupes Linkedin est donc multiple.

---

**Astuce : Contacter sur Linkedin sans payer**

Voici une technique que vous pouvez adopter pour pouvoir contacter des personnes ciblées, sans devoir opter pour un compte premium payant :

1) Consultez le profil de la personne.

2) Parfois sur son profil sont listés les groupes dans lesquels la personne est membre (si aucun groupe n'est listé, alors cette technique ne fonctionne pas).

3) Si vous faites déjà partie du même groupe, passez à l'étape suivante, sinon adhérez à ce groupe.

4) Allez dans la page d'accueil du groupe et cliquez sur membres pour voir la liste de tous les membres du groupe.

5) Tapez le nom de la personne dans le petit moteur de recherche au-dessus de la liste puis cliquez sur l'enveloppe pour écrire un message.

---

---

**Annexe 2.1 : Contacter via les groupes Linkedin**
Cette annexe est composée de copies écrans pour vous guider à travers la technique de contact via les groupes Linkedin. Vous pouvez également consulter le document en ligne via ce lien : http://allomission.com/annexe-21.

---

Trouver les bons groupes Linkedin est par conséquent important, car cela vous permettra d'entrer en contact avec des personnes ciblées en ayant un point commun : le groupe que vous partagez. D'où l'importance de se focaliser en priorité sur les groupes par métier ou secteur d'activité, afin de pouvoir contacter des entreprises qui vous intéressent potentiellement. De même, certains groupes sont géolocalisés comme vous pouvez l'observer dans le moteur de recherche dédié aux groupes sur Linkedin : http://allomission.com/recherches-linkedin .

Vous pouvez aussi trouver les bons groupes par rapport aux profils que vous ciblez en identifiant les groupes auxquels ils appartiennent eux-mêmes.

Si la personne n'appartient à aucun groupe visible, il existe deux autres techniques pour obtenir ses coordonnées. La première technique consiste à faire des recherches pour déduire l'adresse email de votre interlocuteur. Notez que cette technique fonctionne uniquement si l'entreprise propose le même format d'email pour tous ses collaborateurs.

1) Faites une recherche sur Google de l'entreprise de votre contact.
2) En fouillant sur leur site, vous découvrirez une adresse email nominative.
3) Remplacez le nom de l'adresse par le nom de votre contact.

Voici un exemple : vous avez identifié Sarah Sarii comme contact potentiel de l'entreprise Inovatusss. Vous allez sur inovatusss.eu pour y trouver une adresse email nominative. Vous découvrez dans la rubrique « qui sommes-nous » du site l'adresse suivant : m.adell@inovatusss.eu pour Mickael Adell. Parfait ! Il n'y a plus qu'à remplacer ce nom pour la bonne interlocutrice : s.sarii@inovatusss.com. Vous avez maintenant l'adresse de votre contact.

La deuxième technique repose sur un outil permettant d'obtenir l'adresse email d'une personne directement via son profil Linkedin : http://hunter.co

Il s'agit d'un plug-in que vous installez sur votre navigateur qui vous permet d'avoir un bouton « Email Hunter » lorsque vous êtes sur un profil Linkedin. C'est un outil très simple et efficace, avec une utilisation gratuite jusqu'à 200 mails par jour.

Maintenant que vous avez les outils pour entrer en contact avec les bonnes personnes dans vos entreprises ciblées, vous êtes prêt à vous jeter à l'eau en les contactant pour décrocher des rendez-vous.

# 5.   Prospectez les cabinets

> *« Si vous faites ce que vous avez toujours fait, vous obtiendrez ce que vous avez toujours obtenu. »*
> - Anthony Robbins

Il existe un autre levier pour trouver des missions : passer par des cabinets spécialisés. Ainsi, les managers de transition peuvent trouver leur mission auprès de cabinets de management de transition ou les contracteurs peuvent se rapprocher des Entreprises de Services du Numérique ou de cabinets de conseil.

Voici maintenant des pistes à explorer pour pouvoir collaborer avec ces sociétés.

## 5.1. La valeur ajoutée de passer par un cabinet spécialisé

> *« Si vous ne connaissez pas les bijoux,*
> *connaissez le bijoutier. »*
> - Warren Buffett

### 5.1.1. Les cabinets de management de transition

Imaginez que l'on vous contacte directement pour vous proposer une mission qui correspond tout à fait à vos attentes : c'est le rôle des cabinets spécialisés. Ces cabinets ont deux principales forces et valeurs ajoutées :
- ils ont une capacité extraordinaire à trouver des clients et des missions,
- ils ont une grande faculté à trouver immédiatement ou en quelques jours, la perle rare (vous) qui remplira avec succès les objectifs.

La plupart des sociétés de management de transition ont bien compris que leur valeur ajoutée résidait dans la mise en relation adéquate et précise entre une offre et une demande. Leur cœur de métier est celui-là et la majorité des sociétés de management de transition ne recrutent pas les candidats au sein de leur cabinet.

En effet, ces sociétés font généralement appel à des consultants ayant leur propre structure (EURL, SASU, ...) ou intervenant en portage salarial. Plus rarement, il arrive que certains cabinets recourent à l'intérim pour placer leurs intervenants en entreprise, mais il ne s'agit généralement pas d'un statut prisé par les consultants. Nous abordons les statuts possibles dans le Chapitre 3.

Collaborer avec des cabinets peut vous apporter l'avantage d'avoir des propositions de missions sans que vous ayez à faire un travail de prospection commerciale autre que celui de les contacter. Mais ce n'est pas tout, car vous profitez aussi de l'image de marque de la société, et si vous avez l'opportunité de travailler avec plusieurs cabinets, vous aurez d'autant plus de facilités à trouver d'autres missions via ces sociétés ou même en direct, car on estimera que vous avez fait vos preuves.

D'ailleurs, n'hésitez pas à intégrer plusieurs cabinets, car, ils vous le diront eux-mêmes, ils ne sont pas en mesure de vous garantir une prochaine mission. Même s'ils n'ont pas de mission aujourd'hui, vous pouvez toujours apprendre quelque chose sur le secteur, sur la tendance du marché ou tout simplement un lien peut se créer avec votre interlocuteur.

L'autre avantage de passer par ces cabinets est qu'ils peuvent servir de médiateurs entre vous et le client final en cas de tension. Notamment en cas d'incompréhension persistante avec ce dernier vous pourrez vous adresser au cabinet qui vous conseillera sur la meilleure démarche à adopter. Dans ce cas, si une solution n'est toujours pas trouvée, ils pourront contacter le client final pour établir un terrain d'entente.

Vous l'aurez compris, les avantages à collaborer avec ces sociétés sont nombreux. Mais ils ont un prix : les cabinets se rémunèrent avec un pourcentage qui peut paraitre important, entre 20% et 50% de ce que vous facturez vous-même. Mais dans ce cas, plutôt que de réfléchir au pourcentage de rémunération du cabinet, pensez plutôt à la rémunération que vous allez percevoir. Si après avoir déduit la part du cabinet votre Taux Journalier Moyen est respecté, alors votre objectif financier est atteint. Supposons que le cabinet facture 1000 euros HT la journée au client final et que le cabinet se rémunère à hauteur de 300 euros HT, votre facturation journalière (votre TJM) sera de 700 euros HT. Si votre objectif était de 650 euros HT alors vous avez dépassé votre objectif même si le cabinet se rémunère à hauteur de 30% de la facturation.

Attention toutefois, car toutes les sociétés de management de transition ne se valent pas et il conviendra d'être vigilant sur un certain nombre de points comme :
- votre TJM,
- le délai de paiement,
- le délai de résiliation.

Ces points seront abordés dans le Chapitre 3.

**Interview de IMT PARTNERS, cabinet de Management de Transition**
Par Alexandre Lecherf et Aymeric de Jenlis, Directeurs associés.

**Quels conseils pratiques pouvez-vous donner à un manager de transition qui souhaite offrir ses services auprès d'un cabinet ?**

Bien qu'être manager de transition soit intéressant, voici 6 conseils à retenir pour optimiser votre relation avec un cabinet :
1- Le rôle du cabinet de management de transition est de proposer aux entreprises clientes le meilleur talent, le profil le plus adapté à ses problématiques du moment. De ce fait, un cabinet proposera automatiquement un consultant ayant déjà expérimenté une situation similaire à la mission à relever. Par conséquent, un cabinet ne peut pas vous offrir une évolution professionnelle ou un changement de métier. Par exemple, un Directeur des Systèmes d'Information qui a travaillé dans un grand groupe pendant vingt ans et qui, dans ce contexte, a eu un poste de trois ans dans la supply chain, se verra en priorité proposer des missions en systèmes d'information plutôt qu'en supply chain. Mieux vaut capitaliser sur votre expérience la plus significative.

2- Du point précédent découle également le fait que vous risquez d'avoir peu de zones d'inconnues durant la mission. Par conséquent, il est important d'une part, de ne pas être frustré si vous ne découvrez pas beaucoup de choses nouvelles et d'autre part, il convient également de ne pas avoir une approche *bulldozer* en pensant tout savoir. Découverte nouveau secteur d'activité, adaptabilité à chaque nouvel environnement.

3- Bien que le manager de transition soit une personne expérimentée, il sera indispensable de garder un aspect très opérationnel, car vous serez amené à réaliser par vous-même des actions concrètes. Cette dimension de faire et de faire soi-même est très importante. Par exemple, un manager de transition dans la Direction des Achats doit être en mesure à la fois d'avoir une vision stratégique, comme il doit pouvoir revoir les clauses d'un contrat.

4- Soyez concis et synthétique. En vous écoutant cinq minutes, un collégien doit être en mesure de savoir ce que vous faites. Aussi, à l'oral, il est préférable d'organiser son propos de manière thématique plutôt qu'un déroulé chronologique. N'oubliez pas, le client final a une problématique qui lui est propre et a besoin de savoir ce qui dans votre parcours répond à cette problématique précise. Il n'a pas le temps de s'attarder sur toutes vos expériences passées.

5- Adoptez une démarche de prestataire de services. C'est-à-dire faites ressortir les deux ou trois expériences les plus significatives répondant au besoin du client. Pour ces expériences, précisez brièvement la situation à laquelle vous avez fait face :
- Le type de structure : par exemple Groupe US, Groupe familial, ONG...
- Le contexte : par exemple LBO, rachat,
- La taille du périmètre : par exemple X millions d'euros de CA et Y personnes managées en direct.

6- Il ne s'agit pas de raconter l'historique des sociétés dans lesquelles vous avez travaillé (ne dites pas « nous avons vendu telle branche d'activité », « nous nous sommes restructurés » ...), mais surtout ce que vous avez réalisé dans ce contexte. D'ailleurs, il est préférable de mettre l'accent sur le « je » plutôt que sur le « on » ou le « nous » lorsque vous partagez votre expérience, car il s'agit de vous et pas de quelqu'un d'autre.

Dans la continuité de cet échange, reportez-vous à la technique STAR abordée plus loin dans ce chapitre, dans la section « Adoptez une démarche de prestataire de services ».

### 5.1.2. Les Entreprises de Services du Numérique et les cabinets de conseil

Ces cabinets auront les mêmes avantages et inconvénients que les cabinets de management de transition avec toutefois quelques différences notables :

- Une certaine spécialisation sectorielle ou métier : les métiers évoluent davantage autour des nouvelles technologies. Entre autres, un développeur Java ou un architecte IT y trouvera probablement son bonheur.
- Une tendance à favoriser le recrutement en interne au sein de leur propre société pour répondre à des missions.

Concernant ce dernier point, les sociétés en vous recrutant vous feront intervenir sur une mission, puis sur une autre et ainsi de suite. Toutefois, un des énormes enjeux auxquels sont confrontés ces cabinets est la période d'intermission, la période pendant laquelle vous êtes salarié, mais où vous ne travaillez pas chez le client et donc où vous ne générez pas de revenu. Le poids des intermissions pèse en général pour 30% de leur marge brute. Ne vous dites pas « Chouette ! Je serai payé à rien faire ! », car d'une manière ou d'une autre si les périodes d'intermission s'éternisent tôt ou tard vous ne ferez plus partie des effectifs...

Face à ces problématiques de coût d'intermission et aux besoins de spécialistes très pointus, ces sociétés sont généralement ouvertes à travailler avec des personnes en statut indépendant le temps de la mission.

Vous pourrez donc soit essayer de travailler au sein de leur structure en tant que salarié, soit en vous servant de l'argument du coût de l'intermission qu'ils n'auront pas s'ils recourent à vos services en tant qu'indépendant. Vous pourriez même valoriser quelque peu le coût de l'intermission dans votre Taux Journalier Moyen.

## 5.2. Comment rencontrer ces sociétés ?

> *« Je pense que la chance c'est la préparation qui rencontre l'opportunité. »*
> - Oprah Winfrey

Si vous êtes manager de transition, veuillez trouver en annexe la liste des cabinets de management de transition. La plupart du temps ces sociétés fonctionnent comme un cabinet de recrutement où il convient d'envoyer en premier lieu son CV et une lettre de motivation via leur site Internet.

---

Annexe 2.2 : La liste des cabinets de management de transition
La liste des cabinets de management de transition est disponible dans l'annexe 2.2. Et sur Internet via ce lien : http://allomission.com/annexe-22 .

---

Si vous avez une expertise métier et que vous souhaitez travailler comme contracteur vous retrouverez en annexe une liste d'Entreprises de Services du Numérique (anciennement nommées SSII) et de cabinets de conseil.

---

**Annexe 2.3 : Liste des ESN et des cabinets de conseil**
Vous retrouvez dans l'annexe 2.3 une liste de cabinets spécialisés (ESN et cabinets de conseil). Et sur Internet via ce lien : http://allomission.com/annexe-23 .

---

Une fois que vous avez sélectionné les cabinets que vous contacterez, posez-vous la question suivante : « Est-ce que je réponds à leurs critères de sélection ? ». En explorant leur site Internet, vous devriez pouvoir avoir des informations sur cet aspect. Une fois cette étape validée, déposez votre CV sur leur plateforme.

Attention, il est tentant de vouloir contacter directement les recruteurs de ces cabinets pour appuyer votre candidature. Mais cette pratique est à priori à éviter, car ces personnes sont déjà très prises par le grand nombre de candidatures qu'elles doivent gérer, et tenter de les convaincre par d'autres leviers pourrait se révéler contreproductif.

Vous verrez dans le chapitre suivant quelques éléments administratifs et financiers complémentaires pour cadrer votre collaboration avec ces sociétés.

Maintenant que vous avez des pistes pour vous faire recommander par des cabinets, et des outils pour démarcher des clients par vous-même, en y mettant l'énergie nécessaire, décrocher des rendez-vous ne devrait plus être qu'une question de temps.

# 6. Cultivez votre réseau professionnel

> « *Tous les gens qui réussissent rencontrent des gens qui réussissent de façon régulière, créant ainsi un mental collectif.* » - Napoleon Hill

Votre réseau professionnel est votre plus précieuse ressource pour décrocher de nouvelles missions. C'est en partie grâce à vos connaissances que vous pourrez actionner trois leviers importants pour décrocher des missions :

1. Votre réputation
2. Les mises en relation
3. Les opportunités

## 6.1. L'importance du réseau

### 6.1.1. La réputation

Le web 2.0 a fait émerger un nouveau levier d'influence dans le monde : le pouvoir de l'opinion, ou autrement appelé 5$^e$ pouvoir.

---

Les 5 pouvoirs

Depuis plusieurs siècles maintenant, les Etats ont recours à trois pouvoirs principaux pour gérer les sociétés qui les composent à savoir :

1- Le pouvoir législatif (pour créer les règles de vie en société dans l'Etat).

---

2- Le pouvoir judiciaire (afin de faire respecter les lois créées).

3- Le pouvoir exécutif (pour mettre en place les directives de l'Etat).

Mais suite à la création et l'influence des journaux papier, puis de la radio et de la télévision, un quatrième pouvoir est né : le pouvoir des médias.

Aujourd'hui, avec le boom du web 2.0 dans lequel les citoyens peuvent aussi partager leurs idées et être entendus par le plus grand nombre sans intermédiaire, un cinquième a vu le jour : le pouvoir de l'opinion.

Ignacio Ramonet, journaliste, semble être l'un des premiers experts à mentionner ce « nouveau pouvoir » qui prend encore de l'ampleur grâce aux réseaux sociaux notamment.[1]

Au-delà de la sphère politique et de l'Internet, ce 5e pouvoir s'applique également aux consultants indépendants : ce que l'on dit de vous, votre réputation, a plus d'impact sur votre image que ce que vous pouvez dire vous-même de vous-même.

Prenons un exemple : imaginez que vous voulez aller au restaurant et que vous hésitez entre deux établissements. Pour le premier, un ami vous informe qu'il l'a trouvé moyen, sans plus, un peu fade. En revanche il a adoré le second ! Vers où se portera votre choix ? Vous comprenez l'impact que peut avoir une opinion sur le choix d'une personne. Si cela fonctionne de cette manière pour les restaurants, il en va de même pour les consultants indépendants.

---

[1] Source Le Monde : https://www.monde-diplomatique.fr/2003/10/RAMONET/10395

## 6.1.2. Les mises en relation

Le bouche-à-oreille fait partie des techniques les plus anciennes et les plus efficaces dans le domaine du commerce et de l'entrepreneuriat. La recommandation et la mise en relation sont des leviers importants à actionner pour décrocher de nouveaux clients. Et quoi de mieux qu'un réseau dynamique pour augmenter ses chances de recommandation et de mise en relation ? Comme explicité dans la section 3.3 « Faites-vous recommander », n'hésitez pas à demander à certaines personnes que vous connaissez si elles auraient dans leur réseau des contacts qui pourraient être intéressés par vos services. Si oui, demandez-leur de vous introduire auprès de ces personnes.

Ces personnes seront beaucoup plus réceptives à votre message si c'est par le biais d'un contact en qui elles ont confiance. Par exemple, si votre ami vous présente une de ses connaissances, il y a de fortes chances que vous soyez plus réceptif à ce qu'elle vous dira, comparé à un email venant de nulle part d'une personne que vous ne connaissez pas.

Vous l'aurez compris, si vous souhaitez contacter une personne que vous ne connaissez pas, essayez de faire en sorte qu'une personne de votre réseau vous introduise auprès d'elle.

## 6.1.3. Les opportunités

Le meilleur moyen d'avoir des opportunités est de les provoquer. C'est la raison pour laquelle il est important de rester entreprenant et actif en :

- annonçant à vos relations que vous êtes à la recherche d'une mission longue dans le cadre de tel métier,

- participant à des évènements et des rencontres de networking pour qu'on vous voie et qu'on se souvienne de vous,
- échangeant avec des contacts stratégiques autour d'un café par exemple
- ...

Ces petites actions enclenchées dans la durée vous permettront de générer des opportunités. Si un DRH vous a rencontré à plusieurs reprises dans des soirées de networking, il pensera probablement à vous quand il aura une mission entrant dans votre champ d'expertise.

En bref, vous l'aurez compris, afin d'actionner ces trois leviers que sont la réputation, les mises en relation et les opportunités, vous aurez besoin de vous mettre dans une dynamique de réseau, à savoir :
- maintenir les liens relationnels déjà existants
- rejoindre des réseaux
- éventuellement créer votre propre réseau.

C'est ce que nous voyons ci-après.

## 6.2. Maintenez le lien relationnel

L'élément clef de la dynamique réseau est l'empathie : c'est en comprenant les autres que vous allez pouvoir adopter les meilleurs comportements et meilleures initiatives pour créer des liens relationnels forts.

### 6.2.1. L'altruisme comme moteur de réseau

Donnez sans rien attendre en retour. Par exemple, mettez en relation, donnez des conseils, offrez un service.

Cette simple pratique franche et non intéressée du don de soi, de ses conseils, de mises en relation, sera le meilleur ingrédient pour que les personnes de votre entourage veuillent un jour vous aider à leur tour.

A l'inverse, une des erreurs communes que l'on peut observer dans une dynamique de réseau, et notamment pour les personnes qui recherchent des missions, est de penser uniquement à leur préoccupation et leurs objectifs, à savoir de trouver des missions.

Un tel état d'esprit se ressent et n'invite pas vos contacts à construire un lien relationnel avec vous. Gardez une dynamique altruiste en essayant de rendre service sans rien attendre en retour.

### 6.2.2. Ayez le réflexe d'empathie

Pour aller plus loin dans la pratique de l'empathie, vous pouvez aussi réaliser ce petit exercice intéressant à adopter : s'amuser à se mettre à la place de l'autre dans des situations très précises et d'analyser votre réaction. Par exemple, imaginez qu'une personne dont vous n'avez pas reçu de nouvelles depuis plus de 3 ans vienne vous voir pour vous demander si vous connaissiez un client potentiel pour sa nouvelle offre de services. Comment réagiriez-vous ? Qu'auriez-vous préféré que cette personne fasse ?

Suite à vos réponses, vous prenez conscience de pratiques à mettre en place dans votre dynamique de réseau.

Généralement, il est plus simple de cultiver des liens relationnels lorsque ceux-ci sont activés régulièrement. Si nous reprenons l'exemple précédent, votre interlocuteur aurait peut-être plus intérêt à échanger des nouvelles avec vous, en vous invitant à boire un café, même tous les 4 mois, plutôt que d'arriver de nulle part pour vous demander un service.

Prenez donc l'initiative de rencontrer ou d'appeler vos relations. Mais attention à ne pas vouloir trop en faire en les sollicitant trop souvent. Faites un exercice d'empathie et voyez ce qui vous semble le plus adapté.

### 6.2.3. Pensez à vos contacts

Une autre démarche intéressante à adopter pour maintenir les liens relationnels consiste à inviter vos contacts à des évènements qui pourraient les intéresser, voire même vos propres évènements dont vous seriez l'organisateur.

Maintenir votre réseau à travers ces pratiques vous permettra de consolider l'existant. Néanmoins, si vous désirez aller plus loin, vous aurez surement intérêt à rejoindre d'autres réseaux déjà existants. Lesquels ? C'est ce que vous verrez dans le point suivant.

## 6.3. Rejoignez des réseaux

Il existe de très nombreux réseaux professionnels partout en France et à l'étranger vous permettant de créer de nouveaux contacts. Afin de mieux les cibler, ils peuvent être catégorisés de la manière suivante :

- Des associations regroupant des experts par métier
- Des réseaux d'entraide de cadres et de dirigeants
- Des réseaux centrés sur la recherche de mission
- Des syndicats patronaux
- Des réseaux d'anciens diplômés
- Des réseaux d'affaires
- Des prescripteurs

Tous ces réseaux organisent des rencontres régulières, généralement mensuelles. Cela vous demandera donc votre implication pour pouvoir y assister régulièrement.

Voyons maintenant plus en détail chacune de ces catégories.

### 6.3.1. Des associations regroupant des experts par métier

Si vous souhaitez rencontrer des confrères et des consœurs exerçant le même métier que vous, pensez à vous rapprocher de certaines associations. Voici notamment une liste non exhaustive de réseaux par familles de métiers :

- L'ANDRH, l'Association Nationale des Directeurs des Ressources Humaines.
- Le Club DécidRH, un réseau d'une centaine de décideurs de la fonction ressources humaines.
- La DFCG, l'Association Nationale des Directeurs Financiers et de Contrôle de Gestion.
- L'ANDSI, l'Association Nationale des Directeurs des Systèmes d'Information.
- SEO Camp, l'association des référenceurs.
- Etc.

En résumé, il existe probablement un réseau regroupant les professionnels exerçant votre métier. Faites une rapide recherche sur Internet pour les découvrir, et notamment une éventuelle représentation locale proche de chez vous.

Ces réseaux sont basés sur l'échange et la discussion avec ses pairs. Pour cela, ils organisent notamment entre autres des évènements pour animer leur communauté.

Ces groupes de professionnels vous permettent également de rester au fait des actualités liées à votre métier et les nouvelles tendances, et vous offrent aussi des formations afin de renforcer vos compétences.

Enfin, la diversité des parcours des personnes constituant ces réseaux est souvent riche. Certains membres travaillent dans des PME, d'autres dans des grands groupes, ou au sein d'ONG voire dans l'administration publique, ou sont dans une phase de transition professionnelle.

### 6.3.2. Des réseaux d'entraide de cadres et de dirigeants

Dans cette catégorie, les réseaux réunissent des cadres, des dirigeants, des managers expérimentés et des experts de tous métiers.

Leur objectif : l'entraide entre pairs. Une caractéristique commune : les membres animent bénévolement eux-mêmes leur structure associative et définissent leurs propres activités. En revanche, ce qui les distingue les uns des autres est les publics visés, les méthodologies et le fonctionnement interne.

Pour illustrer cette catégorie, voici quelques réseaux de renom :

- Le réseau Oudinot (un réseau de cadres expérimentés en activité ou en transition professionnelle). Ce réseau parisien créé en 2004 a noué des partenariats avec des entreprises et plusieurs chambres de commerce internationales, et regroupe près de 500 professionnels de tous horizons qui souhaitent enrichir leurs savoir-faire. Les adhérents se réunissent régulièrement sur une base au minimum mensuelle : groupes de travail, commissions, Speednetworkings. Les membres peuvent proposer, réfléchir et s'impliquer sur un sujet utile et profitable au réseau. Vous intégrerez plus facilement ce réseau en étant coopté. Particularité, trois fois par an des événements sont ouverts aux membres et aux non-membres.

- Le réseau Daubigny (réseau de dirigeants et de cadres pour le développement des compétences).
  Cette association parisienne a aidé plus de 900 cadres à renouer avec l'emploi depuis sa création au début des années 2000 et a généré d'autres réseaux de ce type. Ce réseau est constitué pour l'essentiel de dirigeants et de cadres supérieurs de cultures et d'horizons divers. Il s'adresse à des cadres en situation de rebond professionnel ayant un projet bien défini. Les membres peuvent se réunir entre deux et trois fois par semaine : rencontres de networking, ateliers, conférences thématiques, voire séminaires (par exemple : autour du digital, des nouvelles formes de management, d'emploi ou de rebond professionnel, etc.). Ces rendez-vous demeurent optionnels.

- L'Avarap (réseau d'aide au retour à l'emploi des cadres).

Ce réseau a développé une méthodologie pour aider ses membres à mieux définir le cadre de leur projet professionnel, à structurer leur démarche de recherche d'emploi, et ce, jusqu'à l'obtention d'une nouvelle opportunité. Cette association est présente dans plusieurs grandes villes françaises contrairement aux deux réseaux précédents.

-   L'association Essonne Cadres.

    Essonne Cadres est basée à Massy (91). Elle accompagne les cadres en transition de carrière à retrouver un poste en entreprise. Il vous sera demandé de justifier d'un statut de cadre et de demandeur d'emploi, et une fois votre demande d'intégration acceptée, vous serez parrainé par un autre membre de l'association. Tous les membres travaillent ensemble à leur retour à l'emploi.

-   L'association CQFD Cadres-78 (Compétence Qualification Fiabilité Dynamisme).

    Ce réseau basé en Essonne accompagne également les cadres à retrouver un emploi.

Ces associations offrent l'avantage d'intégrer une communauté de professionnels d'horizons différents, animée par des évènements réguliers et parfois d'une méthodologie d'accompagnement à part entière.

Cette liste n'est bien évidemment pas exhaustive et pour aller plus loin, vous pouvez aussi intégrer un réseau vous aidant directement à trouver une mission longue.

### 6.3.3. Réseaux centrés sur la recherche de missions

La spécificité de ces réseaux repose sur le conseil entre membres pour décrocher des missions. Néanmoins, ils ne permettent pas forcément de trouver directement des clients, mais le fait de se regrouper aide certainement à gagner en visibilité et en légitimité vis-à-vis des cabinets. Et cela est probablement d'autant plus vrai si le processus de sélection des membres est fort. Intégrer ces réseaux contribue directement à votre levier « réputation » et indirectement à votre levier « opportunité » lorsque vous êtes un manager de transition. Toutefois, intégrez ce type de réseau uniquement si vous êtes un manager *de* transition et non pas un manager *en* transition. C'est-à-dire que les réseaux listés ci-après, contrairement aux précédents, visent à s'entourer de membres dont l'objectif est de travailler en mode mission et non pas de retrouver un emploi en tant que salarié.

Voici quelques exemples de réseaux orientés vers la recherche de missions (liste non exhaustive, vous trouverez surement d'autres réseaux de ce type) :

- Amadeus Executives
  Cette association parisienne fondée en 2002 regroupe aujourd'hui une quarantaine de dirigeants de transition (DG, DRH, DSI, DAF, etc.). Le réseau propose à ses membres des formations basées sur les retours d'expérience et de nombreuses commissions ou de tables rondes, créent des occasions de partage et de rencontre. Notez que l'une des conditions pour y adhérer est de posséder une expérience avérée en Management de Transition. Le processus de cooptation dure plusieurs mois et seuls 2% des candidatures seraient retenues.

- Mission DAF (Directeur Administratif et Financier)
  Il s'agit ici d'un groupe de travail de la DFCG. Il est par conséquent nécessaire d'être membre de la DFCG avant de pouvoir intégrer ce réseau. Celui-ci est constitué d'une quarantaine de personnes qui se rencontrent mensuellement à Paris. Des cabinets de management de transition viennent s'y présenter régulièrement.

Retenez que l'objectif de ces réseaux n'est pas de faire de la recommandation d'affaires, en revanche vous aurez plus de chances que l'on pense à vous si une opportunité se présente.

### 6.3.4. Syndicats et réseaux patronaux

Les dirigeants d'entreprises sont également représentés par des syndicats ou des réseaux d'influence. Les rejoindre en tant que consultant indépendant peut être une opportunité de se plonger au sein d'un groupe de dirigeants et ainsi de cultiver de nouvelles relations professionnelles.

Voici quelques exemples :
- Le MEDEF (Le Mouvement des Entreprises de France). Regroupe plus de 750 000 adhérents répartis sur tout le territoire national.
- La CGPME, désormais renommée CPME (Confédéation des petites et moyennes entreprises).
- Le CJD (Le Centre des Jeunes Dirigeants).

Encore une fois, cette liste n'est pas exhaustive et vous pouvez très bien trouver une communauté plus proche de votre activité.

### 6.3.5. Réseaux d'anciens diplômés

L'une des forces majeures des grandes écoles de commerce ou d'ingénieurs est leur réseau d'anciens diplômés. Vous pouvez donc vous rapprocher de votre ancien établissement pour devenir un membre actif de votre réseau d'anciens diplômés tels que HEC Alumni, Centrale, Polytechnique, INSEAD, etc.

Ces réseaux vous permettront de rencontrer des dirigeants, des DRH, des directeurs financiers, etc. Parmi ces rencontres, certaines ont le potentiel d'être décisives pour votre recherche de mission.

### 6.3.6. Réseaux d'affaires

Il existe d'autres réseaux privés dont la mission est de développer des affaires par l'approche de la recommandation mutuelle.

Ces groupes tels que le réseau international BNI (Business Network International) ou le réseau OptimRezo (basé principalement en Ile-de-France) nécessitent une cotisation proche de 1000€ par an. Bien qu'il s'agisse de réseaux internationaux ou régionaux, les groupes d'action sont quant à eux locaux et réunissent en moyenne une trentaine d'entrepreneurs. Afin d'éviter la concurrence au sein de chaque groupe, un seul membre par spécialité professionnelle est admis.

A partir du moment où vous intégrez ce type de réseau, vous vous engagez à être présent en continu et de manière hebdomadaire (ou bimensuelle, selon les réseaux) ce qui, dans le cas de missions longues, risque de représenter une contrainte lorsque vous êtes missionné. De même, votre indisponibilité prolongée pour de nouvelles missions risque d'être complexe à entendre par les autres membres qui ne seront pas à même de vous recommander.

Chaque réseau fonctionnant de manière différente (fréquence des réunions, gestion des absences, etc.) si vous désirez les découvrir sans engagement, sachez que vous pouvez assister à plusieurs réunions d'essai. Au pire vous perdrez quelques heures, au mieux vous découvrirez un mode de fonctionnement ou rencontrerez des professionnels, un prestataire, un partenaire et davantage si affinités.

## 6.3.7. Des prescripteurs

Au-delà de ces différents réseaux, vous pouvez tisser des liens avec des professionnels qui peuvent vous recommander auprès de leurs clients.

Ces prescripteurs peuvent par exemple être des administrateurs judiciaires, des avocats, des assureurs, des experts-comptables, des sociétés de capital investissement... Bref tout professionnel jouant un rôle de conseil auprès des entreprises.

Dans le cadre du capital investissement, il est par exemple possible de contacter ces sociétés pour proposer vos services. L'AFIC (Association Française des Investisseurs pour la Croissance) peut être une porte d'entrée notamment au travers de leur annuaire recensant plus de 400 structures de capital-investissement.

Vous ne trouvez pas de réseau qui vous convienne ? Alors vous pourriez peut-être vous en inspirer pour en créer un vous-même ! Gardez à l'esprit que ce qui fidélisera les membres de votre communauté sera votre authenticité et votre faculté à créer des liens, tout en étant utile à votre groupe (mises en relation, services...) et surtout garder un contact régulier. Evidemment ceci demande du temps, de l'énergie et une forte implication des membres pour faire vivre cette communauté.

# 7. Gérez votre premier rendez-vous commercial ?

*« La meilleure des publicités est un client satisfait. »*
- Bill Gates

Ça y est, grâce à toutes les actions que vous avez mises en place, vous avez les premiers retours de vos potentiels clients! Voici quelques outils et pratiques vous permettant d'optimiser votre première prise de contact et de préparer au mieux votre entretien commercial.

## 7.1. La première prise de contact

*« J'ai appris que les gens vont oublier ce que vous avez dit, ce que vous avez fait, mais ils n'oublieront jamais ce que vous leur avez fait ressentir. »*
- Maya Angelou

L'entreprise souhaite vous rencontrer et vous en a informé par email. Comment rebondir de manière professionnelle suite à ce retour ?

Le premier réflexe, bien entendu, est de savoir ce que souhaite réellement cette entreprise pour approfondir les échanges :

- Votre interlocuteur préfère-t-il dans un premier temps échanger par téléphone ou veut-il vous rencontrer?
- Quel sera le but de l'entretien ?
- De quoi a besoin l'interlocuteur pour ce futur échange ?
- Quelle date lui conviendrait le mieux ?

Si ces informations ne sont pas disponibles dans l'email que vous venez de recevoir, n'hésitez pas à poser ces questions afin que vous puissiez vous préparer au mieux.

---

**KISSS : Keep It Simple Short and Straightforward** [1]
Ce terme a pour origine le milieu militaire et est devenu populaire dans le monde du management et du marketing. Il peut vous être très utile pour rédiger des emails clairs, concis et précis en :
- Utilisant le champ lexical de votre interlocuteur.
- Aérant votre email avec des paragraphes et des bullet points.
- En posant des questions claires.
- En récapitulant les idées clefs énoncées dans l'email.

---

Voici un exemple de réponse d'un email à un directeur souhaitant s'entretenir avec vous dans leurs locaux pour un poste de responsable du service des ventes en mode manager de transition.

---

[1] Source : Opération Boomerang, Philippe Bloch, Ventana Editions, 2013

----------------------

Bonjour M. Durand,

Je vous remercie pour l'intérêt que vous avez bien voulu porter à ma candidature.

Je serais ravi de pouvoir échanger avec vous à propos de la mission que vous proposez.

Je vous confirme ma disponibilité pour votre proposition de rendez-vous, à savoir :
- Le 19 mai à 10h,
- Dans vos locaux au 1 rue de La République,
- Pour discuter de la mission de responsable du service des ventes.

Auriez-vous besoin d'éléments supplémentaires pouvant servir de support de discussion ?

Bien cordialement,

------------------------

Cet exemple illustre tout simplement une manière de mettre en application le principe « KISSS » pour faire gagner du temps à votre interlocuteur et surtout de limiter les allers et retours d'emails.

Ce principe peut également être adopté pour d'autres voies de communication, comme un appel téléphonique par exemple. Il arrive en effet que des recruteurs ou directeurs préfèrent appeler directement la personne pour convenir d'un rendez-vous. Il convient alors, comme précisé plus tôt dans ce chapitre, d'avoir le réflexe de répondre de manière professionnelle à son téléphone puis de garder à l'esprit de rester clair, concis et précis dans ces échanges. N'hésitez pas à récapituler les informations pour valider la prise de rendez-vous (horaire, lieu, sujet, ...) afin de vous assurer que vous ayez les informations correctes pour le jour J.

---

**Conseil : transmettez votre numéro de portable**
Afin d'être prêt pour tout type d'imprévu, ayez le réflexe de rappeler votre numéro de portable à votre interlocuteur.

---

Une fois le premier rendez-vous fixé, vous avez du temps pour effectuer des recherches sur l'entreprise et vous préparer. Naviguez sur Internet pour y trouver des informations pour avoir une meilleure compréhension de l'entreprise :
- les articles publiés sur son site officiel,
- les articles ou communiqués de presse publiés par d'autres médias,
- la liste de ses partenaires
- ...

L'objectif de cette démarche n'est pas forcément de tout savoir sur l'entreprise, mais de lister quelques questions pertinentes pour alimenter la discussion. Cela vous permettra notamment de mieux comprendre le besoin de votre client potentiel, et donc de mieux y répondre par la suite. D'ailleurs, parmi ces besoins, certains sont spécifiques à l'entreprise (liés à son environnement, son secteur ...) et d'autres communs à la plupart des sociétés, notamment liés au recrutement.

Vous verrez dans le dernier chapitre en quoi faire appel à un consultant externe peut être bénéfique pour une entreprise.

## 7.2. Connaissez et utilisez l'argumentaire des avantages pour une entreprise

Si l'entreprise a expressément formulé son besoin d'un consultant externe, alors vous n'aurez pas à la convaincre des avantages à recourir au travail en mode mission. En revanche, si vous avez répondu à une offre d'emploi ou directement contacté l'entreprise, vous aurez intérêt à lui exposer les bénéfices de recourir à un consultant en mode mission.

Voici quelques arguments illustrant positivement le travail en mode mission :
- Flexibilité de la collaboration : l'entreprise peut se libérer de la collaboration plus facilement que dans le cadre d'un poste salarié.
- Le consultant est disponible tout de suite.
- La mission est bien délimitée dans le temps (pas d'engagement à durée indéterminée).

- L'entreprise n'augmente pas sa masse salariale en faisant appel à un intervenant extérieur (dans le cadre d'un consultant avec sa structure ou en portage salarial).
- L'entreprise fait appel à un expert opérationnel ne nécessitant pas une période de formation au préalable (il travaille directement sur la mission).

Vous découvrirez dans le chapitre 5 plus de détails sur les avantages pour une entreprise de recourir au travail en mode mission.

## 7.3. Astuces pour le jour J

> « Il est encore plus facile de juger de l'esprit d'un homme par ses questions que par ses réponses. »
> - G. de Lévis

Ça y est, c'est le jour de votre premier rendez-vous client ! Cette étape est cruciale, d'où l'importance de mettre toutes les chances de votre côté.

### 7.3.1. La loi de Murphy : préparez-vous aux imprévus

Pour cela, pensez à la Loi de Murphy en étant le mieux préparé possible aux imprévus, même ceux paraissant triviaux :

- Prévoyez une marge de 15 à 20 min de plus pour le trajet. Mieux vaut être en avance et patienter pour son rendez-vous qu'être en retard. D'ailleurs, si vous êtes en avance, préférez patienter à l'extérieur de l'entreprise plutôt que dans leurs locaux pour éviter que votre interlocuteur ne se sente pressé.

- Emportez si possible une chemise de rechange au cas où, surtout si vous êtes amené à prendre un repas.
- Apportez un deuxième stylo, il ne prend pas plus de place et il peut être très utile si le premier cesse de fonctionner.
- Prenez un parapluie avec vous, il serait dommage d'arriver trempé à votre rendez-vous alors que la météo indiquait un beau temps.
- Si vous utilisez votre téléphone portable pour vous guider jusqu'à votre point de rendez-vous alors, assurez-vous qu'il soit bien chargé ou emportez le chargeur.
- Etc.

Vous l'aurez compris, soyez prévoyant, cela vous permettra d'être en confiance, car vous vous savez  prêt aux éventualités. Même si ces éléments ne sont pas utilisés le jour J, vous aurez à minima le bénéfice psychologique de cette préparation.

### 7.3.2. Adoptez une démarche de prestataire de services

Vous avez là un atout formidable. Pour un entretien de recrutement, vous aviez l'habitude de dérouler linéairement votre parcours,  d'expliquer pourquoi vous avez fait ceci ou pourquoi vous avez quitté telle entreprise... En tant que consultant indépendant, gardez à l'esprit que même si vous avez répondu à une offre d'emploi, vous n'êtes pas demandeur d'emploi, mais offreur de services qui se base sur une expertise : la dynamique habituelle de l'entretien est ainsi changée.

Focalisez-vous sur votre client, et si possible faites en sorte que ce soit lui qui s'exprime davantage afin de comprendre sa problématique et ne plus être là pour justifier la cohérence de votre parcours. Par conséquent, ne déroulez pas votre CV (sauf si l'on vous demande de le faire), et n'entrez pas non plus dans le détail de pourquoi vous avez quitté tel ou tel poste. Et surtout, ne parlez jamais, jamais, en mal d'un ancien client ou entreprise, même si votre précédente collaboration ne s'est pas bien déroulée ou conclue.

Si vous souhaitez tout de même appuyer votre expertise auprès du client pour le rassurer, vous pouvez vous reposer sur l'outil STAR régulièrement utilisé dans le milieu du recrutement [1] :

- Situation (la situation à laquelle vous avez fait face),
- Tâche (la tâche à réaliser pour répondre à la situation),
- Action (l'action que vous avez entreprise),
- Résultats (les résultats que vous avez obtenus par rapport à la situation initiale).

Voici un exemple pour illustrer cette technique :

- Situation : Une entreprise a dû intégrer un nouvel outil de communication en interne et de gestion de projet. Mais personne ne veut l'utiliser.
- Tâche : Votre mission était donc d'encourager les personnes à utiliser quotidiennement ce nouvel outil et de les former.
- Action : Vous avez créé un système de gamification pour accompagner de manière ludique et positive l'utilisation de l'outil.

---

[1] Source : The Guardian https://www.theguardian.com/careers/careers-blog/star-technique-competency-based-interview

- Résultats : Chaque collaborateur utilise le nouvel outil pour la gestion collaborative de leurs projets. Ils sont devenus plus efficaces et motivés.

Cet outil STAR permet de contextualiser vos compétences et votre expertise à travers des situations concrètes.

Quoiqu'il arrive, même si vous sentez que vous devez passer par cette phase pour rassurer votre client, gardez à l'esprit de rester curieux et essayez d'obtenir le plus d'informations possibles. Vous pouvez vous inspirer du document « proposition de collaboration » que nous verrons dans la partie « 7.6 - Proposition de collaboration » pour puiser quelques questions afin de dessiner les contours de la mission.

### 7.3.3. Clarifiez le besoin et les attentes du client

*« Quand on sait entendre, on parle toujours bien. »*
- Molière

Orientez autant que possible cette curiosité vers le besoin de votre client. Ceci devrait être votre objectif principal pour cet entretien à ce stade : clarifier les attentes du client. Ces informations liées à la situation de l'entreprise, au contexte de la mission et aux besoins du client vous permettront de formuler une proposition de collaboration la plus adaptée à ce qu'il attend de la part d'un consultant externe. De plus, le client se sentira écouté et aura moins l'impression que vous souhaitez vendre vos services à tout prix.

## Astuce : Clarifier l'objectif du client

Vous le constaterez probablement ; un client a tendance à lister une série de taches ou de missions à accomplir assez longue. Un peu à l'image des annonces d'emploi longues qui se terminent en plus par « cette liste de tâches n'est pas exhaustive »... Bref, le client à de multiples attentes et il sera nécessaire de détecter ce qui dans le cadre de la mission sera essentiel et ce qui le sera moins. Pour cela, une des techniques les plus efficaces consiste à demander au client, ce qui permettra à ce dernier de dire, à l'issue de la mission de X mois, que le travail effectué a été une réussite ou non. Voici un exemple :

"A l'issue de la mission de 4 mois, sur quoi estimerez-vous que la mission a été une réussite ou non ?"

D'expérience, on peut dire que cette question a toujours permis de recentrer le sujet et de se fixer des objectifs réalistes compte tenu de la durée de la mission et des moyens mis à disposition. Par ailleurs, cette question vous permettra également de constater si les attentes du client sont claires.

Cette interrogation vous a permis de noter les attentes concrètes de votre client en termes de rendu.

Pour connaitre l'approche que le client souhaiterait que vous adoptiez, vous pouvez compléter cette question par celles-ci :

- Comment imaginez-vous la mise en place de cet objectif ?
- Voyez-vous des étapes intermédiaires ? des freins ?

Ces questions, et d'autres vous permettront de mieux appréhender les besoins du client dans le processus de réalisation de la mission. Vous pouvez alors identifier des attentes intermédiaires permettant de dessiner des paliers entre le début et la fin de la mission.

### 7.3.4. Définissez bien en amont les jalons

*« Celui qui déplace la montagne commence par enlever les petites pierres. »*
*- Confucius*

Si votre mission a une durée longue, par exemple de 12 mois, il sera peut-être nécessaire de définir des objectifs intermédiaires à remplir en plus de l'objectif final de la mission. Dans l'idéal, ces sous-objectifs devront être SMART (Spécifiques, Mesurables, Ambitieux, Réalistes, Temporels) pour qu'ils soient stimulants et clairs pour les deux parties.

Prenons un exemple pour illustrer ces propos. Imaginez que vous soyez missionné pour relancer les ventes d'un produit d'une entreprise dans le secteur du luxe. La mission démarre en janvier et se termine en décembre. Votre client estime que votre mission sera un succès si les ventes du produit doublent cette année par rapport à l'année précédente sur la même période. Vous avez alors un objectif global de la mission : doubler le chiffre d'affaires.

Cet objectif est SMART :

- **Spécifique** : il s'agit de la vente d'un produit en particulier.

- **Mesurable** : l'objectif est chiffré et il est simple de voir si l'objectif est atteint ou non à la fin de la mission.

- **Ambitieux** : doubler un résultat est un objectif ambitieux.

- **Réaliste** : les résultats attendus correspondent à ceux d'il y a trois ans. L'objectif a déjà été atteint dans le passé, il est donc réalisable .

- **Temporel** : il y a une échéance, décembre.

Cet outil SMART est pratique pour clarifier les objectifs. En revanche, il n'est pas toujours adapté à toutes les situations. Un responsable de la sécurité aura plus de mal à définir des objectifs mesurables pour son intervention.

Le client vous a fait savoir pendant l'entretien commercial qu'il fait appel à un consultant externe indépendant pour avoir une flexibilité contractuelle s'il se rend compte qu'en cours de mission les choses ne se passaient pas comme il l'aurait souhaité. D'ailleurs, lorsque vous lui avez fait une courte projection dans le futur pour identifier comment il aimerait voir la mission se dérouler sur ces 12 mois, vous avez noté que :

- Il souhaite voir une augmentation des résultats dès le premier trimestre.

- Il veut voir des commerciaux motivés réalisant plus de rendez-vous terrain.

- Il veut terminer l'année en beauté, car c'est la meilleure période pour ce produit.

Grâce à ces informations, vous pouvez mettre en relief plusieurs jalons (ou sous-objectifs) permettant de tracer l'évolution de la mission :

- 1er trimestre :

 - réalisation de 15% de l'objectif annuel,

 - les commerciaux ont obtenu 10% de plus de rendez-vous commerciaux que l'année précédente sur la même période,

- 2e trimestre :

 - réalisation de 20% de l'objectif annuel,

- les commerciaux ont obtenu 15% de plus de rendez-vous clients que l'année précédente sur la même période,
- 3e trimestre :
    - réalisation de 25% de l'objectif annuel,
    - les commerciaux ont obtenu 20% de plus de rendez-vous commerciaux que l'année précédente sur la même période
- 4e trimestre :
    - réalisation de 40% de l'objectif annuel,
    - les commerciaux ont obtenu 25% de plus de rendez-vous clients que l'année précédente sur la même période

Afin de vous motiver à remplir ces objectifs intermédiaires, vous avez négocié avec le client une part variable de votre revenu, avec notamment un bonus lorsque les objectifs sont dépassés.

Chaque jalon ou sous-objectif est ponctué d'un point avec le client. Cela peut-être rapide et efficace pour ne pas casser la dynamique de la mission. D'ailleurs pour éviter d'allonger la durée de ces points concluant chaque jalon, vous vous êtes aussi engagé à tenir au courant votre client de vos avancées toutes les semaines, par email ou par courts appels téléphoniques.

Cet exemple permet d'illustrer cette pratique de définition de jalons pour rythmer votre mission et rassurer votre client de vos avancées.

## 7.3.5. Préparez et gérez votre prise de parole

L'entretien est un exercice de prise de parole qui demande une certaine préparation. Une pratique très courante dans le milieu du spectacle ou des conférenciers professionnels consiste à répéter son discours devant un miroir ou encore mieux, devant une caméra (la plupart des téléphones portables en possèdent une). Vous pouvez vous inspirer de ces pratiques en vous entrainant à poser vos questions ou à vous présenter en une minute par exemple. Bien entendu, l'idée n'est pas de faire du par cœur, car l'entretien prendra une tournure différente selon la dynamique de votre interlocuteur. Le principe est surtout de vous entraîner à pitcher votre profil et à être à l'aise dans un contexte de discussion avec l'objectif de clarifier un besoin. Si vous avez la possibilité de vous entraîner avec une personne, cela serait encore mieux !

Pendant ces entraînements, prêtez attention au contenu de vos propos (le verbal), mais aussi à la forme (le non-verbal).

Pour la partie verbale, vous pouvez adopter comme mot d'ordre le KISSS (Keep It Simple, Short and Straighfoward) pour être clair, précis et concis dans vos propos. N'hésitez pas à illustrer vos paroles de situations ou d'exemples concrets afin d'être encore plus précis et clair dans ce que vous dites.

Pour la partie non verbale, prenez le temps de bien articuler et de donner vie aux mots que vous prononcez avec votre posture et vos gestes. Adoptez un rythme vivant, ni trop vite, ni trop lent, en vous basant sur votre respiration.

Il serait trop ambitieux de donner une liste exhaustive de techniques pour améliorer vos prises de paroles dans cet ouvrage. Mais il existe des livres et des vidéos sur le sujet que vous pouvez retrouver facilement sur Internet pour découvrir d'autres outils pour améliorer votre oralité par exemple sur le lien http://allomission.com/videos-orateurs :

- Muriel Mayette - Petit précis d'oralité pour mieux s'exprimer en public
- What are the secrets of a great WikiTalk? Phil Waknell

Cette liste est loin d'être exhaustive, mais elle vous permet d'avoir un point de départ pour explorer vous-même les meilleures techniques, qu'elles soient propres à un entretien ou plus larges dans le domaine de l'oralité ou de la prise de parole en public.

S'entraîner en amont permet de créer de bons réflexes pour le jour J et d'être plus à l'aise face à votre interlocuteur. Vous pouvez vous amuser à pratiquer ces techniques, en plus vous verrez, elles sont souvent dynamisantes !

Vous avez maintenant les outils pour mener à bien ce premier rendez-vous. Mais comment le conclure ? C'est ce qui sera vu au point suivant.

## 7.4. La négociation de vos honoraires

> *« Il faut toujours être prêt à négocier, mais ne jamais négocier sans être prêt. »*
> - Richard NIXON

Malgré une approche de prestataire de services et non de demandeur d'emploi vous ne pourrez probablement pas déroger à la question de vos honoraires dès le premier entretien, voire même dès l'étape préalable à l'entretien. Ne différez pas votre réponse en évoquant que vous allez réaliser une proposition commerciale dans un second temps ou quelque chose du genre. Simplement, vous devrez vous assurer que vous êtes sur la même base de temps (par exemple sur un temps plein ou un mi-temps), car vous avez probablement défini un niveau de facturation différent en fonction du taux d'occupation et de la durée.

Une fois cette donnée précisée, n'hésitez pas alors à mentionner votre Taux Journalier Moyen et non pas la rémunération salariale attendue. Toutefois, essayez de faire en sorte que ce soit votre interlocuteur, le moment venu, qui vous pose la question.

Votre client vous dit que vos honoraires sont trop élevés ? Rassurez-vous, cette situation n'est pas rare et appelle simplement quelques explications ou une simple négociation. En tout cas si vous avez bien déterminé votre Taux Journalier Moyen vous savez à quel niveau de rémunération en équivalent brut annuel ceci se compare, mais votre client n'a parfois pas cette vision. Dans ce cas, demandez-lui quel niveau il avait à l'esprit ou quel niveau de salaire brut total annuel il imaginait dans le cas où cette mission serait accomplie par un salarié.

Ceci peut parfois être cocasse, car le client n'a pas toujours la notion de toutes les charges patronales et taxes qu'il convient de rajouter à un salaire brut pour atteindre un coût global d'un salarié et donc de vos honoraires hors taxes.

Prenons un exemple pour illustrer quelques possibilités qui s'offrent à vous dans le cas d'une négociation.

Par exemple, vous visez une mission de quatre mois, à temps plein, et souhaiteriez recevoir dans une année l'équivalent de 70K€ bruts annuels auxquels vous rajoutez des congés payés de 10% et une prime de précarité de 10% (Voir la partie « 2.2- Le Taux Journalier Moyen » pour l'explication du Taux Journalier Moyen).

Pour ce niveau de rémunération, votre TJM est de 600€ HT par jour travaillé.

Par ailleurs, vous êtes disposé à consentir un geste commercial, car il s'agit de votre première mission. Votre TJM plancher est de 500€HT par jour travaillé (vous ne le dites pas, bien entendu).

Vous annoncez le TJM (600€HT par jour travaillé) à votre client et il le trouve élevé.

Vous retournez alors la question : « quel niveau de facturation mensuelle ou annuelle aviez-vous prévu ? » ou « quel niveau de salaire brut aviez-vous à l'esprit s'il s'agissait d'un recrutement au sein de votre société ? »

Voici maintenant quelques cas de figure de réponses du client dans lesquelles il exprime ce qu'il avait calculé lui.

- Un salaire brut annuel de 70K€. Vous avez alors 2 options, soit :
  - essayer d'obtenir un poste au sein de la société à ce niveau de salaire (qui correspond à votre attente),
  - faire preuve de pédagogie, car vous êtes sur la même base de coût.
- Un salaire brut annuel de 80K€. Si, si plus élevé que votre demande ! Ceci est possible, car votre interlocuteur n'a pas toujours la vision de l'équivalent d'une rémunération donnée en TJM. Dans ce cas, vous avez toujours les deux options précédentes, mais vous auriez peut-être intérêt à essayer d'opter pour le recrutement au sein de la structure (plus favorable).
- Un TJM de 500€ HT par jour travaillé. Dans ce cas :
  - L'effort financier qui vous est demandé représente une baisse de votre TJM de 16,6%. Vous savez qu'en moyenne un temps plein représente 18 jours de travail par mois, vous pouvez alors proposer de travailler 16,6% jours de moins (soit trois jours de moins pour un total moyen de 15 jours par mois) tout en conservant votre TJM de 600€.
  - Ou si vous aviez déterminé que votre TJM minimal était de 500€, alors la proposition qui vous est faite est au niveau de vos attentes minimales, à vous de juger de sa pertinence.

- Un coût mensuel Hors Taxes de 9000€. Dans ce cas vous pourriez proposer :
    - de travailler non pas un temps plein, mais 15 jours par mois (9000 / 600) ainsi vous conservez le même niveau de facturation journalier. L'idée ici étant d'essayer de ne pas baisser son coût journalier.
    - Ou si vous aviez déterminé que votre TJM minimal était de 500€, alors la proposition qui vous est faite est au niveau de vos attentes minimales, à vous de juger de sa pertinence.

- Un TJM de 400€. Dans ce cas : il y a aussi des propositions qu'il faut savoir refuser.

Dans tous les cas, si vous consentez un effort financier vous pourriez essayer d'obtenir soit, une part variable en fonction d'objectifs clairement identifiés soit, vous pourriez convenir d'évoquer le sujet en cas de prolongation de la mission.

---

**A noter**

Ajouter, ou retirer, 10, 20 ou 30 euros au TJM peuvent paraître anecdotiques au premier abord. Mais l'impact peut être énorme lorsque vous rapportez cette différence sur une année complète. Si par exemple vous arriviez à obtenir un TJM de 520 euros au lieu de 500 auprès de votre client, cela vous ferait un gain supplémentaire de 4360 euros (218 jours x 20€) sur une année ! A l'inverse, gardez à l'esprit l'impact financier qu'un geste commercial peut avoir pour vous sur une année également.

---

Vous venez de voir plusieurs scénarios de négociation avec votre premier client. Il n'y a plus qu'à conclure la vente maintenant !

## 7.5. Concluez le premier rendez-vous

> *« La chose la plus importante en communication, c'est*
> *d'entendre ce qui n'est pas dit. »*
> *- Peter Drucker*

Il sera apprécié que vous fassiez un débriefing de ce qui a été dit pendant ce rendez-vous.

### 7.5.1. Le debrief oral en fin d'entretien

Ce rappel des points importants de la conversation sera également l'occasion de valider ou de corriger certains éléments qui n'auraient pas été clairs, pas abordés ou tout simplement mal compris.

Une fois la synthèse partagée et validée oralement vous pourrez préciser les étapes donnant une suite à ce premier rendez-vous.

Ce sera par exemple :

- Vous enverrez le lendemain, par email une synthèse écrite de ce qui a été dit pendant l'entretien.
- Votre interlocuteur pourra prendre le temps de le lire et de proposer une date pour un prochain entretien.
- Un deuxième entretien aura lieu.
- Vous faites votre proposition de collaboration.
- Si les deux parties s'entendent, la mission pourra démarrer à une date établie.

Dans l'idéal, ne mentionnez pas votre intention d'adresser une proposition de collaboration le lendemain du rendez-vous. Le client sera ainsi probablement surpris positivement par le professionnalisme dont vous faites preuve.

L'important pour mener à bien   ce premier rendez-vous est de donner une visibilité sur les étapes suivantes et les rôles de chacun (qui fait quoi). Soyez précis en termes de dates et de délais pour rester le plus professionnel possible.

Essayez de vous fixer comme règle de ne pas partir de l'entretien sans avoir fixé la prochaine étape avec une date certaine. Par exemple, vous convenez ensemble, soit que M. Le Client vous donne une réponse mercredi prochain par téléphone ou bien vous convenez d'un prochain entretien avec un décisionnaire.

Une fois la conclusion effectuée, vous pouvez passer à la prochaine étape.

## 7.5.2.   Envoyez un email de remerciements

Essayez autant que possible d'envoyer cet email de remerciements à la première heure le lendemain de l'entretien. Dans cet email, vous pourrez :
- remercier votre interlocuteur  pour le temps qu'il a bien voulu vous accorder et pour avoir répondu à vos questions,
- récapituler les points clefs abordés durant l'entretien,
- énoncer les étapes suivantes avec les délais.

# 7.6. La proposition de collaboration

Si vous avez été présenté au client par un cabinet, toute cette étape ne sera probablement pas à faire. Vous devrez alors simplement débriefer de l'entretien que vous venez d'avoir avec la personne qui vous suit au sein du cabinet. Par ailleurs, n'hésitez pas à leur préciser les points positifs ou négatifs que vous avez relevés ainsi que les éventuelles interrogations que vous pourriez avoir.

Si vous avez démarché directement le client, cette proposition de collaboration n'est pas indispensable, mais peut éventuellement mettre en évidence le professionnalisme dont vous savez faire preuve d'autant plus que vous n'êtes pas appuyé par un cabinet et que la personne n'a pour le moment que votre CV et un premier rendez-vous pour se faire une idée de votre candidature.

Au-delà du but de montrer ce dont vous êtes capable de produire dans un délai court, vous mettrez en avant votre esprit de synthèse et la compréhension des enjeux et du contexte de la mission.

L'idée est d'envoyer très rapidement la proposition de collaboration. Soit, vous le faites dans les 24 heures suivant le premier entretien, à travers l'email de remerciements. Sinon, dans le cas d'une nouvelle rencontre qui aurait été fixée, attendre l'issue de cette dernière. Votre analyse et le rendu de votre proposition de collaboration seront d'autant plus complets et pertinents.

---

**Annexe 2.4 : Proposition de collaboration**
L'annexe 2.4 intitulée « proposition de collaboration » est un document qui vous servira de support pour appuyer le sérieux et la qualité de votre candidature. Il peut également être utile pour l'entretien en lui-même afin de poser des questions qui vous permettent de cerner la mission et son contexte. Vous pouvez également le consulter sur Internet via ce lien : http://allomission.com/annexe-24 .

---

## 7.7. Donnez une suite au premier rendez-vous

Idéalement lors de l'entretien, vous aviez convenu ensemble de qui contactait qui et quand. Si ce n'était pas le cas, quelques jours après l'envoi de votre email de remerciements et éventuellement de votre proposition de collaboration, relancez de manière constructive votre client.

Si votre client revient vers vous suite à votre proposition et vous annonce qu'il n'est pas satisfait du tarif, demandez-lui ce qu'il en pensait. Essayez de trouver un terrain d'entente gagnant-gagnant. Rappelez-vous que vous êtes gagnant à partir du moment où le tarif est supérieur ou égal à votre prix plancher, en tout cas pour la première mission.

Il serait d'ailleurs préférable de discuter de ces points lors d'un entretien en face à face ou par téléphone afin d'éviter les malentendus et surtout d'être plus efficace. En effet, les allers et retours d'email peuvent être extrêmement chronophages et source d'incompréhensions, surtout pour des sujets aussi sensibles.

Dans tous les cas essayez de miser sur plusieurs chevaux. Tant que la mission n'est pas confirmée et signée, n'hésitez pas à continuer vos recherches de mission et à rencontrer d'autres prospects. Au sujet de la durée de prise de décision du client, notez que s'il s'agit d'une mission de management de transition il n'est pas rare qu'entre le premier entretien et le début effectif de la mission il ne s'écoule qu'une petite semaine voir que quelques jours.

Par conséquent, en management de transition, si vous constatez que la prise de décision du client est sans cesse retardée et qu'elle dépasse un mois ceci n'est pas bon signe. Probablement, cela indique soit que le client cherche d'autres alternatives (parfois en interne) soit que le processus de décision au sein de cette société n'est pas optimal, vous voilà averti.

Une fois les deux parties d'accord sur la collaboration, validez la proposition succinctement par email puis signez le contrat de prestation de services. Nous abordons ces aspects contractuels au chapitre suivant.

## 7.8. Le statut d'indépendant comme force pour négocier

Proposer vos services en tant que consultant indépendant apporte des avantages pour décrocher votre première mission. Voici un tableau synthétique illustrant ce point par rapport aux différents statuts existants (vous aurez plus de détails sur les différents statuts dans le chapitre 3) :

Modes d'intervention **Avantages et inconvénients**

| **Négociation client** | Salarié (CDI, CDD, Intérim) | Portage Salarial | Création Société (SAS, SARL...) |
|---|---|---|---|
| **Posture aux entretiens** | Demandeur d'emploi | Offreur de services | Offreur de services |
| **Sécurité** pour la société cliente (requalification en contrat de travail...) | ✔ | ✔ | ✘ |
| **Flexibilité** de la durée de la mission : | | | |
| » Durée maximale | 18 mois | 3 ans | Sans limite |
| » Nombre de renouvellements | 2 | Sans limite | Sans limite |
| » Arrêt anticipé unilatéral possible (avec un délai de un mois) | ✘ | ✔ | ✔ |
| **Processus de décision** du client | Assez lent | Rapide | Rapide |

Comme vu précédemment, participer à un entretien avec la posture de prestataire de services change la dynamique de l'échange que vous pouvez avoir avec votre futur client. Mais il ne s'agit pas du seul avantage que vous pouvez avoir en tant que consultant indépendant.

Vous avez par exemple l'opportunité de renouveler sans limites votre prestation, ce qui n'est pas le cas des CDD. De plus, postuler à une offre d'emploi en tant que salarié vous demandera probablement de nombreux entretiens de motivation, car l'entreprise veut limiter les risques qu'elle prend en matière de recrutement. Mais si vous intervenez en tant que consultant, alors les risques sont bien moindres, car l'entreprise et vous-même pouvez à tout moment, sans justification, mettre un terme à la collaboration avec un préavis, ce qui n'est pas possible lorsque vous êtes en CDD ou en CDI.

En revanche, notez qu'en proposant vos services avec votre propre société, si votre client potentiel est votre seul client et s'il vous occupe à temps plein, alors ce dernier s'expose au risque de requalification en contrat de travail. Dans ce cas, l'entreprise sera moins en sécurité que si vous interveniez en portage salarial ou en tant que salarié.

Le choix de votre structure juridique pour intervenir en mission longue en entreprise n'a pas qu'un impact en termes de négociation avec votre client. Vous verrez dans le chapitre 3 et 5 tout ce que cela implique et quels éléments prendre en compte pour effectuer votre choix.

# CHAPITRE 3

# La dimension administrative

1. Quels sont les différents statuts possibles ?

2. Les étapes administratives pour se lancer

3. Le contrat de prestation de services ?

# CHAPITRE 3 : La dimension administrative

A travers le chapitre 2, vous avez découvert des outils pour décrocher votre mission. Vous avez presque toutes les cartes en main maintenant pour vous lancer en tant qu'expert indépendant. Presque oui, car il vous manque encore une étape nécessaire pour être prêt à facturer vos prestations en mode mission : votre statut et vos contrats.

L'objectif de ce nouveau chapitre est de vous éclairer dans vos choix administratifs pour exercer en tant que consultant indépendant. Gardez en tête que l'ambition de cet ouvrage est de donner les points saillants entre les différentes possibilités de types de structure à adopter. Il n'est par conséquent pas question d'être exhaustif dans les informations transmises sur chaque statut. Pour cela, vous pouvez vous référer à d'autres ouvrages spécialisés.

C'est parti !

## 1. Quels sont les différents statuts possibles ?

> *« La règle, c'est que le Général qui triomphe est celui qui est le mieux informé »*
> *- Sun Tzu*

Afin de pouvoir exercer votre métier de consultant, vous devez choisir un statut juridique. Il existe plusieurs dispositifs possibles, chacun ayant leurs avantages et inconvénients. Votre choix dépendra de votre situation personnelle et de vos aspirations. L'objectif de cet ouvrage n'est pas de vous dire quel est le statut idéal pour le consultant en mission longue, mais plutôt de vous apporter une vision d'ensemble pour éclairer vos choix.

Cette partie mettra à votre disposition les informations vous permettant de vous forger votre propre avis. Et si vous n'êtes pas sûr de vous, gardez à l'esprit que le choix de structure juridique n'est pas nécessairement définitif. En effet, au cours de votre vie professionnelle, vous serez peut-être amené à travailler en CDI puis éventuellement en portage salarial et après cela vous créerez peut être votre société ou reprendrez un poste en CDI.

Par ailleurs, sachez qu'en France, rien n'interdit de cumuler plusieurs statuts, vous pouvez par exemple être salarié en CDI et facturer des produits que vous commercialisez par votre société[1].

## 1.1. Quels statuts existent pour le consultant en mission longue ?

---

[1] Sous réserve des clauses d'exclusivité dans les contrats de travail et de l'obligation de non-concurrence pendant le contrat de travail

Les indépendants possédant leur propre entreprise individuelle n'ont pas l'exclusivité du travail en mode mission.

Il existe 2 principales modalités pour exercer en tant que consultant indépendant en mission longue :

- la création de société (EURL, SAS, micro-entreprise...),
- le portage salarial (nous parlerons alors de « salarié porté »),

D'autres options moins courantes sont possibles également :

- l'intérim,
- le temps partagé,
- le groupement d'employeurs.

---

**Le saviez-vous ?**

En 2016, 41,3% des managers de transition exercent en portage salarial, alors qu'ils n'étaient que 32% en 2014, selon une étude réalisée par l'Association A2MT relayée par entreprendre.fr.

---

De plus, même si nous parlons de statuts juridiques dans ce nouveau chapitre, gardez à l'esprit que le travail en mode mission est avant tout un état d'esprit : apporter des solutions concrètes à un défi, avoir des objectifs clairs et déterminés dans le temps, être attiré par la diversité et la nouveauté, désirer de l'autonomie et de la liberté, etc.

C'est la raison pour laquelle il est également possible de travailler de cette manière en tant qu'*intrapreneur,* à savoir salarié d'une entreprise, mais avec l'état d'esprit d'un consultant. Un focus sur l'intrapreneur sera proposé en « 2.3.1. L'intrapreneur (sous le statut de salarié d'entreprise) » dans ce même chapitre.

Avant de présenter les différentes possibilités qui s'offrent à vous, réalisons un rapide aparté sur le régime micro-entreprise (anciennement nommé auto-entrepreneur), qui peut séduire par sa simplicité et certains avantages qu'il peut offrir aux indépendants. Sachez que ce statut ne sera pas traité dans cet ouvrage. Vous lirez dans le bloc ci-dessous la raison pour laquelle nous ne nous attardons pas sur ce régime dans le cadre de consultants en mission longue.

---

**La micro-entreprise**

Ce statut est attrayant, notamment pour les indépendants en prestation de services. Il apporte en effet une grande simplicité administrative et le niveau de rémunération nette rapportée à la facturation est imbattable en France. L'indépendant en micro-entreprise bénéficie d'une facilité de facturation en pouvant récupérer environ 75 % de la facturation hors taxes, et n'est pas assujetti à la TVA (sauf s'il le souhaite). Cependant, il semble être peu adapté à un consultant indépendant en mission longue pour plusieurs raisons :

- Le chiffre d'affaires annuel est plafonné à 32 900 euros pour les prestations de services. Ce plafond peut très rapidement être atteint dans le cadre des missions longues facturées à la journée. Par exemple, il suffit de facturer 66 jours (presque 4 mois) à 500 euros pour dépasser ce plafond !

- Vous n'avez pas de protection chômage pour les intermissions (précarité du statut juridique).
- Vous ne pouvez pas intégrer de charges.
- Vous êtes rattaché au RSI...

Vous verrez plus loin dans cette section en quoi ce dernier point peut être important pour un consultant indépendant. Alors peut-être me direz-vous qu'il suffit d'augmenter le plafond de facturation des auto-entrepreneurs ? Je ne le pense pas : vous pouvez consulter une Tribune que j'ai publiée dans l'Express à ce sujet : http://www.allomission.com/express-autoentrepreneur.

Maintenant que cette parenthèse est fermée, nous pouvons revenir sur les principaux statuts pour intervenir en mission longue en entreprise.

## 1.2.  Comparaisons du potentiel de gains

Afin d'avoir une première vision d'ensemble, voici un tableau illustrant le potentiel de gain d'un consultant pour une mission longue selon les différentes formes juridiques possibles.

Modes d'intervention **Avantages et inconvénients**

| Potentiel de gain pour le Consultant | Salarié (CDI, CDD, Intérim) | Portage Salarial | Création Société (SAS, SARL...) |
|---|---|---|---|
| Potentiel négociation rémunération | ▮▯▯ | ▮▮▮ | ▮▮▮ |
| Chômage entre les missions | ✔ | ✔ | ✘ |
| Retraite régime général | ✔ | ✔ | ✘ |
| Faire fluctuer sa rémunération | ✘ | ✔ | ✔ |
| Gérer des frais professionnels | ✘ | ✔ | ✔ |
| Coûts si pas d'activité | non | non | oui |
| Aides à la création société | ✘ | ✘ | ✔ |
| Facilité (prêt bancaire, location...) | ✔ | ✔ | ✘ |
| Net encaissé sur honoraires | 50 à 55% | 50 à 58% | 50 à 58% |

## 1.2.1. Négociation de la rémunération

Pourquoi le potentiel de négociation est-il plus important en négociant des honoraires (création de société ou portage salarial) plutôt qu'en négociant une rémunération brute (salarié ou intérim) ? Lorsque vous postulez à une offre d'emploi ou à une mission d'intérim, vous négociez en termes de salaire brut mensuel ou annuel. Or, la marge de négociation salariale est souvent faible, contrairement aux prestations de services, notamment lorsqu'elles sont chiffrées par rapport à un taux journalier moyen. Comme nous l'avons vu dans le chapitre précédent, une variation même minime (de l'ordre de quelques dizaines d'euros) du TJM peut avoir un impact positif très fort sur une année de mission !

En complément de cela, le fait que vous offriez à votre client des modalités de travail plus flexibles est probablement un élément que vous pouvez utiliser comme levier de négociation.

### 1.2.2. Assurance chômage entre les missions

L'un des avantages majeurs d'être salarié (en CDI, CDD, intérim ou en portage salarial) est la protection sociale permettant de percevoir des indemnités chômage lors de périodes de non-activité. Ceci est un filet de sécurité fondamental et une véritable protection en cas d'inactivité à la suite de la mission effectuée. Par exemple, si vous avez travaillé en portage salarial pendant 6 mois et votre mission se termine, alors vous avez droit comme tout salarié aux indemnités chômage pendant 6 mois. Si vous étiez intervenu par le biais de votre propre société, alors vous auriez perçu plus ou moins la même rémunération pendant la durée de la mission, mais arrivé à la fin de celle-ci vous n'auriez aucune prestation pendant les 6 mois suivant la fin de la mission.

### 1.2.3. Le régime de retraite

Il existe principalement deux caisses de retraite différentes en France : l'assurance retraite proposée par la Sécurité Sociale (le régime général), et le régime social des indépendants (le RSI). Quand vous créez votre société (hors statut SAS ou SASU) vous cotisez au RSI. Or, si vous avez cotisé pendant des années à la Sécurité Sociale pour le régime général et que vous changez de régime, vous risquez de compliquer quelque peu les calculs et surtout la lisibilité de vos droits à la retraite.

### 1.2.4. Faire fluctuer sa rémunération

Lorsque vous êtes salarié, vous signez un contrat de travail fixant votre salaire. Ce salaire peut contenir une partie variable, mais vous pouvez rarement choisir votre rémunération mois par mois. Or la création d'entreprise ou le portage salarial peuvent offrir cette solution. Par exemple, si vous le décidez, vous pouvez un mois vous rémunérer 5000 euros puis le mois suivant 3500 euros.

### 1.2.5. Gérer les frais professionnels

Vous pouvez choisir de vous faire rembourser, dans une limite raisonnable, des frais professionnels liés à votre activité (ordinateur, téléphone, repas de prospection...) à travers le portage salarial ou une société que vous avez créée, ce qui n'est pas possible en tant que salarié ou intérimaire. Ces frais étant remboursés directement par la société, ils ne subissent pas de charges sociales comme dans le cas où un salarié les acquiert grâce à son salaire.

### 1.2.6. Charges fixes en cas d'inactivité

Le maintien et la gestion d'une entreprise engendrent des coûts fixes (exemple : expert-comptable, certaines taxes comme la CFE) : vous devez payer ces frais même en cas d'inactivité. Ce n'est pas le cas lorsque vous êtes salarié, en portage salarial ou en intérim. Et prévoyez aussi la possibilité que les coûts de gestion de la structure soient supérieurs à ce que vous pouvez prévoir (augmentation de charges, etc.), tout comme les coûts de fermeture de l'entreprise si vous décidez de la fermer pour un autre statut.

### 1.2.7. Aides à la création d'entreprise

La France offre des solutions d'aides financières à la création d'entreprise dont vous pouvez bénéficier. Notez que ces aides sont réservées à la création d'entreprise, et pas au salariat (dont intérim et portage salarial). Nous abordons plus en détail ce point dans la partie consacrée à la création d'entreprise.

### 1.2.8. Facilités auprès des tiers

Le choix du statut juridique n'est pas neutre pour votre vie personnelle. En effet, les organismes financiers (banques, crédits, etc), mais aussi les propriétaires louant leurs appartements, accordent une importance au statut que vous avez choisi pour exercer votre métier.

Par exemple, en France, les entrepreneurs ayant créé leur structure juridique obtiendront plus difficilement la confiance des organismes financiers pour l'achat d'un logement voire même d'une location.

En revanche, les consultants en CDI rassureront davantage ces institutions que les salariés en CDD ou en intérim qui n'ont pas bonne presse. Nous verrons plus en avant qu'il est possible d'obtenir un CDI en portage salarial et ainsi rassurer les tiers tout en étant consultant indépendant.

Avoir un CDI peut faire la différence. Par exemple : un consultant expérimenté, en fin de carrière qui disposait d'une situation financière solide ne pouvait pas se porter caution pour sa fille, car il avait un statut dit précaire, en l'occurrence un CDD.

### 1.2.9. Net encaissé sur les honoraires

Enfin, le montant facturé n'étant pas le montant net que vous percevrez sous forme de rémunération, la dernière ligne du tableau montre la fourchette de rémunération nette que vous pouvez espérer en fonction des différents statuts.

En effet, les charges sociales et patronales doivent être déduites et elles représentent déjà à elles seules plus ou moins 45 % de la facturation ! Et il convient encore de déduire d'autres frais ou taxes.

Toutefois, il est aussi important de garder à l'esprit que ces cotisations ne représentent pas uniquement un coût vous empêchant de percevoir une rémunération immédiate plus élevée. En effet, en fonction des statuts, certaines cotisations ouvrent des droits et des protections. Par exemple, des droits à la retraite ou au chômage, à la prévoyance, etc. C'est ce que nous abordons dans le tableau de comparaison suivant.

## 1.3. Comparaisons des protections

Chaque statut social comporte son niveau de protection. Il est important pour un consultant d'intégrer ces informations avant d'effectuer son choix. Voici ci-après un tableau illustrant les éléments de protection des statuts.

Tableau de comparaison des niveaux de protection sociale par statut.

Modes d'intervention **Avantages et inconvénients**

| Protections | Salarié | Intérim | Portage salarial | Création société (statut assimilé salarié) | Création société (statut TNS) |
|---|---|---|---|---|---|
| Droits au chômage | ✓ | ✓ | ✓ | ✗ | ✗ |
| Droits à la retraite | Régime général | Régime général | Régime général | Régime général | Régime RSI |
| Couverture mutuelle | Obligatoire | Si mission >414h | Obligatoire | Optionnelle | Optionnelle |
| Couverture prévoyance | Obligatoire | ✓ | Obligatoire niveau cadre (renforcé) | ✓ | ✗ |
| Responsabilité civile professionnelle | ✓ | ✓ | ✓ | Optionnelle | Optionnelle |
| Garantie de protection des salaires | L'AGS | Garantie financière | AGS + Garantie financière | ✗ | ✗ |

## 1.3.1. Création d'entreprise en tant que dirigeant assimilé salarié ou TNS

Dans ce tableau, la partie création d'entreprise est subdivisée en deux. D'une part, dirigeant assimilé salarié et d'autre part, travailleur non salarié (TNS).

Afin de mieux comprendre la différence qui existe entre un contrat de travail salarié et ces deux statuts sociaux, voici un paragraphe explicatif que propose l'INSEE :

« Les indépendants ou dirigeants d'entreprise se distinguent des autres travailleurs par le fait qu'ils n'ont pas de lien de subordination juridique permanent à l'égard d'un donneur d'ordre. N'ayant pas de contrat de travail, ils ne bénéficient pas de la protection du droit du travail. La plupart d'entre eux sont affiliés à un régime de protection sociale des travailleurs non salariés : ils sont entrepreneurs individuels « classiques », auto-entrepreneurs ou gérants majoritaires de société.

D'autres sont « assimilés salariés » : présidents ou directeurs généraux de sociétés anonymes (SA), présidents de sociétés par actions simplifiées (SAS) ou gérants minoritaires de SARL, ils cotisent au régime général de la Sécurité sociale et bénéficient donc des mêmes prestations sociales que les salariés pour les risques famille, maladie et vieillesse. En revanche, ils ne cotisent pas à l'assurance chômage et n'ont donc pas droit aux indemnités chômage, ni à l'indemnité compensatrice de congés payés, ni au préavis et à l'indemnité pour rupture abusive du contrat de travail. »[1]

## 1.3.2. Les droits aux allocations chômage

La première différence que nous pouvons observer concerne les droits au chômage : vous les avez avec le statut de salarié, intérimaire et porté, mais pas dans le cadre de la création d'entreprise. En effet, sont exclus du bénéfice de la couverture de l'assurance chômage et donc des cotisations :

> - Le gérant ou le collège de gérance égalitaire ou majoritaire dans une société à responsabilité limitée (SARL),
>
> - L'associé unique ou gérant associé unique dans une entreprise unipersonnelle à responsabilité limitée (EURL),
>
> - Le président associé unique ou majoritaire dans une société par actions simplifiée (SAS).

---

[1] Source : Emploi et revenus des indépendants 2015 par l'INSEE

Seuls les dirigeants d'entreprise ou associés, qui justifient d'un contrat de travail, en plus de leur fonction, peuvent bénéficier de la couverture de l'assurance chômage, mais cela sous certaines conditions restrictives.

Pour bénéficier d'une protection sociale proche de celle d'un salarié dans le cadre de la création d'une entreprise, vous devrez souscrire à des régimes de protection complémentaires payants dits "Madelin".

### 1.3.3. Les droits à la retraite

Concernant vos droits à la retraite, à partir du moment où vous percevez un salaire avec un contrat CDD, CDI ou d'intérimaire ou dirigeant de société assimilé salarié, vous cotisez au régime général, alors que si vous êtes travailleur non salarié ou gérant majoritaire d'une SARL vous dépendez alors du RSI.

## Le RSI : un régime décrié

Le Régime Social des Indépendants a provoqué de nombreuses polémiques dans le milieu de l'entrepreneuriat français, dont celles créées par le reportage de Zone Interdite en 2014 « Quand l'administration nous rend fou ![1] ».

Dans le cadre de vos recherches, avant de choisir votre structure, tapez dans votre moteur de recherche favori « RSI problème » pour avoir un petit aperçu des problèmes rencontrés par les personnes adhérentes à ce régime social. Vous verrez alors que globalement, les retours des indépendants sont généralement d'éviter ce statut.

Vous retrouverez des témoignages tels que « Le RSI, c'est du racket[2] », ou que le service du RSI est « remis sur les rails », après avoir été épinglé par la Cour des comptes, comme l'exprime le magazine Challenges[3]. Le Nouvel Economiste[4] traite également de ce sujet. Vous l'aurez compris, le RSI ne fait pas l'unanimité...

Quoi qu'il en soit, notez bien aussi que lorsque vous choisissez de créer une EURL, vous passez au RSI et vous ne cotisez donc plus aux mêmes caisses que lorsque vous étiez salarié (retraite). Si vous êtes proches de la retraite, pensez-vous qu'il sera opportun de faire ce choix ?

---

[1] Source : M6 - http://www.m6.fr/emission-zone_interdite/14-12-2014-quand_l_administration_nous_rend_fou/

[2] source : petite-entreprise.net, interview de Pascal Geay http://www.petite-entreprise.net/P-3985-136-G1-pascal-geay-le-rsi-c-est-du-racket.html

[3] Source : Challenges http://www.challenges.fr/creation-d-entreprise/autoentrepreneur-sarl-sas-quel-statut-pour-creer-son-entreprise_108724

[4] source : Le Nouvel Economiste : http://www.lenouveleconomiste.fr/insecurite-sociale-lechec-du-rsi-signe-lillusion-etatique-du-big-is-beautiful-26782/

### 1.3.4. La couverture santé

Chaque statut donne accès au régime de protection « de base », à savoir la Sécurité Sociale pour les salariés ou assimilés salariés, et le RSI pour les non-salariés. Et depuis le 1er janvier 2016, la mutuelle d'entreprise est devenue obligatoire pour toutes les entreprises du secteur privé[1] : « Tous les employeurs auront désormais l'obligation de fournir une complémentaire santé collective à leurs salariés, et participer au moins à hauteur de 50 % du prix des cotisations. »

Vous en avez donc une par défaut en tant que salarié, salarié porté ou intérimaire (si vous avez plus de 414h à votre actif), et de manière optionnelle lorsque vous êtes dirigeant de votre entreprise. Ces protections permettent d'assurer un meilleur remboursement des soins de santé par rapport à la protection de base.

### 1.3.5. Prévoyance

Mais qu'en est-il des indemnités en cas d'invalidité ou de décès ?

Les salariés possèdent une couverture prévoyance pour ces cas. Par exemple, en cas de décès un capital est versé à leur famille. La prévoyance n'est qu'optionnelle lorsque vous créez votre entreprise.

---

[1] Source : Gouvernement - http://www.economie.gouv.fr/vous-orienter/entreprise/artisanat-commerce-ess-industrie-numerique/mutuelle-dentreprise-devient

**Portabilité de la prévoyance et de la couverture santé des salariés**

Désormais, la prévoyance et la couverture santé bénéficient de ce qui est appelé la portabilité. Cette dernière vous permet de rester couvert même lorsque vous avez perdu votre emploi et de continuer à profiter des bénéfices de votre mutuelle et de votre prévoyance. Plus précisément, la portabilité vous donne accès au même niveau de protection que lorsque vous étiez salarié, et ce pendant la même durée que votre précédent contrat de travail, dans la limite de 12 mois. Par exemple, si vous avez cotisé à la mutuelle et à la prévoyance pendant 8 mois, vous garderez le même niveau de couverture pendant 8 mois.

De quoi avez-vous besoin pour pouvoir en bénéficier en cas de perte d'emploi ? Ce service est gratuit, c'est-à-dire que vous bénéficiez de votre protection sans devoir payer de cotisation. En revanche, pour bénéficier de la portabilité il est nécessaire de justifier auprès de l'organisme assureur de votre prise en charge par Pôle Emploi.

### 1.3.6. L'assurance responsabilité civile professionnelle

Cette assurance souvent nommée par ses initiales RCP, permet de garantir les conséquences financières que vous pourriez causer involontairement à des tiers dans l'exercice de votre activité professionnelle. En tant que salarié, c'est la RCP de votre employeur qui sera utilisée en cas de dommage.

En revanche, si vous intervenez en tant qu'indépendant, vous devrez souscrire vous-même à ce type d'assurance pour être couvert. Par exemple, cela peut vous éviter de dépenser des sommes compensatoires importantes en cas d'accident. Mieux vaut prévenir que guérir comme le dit l'adage.

### 1.3.7. Les garanties de salaires

Quand vous avez votre propre société, vous pouvez connaitre sa santé financière, mais qu'en est-il si une société tierce vous rémunère (ex. : intérim ou portage salarial) ? De quelle garantie disposez-vous afin d'être certain de percevoir les salaires qui vous reviennent ?

Il faut savoir que lorsqu'une entreprise est en difficulté (ex. : procédure de sauvegarde, de redressement ou de liquidation) tout salarié bénéficie de la garantie de paiement des salaires. Le financement de cette protection est mutualisé entre toutes les entreprises au travers d'un prélèvement effectué dans le bulletin de paie nommé l'assurance de garantie des salaires (AGS).

Les sociétés d'intérim font exception à cette règle, mais disposent d'un autre dispositif destiné à couvrir les salaires et les charges sociales des intérimaires consistant en une somme d'argent bloquée qui est disponible en cas de défaillance.

Le salarié en portage salarial bénéficie d'une part, comme tout salarié, de la protection AGS et d'autre part d'un système de caution financière similaire à celle de l'intérim.

Vous avez maintenant des informations liées aux protections que vous disposez en fonction des différentes modalités d'intervention.

Pour la suite, approfondissons l'aspect assurance chômage.

## 1.4. Comparaisons des aides financières de Pôle Emploi

Selon les cas, il est possible de recevoir des aides financières de Pôle Emploi. Celles-ci protègent les salariés pendant leurs périodes d'inactivité, ce qui peut revêtir une grande importance. Pourquoi ?

Pendant la réalisation de la mission, si par exemple vous travaillez 8 mois, vous recevez plus ou moins la même rémunération si vous êtes salarié ou si vous intervenez grâce à votre propre entreprise. Toutefois, que se passe-t-il à la fin de la mission ou en cas d'interruption de la mission, par exemple, au bout de 4 mois ?

Dans certains cas vous pourrez recevoir des allocations chômage, dans d'autres cas vous ne le pourrez pas.

---

**Important**
Les informations apportées par cet ouvrage sont basées sur la législation en vigueur au moment où ces lignes sont écrites. Il se peut que cette législation évolue. De plus, chaque situation personnelle étant particulière, il est recommandé de rencontrer votre conseiller Pôle Emploi qui sera le seul à connaitre les aides qui vous concernent. Enfin, les calculs sont simplifiés pour améliorer la compréhension, mais les bases de calcul utilisées par Pôle Emploi sont plus précises.

---

### 1.4.1. Principes généraux

Seules les personnes involontairement privées d'emploi (par exemple : licenciement, fin de CDD, rupture conventionnelle du CDI) peuvent être indemnisées par Pôle Emploi. Dès lors, la démission qui est un départ volontaire de l'entreprise à l'initiative du salarié n'ouvre donc pas de droit au versement d'allocation chômage[1].

Depuis le 1er octobre 2014, l'assurance chômage a mis en place un système dans lequel vous avez toujours intérêt à reprendre une activité, même de courte durée et même si la rémunération est inférieure au niveau des allocations chômage que vous percevez.

---

**Vidéo**
Voici une vidéo explicative très claire réalisée par Pôle Emploi pour présenter les règles qui sont en vigueur depuis octobre 2014, je vous invite à la visionner :
www.allomission.com/statuts/pole-emploi

---

### 1.4.2. Conditions d'ouverture des droits

Pour l'ouverture de droits initiaux :

- Justifier de 122 jours d'affiliation ou 610 heures de travail au cours des :
  - 28 mois qui précèdent la fin du contrat de travail pour les moins de 50 ans.
  - 36 mois qui précèdent la fin du contrat de travail pour les 50 ans et plus

---

[1] Toutefois, à titre dérogatoire, le salarié démissionnaire peut prétendre au chômage : en cas de démission considérée comme légitime ou à défaut lors du réexamen de sa situation après un délai de 4 mois de chômage.

**Conditions en cas de reprise d'activité** (pas possible en cas de création d'une entreprise) :

- avoir travaillé au moins 150 heures sur l'ensemble de sa période d'indemnisation.

### 1.4.3. Vos droits lors de l'ouverture de droits initiaux

Le montant journalier d'Aide au Retour à l'Emploi (ARE) est égal au montant le plus élevé entre :

- 57% du salaire journalier de référence (SJR)

Et

- 40,4% du SJR + une somme forfaitaire par jour[1].

*En termes de Net perçu, ceci devrait représenter un montant proche de 70% du salaire net antérieur.*

### 1.4.4. Pendant combien de temps pouvez-vous recevoir vos indemnisations ?

Aujourd'hui, le principe est le suivant :

*un jour travaillé = un jour indemnisé.*

[1] 11,76 € (depuis le 01/07/2015)

Toutefois, la durée totale d'indemnisation est limitée dans le temps :

- 24 mois si vous avez moins de 50 ans.
- 36 mois si vous avez 50 ans ou plus.

### 1.4.5. Les aides de Pôle Emploi en cas de reprise d'activité d'un salarié (missions en CDD, CDI, intérim et portage salarial)

**Si l'activité reprise procure un revenu inférieur à l'allocation perçue**

Si vous êtes au chômage et retrouvez une mission, mais que la rémunération de celle-ci est plus faible que votre allocation chômage, vous pouvez alors récupérer le différentiel des indemnités auxquelles vous avez droit par le biais de l'allocation d'Aide au Retour à l'Emploi (ARE). Celle-ci est versée partiellement selon la formule suivante :

$$\text{Nombre de jours calendaires} \times \frac{\text{Montant de l'ARE mensuelle} - 70\% \text{ des rémunérations}}{\text{Montant de l'ARE journalière}}$$

Comme vous pouvez le constater, le calcul exact de Pôle Emploi est fait sur une base journalière. Toutefois, par mesure de simplicité et de compréhension la formule suivante donne un résultat proche :

$$\text{Montant de l'ARE mensuelle} - 70\% \text{ des rémunérations}$$

Bien qu'imparfaite, cette deuxième formule permet un calcul facile et rapide.

Concrètement, prenons l'exemple où vous êtes au chômage et percevez une ARE de 3000€ par mois. Ensuite, vous trouvez une mission rémunérée 1800 euros par mois. Vous recevrez alors 3000 − (70%×1800) = 1740 euros d'allocation chômage par mois en complément de votre rémunération, et ce jusqu'à ce que vos droits soient épuisés. En définitive dans cet exemple, vous recevez mensuellement 3540€ (1800€ de rémunération et 1740€ d'allocation).

---

**Astuce : Simulateur de Pôle Emploi**
Pôle Emploi met à disposition un simulateur permettant de réaliser le calcul :
http://allomission.com/simulateur-pole-emploi
Par ailleurs, en vous connectant à votre espace personnel de www.pole-emploi.fr vous pouvez réaliser cette simulation avec les données déjà connues de Pôle Emploi.

---

**Si l'activité reprise procure un revenu équivalent ou supérieur à l'ancien salaire (salaire de référence)**

Alors l'indemnisation est suspendue le temps de la période d'activité. Cela repousse d'autant la date de fin des droits initiaux. A la fin de la période d'activité, on reprend l'indemnisation initialement ouverte là où elle en était.

Par exemple, vos droits initiaux portent jusqu'à fin octobre de l'année prochaine. Votre ancien salaire était de 3000 euros et vous avez retrouvé un CDD qui vous procure une rémunération de 3500 euros par mois pendant deux mois.

Alors pendant ces deux mois vous ne recevrez pas de complément de la part de Pôle Emploi, mais vos droits ne seront pas perdus.

En effet, vos droits initiaux qui étaient prévus pour durer jusqu'à octobre de l'année prochaine seront prolongés de deux mois, jusqu'à fin décembre de l'année prochaine.

## Désinscription de Pôle Emploi

Si vous déclarez avoir repris un emploi et que vous n'êtes plus à la recherche d'un emploi, alors vous serez désinscrit de Pôle Emploi et ne pourrez pas bénéficier des aides préalablement mentionnées.

Formellement pour pouvoir prétendre à ces aides, mensuellement vous devrez continuer à déclarer que vous êtes en recherche d'un emploi et devrez indiquer les heures travaillées et le montant brut du salaire perçu. Par ailleurs, vous devrez communiquer la copie de votre bulletin de paie. A noter, le fait de percevoir une rémunération risque de différer quelque peu la date de perception des allocations.

Enfin, si trois mois de suite vous percevez une rémunération supérieure au montant des allocations, alors vous serez également désinscrit.

## Rechargement des droits

Une fois tous les droits initiaux épuisés, et seulement à ce moment-là, Pôle Emploi effectue ce qu'elle nomme un «rechargement» des droits si vous avez travaillé au moins 150 heures pendant la période d'indemnisation.

Ce rechargement vous ouvre de nouveaux droits, c'est-à-dire une allocation d'un nouveau montant pour une nouvelle durée qui sera calculée sur la base des activités reprises. Par exemple, si vous avez travaillé 8 mois, alors vous aurez droit à 8 mois d'allocations chômage. Par conséquent, vos reprises d'emploi rallongent d'autant vos périodes d'indemnisation.

Les statuts juridiques de salarié (ou intérimaire) et de salarié porté (que ce soit en CDD ou en CDI) apportent ce filet de sécurité grâce aux aides apportées par Pôle Emploi. S'il s'agissait d'un travailleur non salarié (cas de création d'entreprise), ce filet de sécurité n'existerait pas et il n'aurait pas pu avoir ce complément de revenu pendant l'intermission.

Mais les créateurs d'entreprise peuvent quand même bénéficier de certaines aides dans le cadre de la création de leur société. C'est ce que nous voyons dans le point suivant.

### 1.4.6. Les aides de Pôle Emploi dans le cadre de la création d'entreprise

A condition que vous ayez préalablement cotisé en tant que salarié, à la création de votre société vous pouvez aussi bénéficier d'une aide de Pôle Emploi. Mais vous ne pourrez bénéficier de cette aide qu'une seule fois, à la création de l'entreprise, et, une fois les droits épuisés, vous ne pourrez plus en bénéficier.

Deux dispositifs existent :
- l'ARCE (Aide à la Reprise ou à la Création d'Entreprise) pour laquelle vous recevez des aides en capital pour votre société,
- l'ARE (Allocation pour le Retour à l'Emploi) pour laquelle vous recevez une allocation chômage.

Ces aides ne sont pas cumulatives et vous devrez choisir celle que vous souhaitez auprès de Pôle Emploi. Notez que le calcul du montant des allocations ARE auxquelles vous avez droit lors de votre inscription à Pôle Emploi s'effectue de la même manière et avec les mêmes conditions (d'âge, de durée de cotisation, de montant d'allocation) que celles décrites dans les points précédents.

---

**Aide en capital : Aide à la Reprise ou à la Création d'Entreprise (ARCE)**

Vous recevrez 45% du montant des allocations chômage auxquels vous avez droit, en apport en capital pour la constitution de votre société. Par exemple, si vous avez droit à 80000 euros d'allocation chômage, vous recevrez 36000 euros (généralement effectué en deux versements espacés de 6 mois). Les 44000 euros restants ne seront plus récupérables. Dans ce cas, vous n'aurez pas à vous déclarer mensuellement à Pôle Emploi.

---

## Aide sous forme d'allocation (ARE)

Vous recevez l'intégralité de vos allocations de manière mensuelle, à condition que vous ne vous versiez pas de rémunération et que vous continuiez à vous déclarer mensuellement en recherche d'emploi. En tant que créateur d'entreprise, si vous vous versez une rémunération, votre ARE sera calculée d'après la même formule prévue pour un salarié, à savoir :

$$\text{Nombre de jours calendaires} \times \frac{\text{Montant de l'ARE mensuelle} - 70\% \text{ des rémunérations déclarées au titre des assurances sociales}}{\text{Montant de l'ARE journalière}}$$

Si votre rémunération est supérieure à votre salaire initial avant votre période de chômage, alors vous ne recevrez pas d'aide, elle sera reportée.

Lorsque les revenus ne sont pas connus ou lorsque l'activité débute, le calcul du nombre de jours indemnisables se fait sur la base d'un montant forfaitaire. Une régularisation annuelle est ensuite effectuée à partir des rémunérations réelles soumises à cotisations de Sécurité Sociale. C'est d'ailleurs une des autres raisons pour lesquelles la SASU est parfois favorisée par rapport à une EURL, car elle permet de ne pas se verser de rémunération, ce qui n'est pas le cas avec l'EURL.

Ce filet de sécurité lors de la création de votre société est fort appréciable et peut vous permettre de démarrer progressivement votre activité. Toutefois, ne perdez pas de vue que cette aide vous ne la recevrez qu'une seule fois, lors de la création d'entreprise.

# 1.5. Comparaisons générales

Abordons maintenant quelques critères de choix plus généraux.

Tableau de comparaison de conditions générales entre les différents statuts.

Modes d'intervention **Avantages et inconvénients**

| Conditions générales | Salarié | Intérim | Portage salarial | Création de société (EURL, SAS...) |
|---|---|---|---|---|
| Métiers exercés \| Métiers exclus | Tous | Prestations intellectuelles \| Oui | Prestations intellectuelles \| Oui | Tous \| Oui |
| Parties prenantes | Vous et la société | Vous, votre client et la société d'intérim | Vous, votre client et la société de portage | Vous et votre client |
| Type de clients | Entreprises | Entreprises | Entreprises | Entreprises et particuliers |
| Conditions de facturation minimum | | SMIC | 250€/jour | Aucune |
| Qui recherche les clients? | Vous | La société d'intérim | Vous | Vous |
| Entités pouvant trouver une mission | Société de recrutement, SSII, société de conseil. | Société d'intérim | Société de management de transition, SSII, sociétés de conseil. | Société de management de transition, SSII, sociétés de conseil. |
| Travail possible si «zéro recrutements» | Non | Plutôt Non | Oui | Oui |
| Statut de salarié | Oui | Oui | Oui, cadre | Non |
| Dans quelle société êtes-vous salarié? | Société cliente | Société d'intérim | Société de portage | N/A |
| Contrat de travail | CDD/CDI | Contrat d'intérim | CDD/CDI | Non assimilé salarié ou TNS |

## 1.5.1. Métiers exercés

Le métier que vous exercez peut influer sur le statut juridique que vous adoptez. En effet, si un salarié peut exercer tous les métiers (comptable, juriste...), ce n'est pas forcément possible si vous travaillez en tant qu'indépendant.

Par exemple, le portage salarial n'est pas ouvert aux professions règlementées comme les avocats, les experts-comptables.

Vous ne pourrez pas non plus exercer ces métiers si vous créez une entreprise et que vous ne répondez pas aux critères d'éligibilité par exemple pour un expert-comptable d'être inscrits à l'Ordre des Experts-Comptables. En cas de doute, n'hésitez pas à consulter la liste des métiers réglementés ici : https://www.afecreation.fr/pid316/activites-reglementees.html

## 1.5.2.  Type de clients et services

Si vous désirez vendre des produits (ex. : des chaussures que vous commercialisez, des colliers que vous créez, etc.) et non plus des services ; ou si vous désirez vendre des services à des clients particuliers, alors vous devrez nécessairement commercialiser ces produits ou services au travers d'une société que vous aurez créée. En effet, avec les autres structures juridiques vous réaliserez nécessairement des prestations de services auprès d'entreprises clientes.

## 1.5.3.  Condition de niveau de facturation ou de rémunération

Cette question a plusieurs dimensions, car elle touche à la fois au montant que vous souhaitez recevoir (certains statuts impliquent des rémunérations minimales à respecter), mais aussi le mode de rémunération.

Par exemple, en tant que salarié, intérimaire ou salarié porté c'est sous forme de salaire que vous recevrez votre rémunération, ce qui n'est pas automatique dans le cas de la création de société[1].

---

[1] Si vous êtes majoritaire de votre société il n'est pas possible que vous ayez un contrat de travail salarié notamment, car dans ce cas il n'y aurait pas de lien de subordination.

Cela implique également le type de contrat avec lequel vous travaillerez, contrat d'intérim pour le statut d'intérimaire, de CDD ou de CDI pour le salarié ou le salarié porté.

### 1.5.4. Qui cherche les clients ?

Le choix de votre structure juridique influera sur votre manière de travailler et les interlocuteurs que vous aurez. Par exemple, si vous préférez limiter la partie gestion à son strict minimum et que vous aimeriez que la structure qui vous rémunère vous trouve aussi vos missions, alors l'intérim est un statut qui répondrait à vos besoins dans ce cas.

Si vous souhaitez au contraire rester autonome et travailler en direct avec vos clients pour vos missions, la création de société ou le portage salarial pourra être un choix pertinent. Vous devrez alors simplement vous référencer auprès des cabinets afin qu'ils puissent vous proposer des missions.

A vrai dire, si le choix de votre statut juridique a peu d'importance pour vous, vous pouvez alors vous faire référencer par d'autres cabinets. Dans ce cas, vous serez parfois amené à travailler comme intérimaire auprès de certains cabinets, d'autres fois comme salarié en CDD chez le client ou en portage salarial.

### 1.5.5. Travail possible chez le client avec politique de zéro recrutement

Il existe aussi des situations pour lesquelles l'entreprise cliente potentielle a décidé ou est contrainte de geler les recrutements. Par exemple, c'est le cas :

- des entreprises qui adoptent une politique dite de «zéro recrutement» en s'interdisant tout nouveau recrutement en externe. Qui dit « zéro recrutement » ne dit pas nécessairement qu'ils s'interdisent de faire appel à des prestataires de service.

- des entreprises traversant un Plan de Sauvegarde de l'Emploi (PSE). Par exemple, elles n'ont pas le droit d'embaucher de salariés en CDD ou faire appel à un intérimaire pendant les 6 mois suivant la mise en place du PSE. Cette interdiction porte sur les postes concernés par le licenciement dans l'établissement. Toutefois, rien ne vous interdit alors de proposer vos services par une société ou par du portage salarial.

Ces éléments permettent de cerner les contraintes et les opportunités des différents statuts possibles pour le consultant indépendant, mais ce n'est pas tout. Il reste encore un élément à étudier avant de faire votre choix : les tâches administratives.

## 1.6. Comparaisons des tâches administratives

> « Le talent a besoin de gestion. »
> - André Siegfried

Les statuts juridiques n'impliquent pas les mêmes obligations légales et administratives. Afin d'y voir plus clair sur l'engagement que demande chaque structure juridique d'un point de vue de gestion administrative, voici un tableau comparatif.

Tableau de gestion et de formalités administratives selon le statut.

Modes d'intervention **Avantages et inconvénients**

| Gestion ou formalités administratives | Salarié | Intérim | Portage salarial | Création de société (EURL, SAS...) |
|---|---|---|---|---|
| Création de société | ✘ | ✘ | ✘ | ✔ |
| Déclaration nombre de jours travaillés au client | Si demandé par le client | Oui | Oui | Si demandé par le client |
| Facturation à faire par vous | ✘ | ✘ | ✘ | ✔ |
| Comptabilité | ✘ | ✘ | ✘ | ✔ |
| Déclarations sociales et fiscales | ✘ | ✘ | ✘ | ✔ |
| Réaliser la paie | ✘ | ✘ | ✘ | ✔ Simplifié via le TESE |

Ce tableau expose des informations quant à la charge administrative et de gestion qu'implique chaque cas. Il s'agit bien entendu d'un portrait simplifié, mais vous permettant d'avoir un premier aperçu sur le sujet.

## 1.6.1. Démarches de création de société

En tant que salarié, intérimaire ou porté, vous n'avez pas à créer de structure juridique. Vous n'avez donc pas de démarches administratives à réaliser dans ce cas, contrairement au consultant qui souhaite créer sa société pour exercer.

Mais comme vous le verrez, contrairement aux idées reçues, créer sa société n'est pas alambiquée à partir du moment où vous savez quoi faire et dans quel ordre. Et cela tombe bien, car vous avez les démarches à réaliser lors de la création d'une société plus loin dans cette section !

## 1.6.2. Déclarer ses journées travaillées

Avant de facturer votre client, il est assez courant que celui-ci vous demande préalablement de valider le nombre de journées effectuées (et donc les journées que vous allez facturer). Cette déclaration s'opère par le biais d'un document généralement appelé Compte Rendu d'Activité (CRA) ou Relevé d'Activité. Si vous intervenez auprès d'un cabinet, ce document vous sera très probablement demandé, quel que soit votre statut.

Si vous intervenez directement auprès d'un client, ce document n'est nécessaire que dans le cas de l'intérim et le portage salarial afin de permettre à ces sociétés d'émettre votre facturation. Dans les autres cas, libre à vous.

## 1.6.3. Facturation

En tant que consultant en portage salarial ou si vous créez votre entreprise, le client devra être facturé. Du côté administratif, le consultant ayant sa propre structure réalise chaque mois une facture pour obtenir sa rémunération mensuelle, et dans le cas du portage salarial la facture est directement créée par la société de portage.

Bien entendu, si vous êtes salarié chez le client, par exemple avec un CDD, vous ne devrez rien facturer. De même, le consultant en intérim n'a pas à facturer son client, c'est la société d'intérim qui s'en charge.

### 1.6.4. Comptabilité

Le chef d'entreprise doit tenir une comptabilité. Même si cette fonction peut être externalisée auprès d'un expert-comptable, le dirigeant aura toujours des tâches et des réflexions à mener. Le consultant créateur d'entreprise doit donc dégager du temps pour la gestion comptable de son entreprise. En revanche, les consultants adoptant l'un des autres statuts n'auront pas de comptabilité à réaliser.

### 1.6.5. Déclarations sociales et fiscales

Il en va de même pour les déclarations sociales et fiscales : le consultant avec sa propre structure doit les faire, contrairement aux consultants ayant opté pour l'un des autres statuts. Et à moins d'être expérimenté en la matière, il existera toujours des risques d'erreurs comptables, fiscales et sociales dont vous serez tenu pour responsable en tant que dirigeant de société.

Le consultant indépendant qui crée son entreprise doit intégrer la TVA dans les factures qu'il émet. Par la suite, il doit réaliser une déclaration de TVA mensuellement, trimestriellement ou annuellement en fonction du régime choisi.

### 1.6.6. Réaliser la paie

Le versement de votre rémunération nécessitera éventuellement la réalisation de cette tâche et des déclarations sociales afférentes.

Ces trois tableaux vous permettent ainsi d'avoir une vision synthétique et simplifiée des différents statuts et de leurs implications. Ils vous seront fort utiles pour effectuer votre choix. Et afin d'en avoir une vision plus précise, la suite de cette section donne plus de détails sur chacun d'entre eux.

# 2. Les étapes administratives pour se lancer

## 2.1. Créer sa propre société

*« La création d'entreprise est probablement l'une des formes les plus élaborées des dernières grandes aventures modernes. »*
*- Bernard Maître*

Un tiers des Français aimerait devenir son propre patron ![1] Stimulés à l'idée de pouvoir choisir leurs défis, et de pouvoir prendre leurs décisions librement, ils sont de plus en plus nombreux à vouloir choisir cette voie. Peut-être est-ce votre cas également ? D'autant plus qu'il est assez courant pour un consultant indépendant de travailler en mode mission avec sa propre structure.

Et contrairement à ce que l'on pourrait croire, créer une entreprise n'est pas compliqué ou long, il suffit d'en connaître les rouages et surtout les étapes permettant de le faire pas à pas.

---

[1] Source : Le Figaro http://www.lefigaro.fr/entrepreneur/2016/02/03/09007-20160203ARTFIG00099-jamais-les-francais-n-ont-eu-autant-envie-d-entreprendre.php

Cependant, la ligne d'analyse et de conseils de cet ouvrage est centrée sur la personne qui crée son activité à titre individuel, donc sans implications actionnariales (même d'une seule action) et sans dimension d'intervention d'investisseurs. Cela n'est en effet pas adapté à notre sujet.

Idéalement, dans le cadre de la création de votre société faites-vous accompagner par des professionnels (avocat, expert-comptable...) afin d'éviter des erreurs difficilement corrigibles une fois les statuts déposés. Toutefois, vous pouvez aussi créer votre société vous-même : vous verrez dans cette partie des étapes et des conseils qu'il est recommandé de suivre pas à pas, chronologiquement.

Si vous désirez approfondir vos connaissances en matière de création et de gestion d'entreprise, il est recommandé de consulter le site internet de l'AFE (anciennement APCE) et de consulter leur guide disponible en cliquant sur l'onglet « créateurs d'entreprise ». Vous pouvez aussi lire l'ouvrage « La création d'entreprise » de Robert Papin aux Editions Dunod pour mieux connaître les détails de la création d'une société. Bien entendu, ces ressources sont destinées à approfondir tous les aspects de la création et vont bien au-delà de ce dont a besoin un consultant indépendant travaillant en missions longues.

Mais avant de vous projeter dans les étapes détaillées du processus de création d'entreprise, une question préalable émerge : quel est votre choix de structure juridique en matière de création de société ?

## Quel statut juridique choisir lorsque vous créez votre société ?

En tant qu'indépendant, il existe deux statuts principaux dans le cadre de la création d'une société ayant sa propre personnalité morale :
- l'Entreprise Unipersonnelle à Responsabilité Limitée (EURL),
- la Société par Actions Simplifiées Unipersonnelle (SASU).

Avant de faire votre choix de statut d'entreprise, prenez le temps de bien réfléchir et de peser les pour et les contre. Dans le cadre de cet ouvrage, l'objectif n'est pas de traiter tous les cas de figure, nous nous centrons surtout sur la situation pour laquelle vous êtes actionnaire seul, à 100% comme dans le cadre d'une SASU.

Les étapes présentées ci-dessous pour la création d'une SASU ont pour but de vous faire gagner du temps. Normalement, en suivant chronologiquement ces étapes, cela ne devrait pas vous monopoliser plus de deux semaines au total (délais inclus).

# Annexe 3.1 : Etapes de création d'entreprise

Voici un mindmap regroupant tous les sujets à aborder les uns après les autres dans le sens des aiguilles d'une montre.

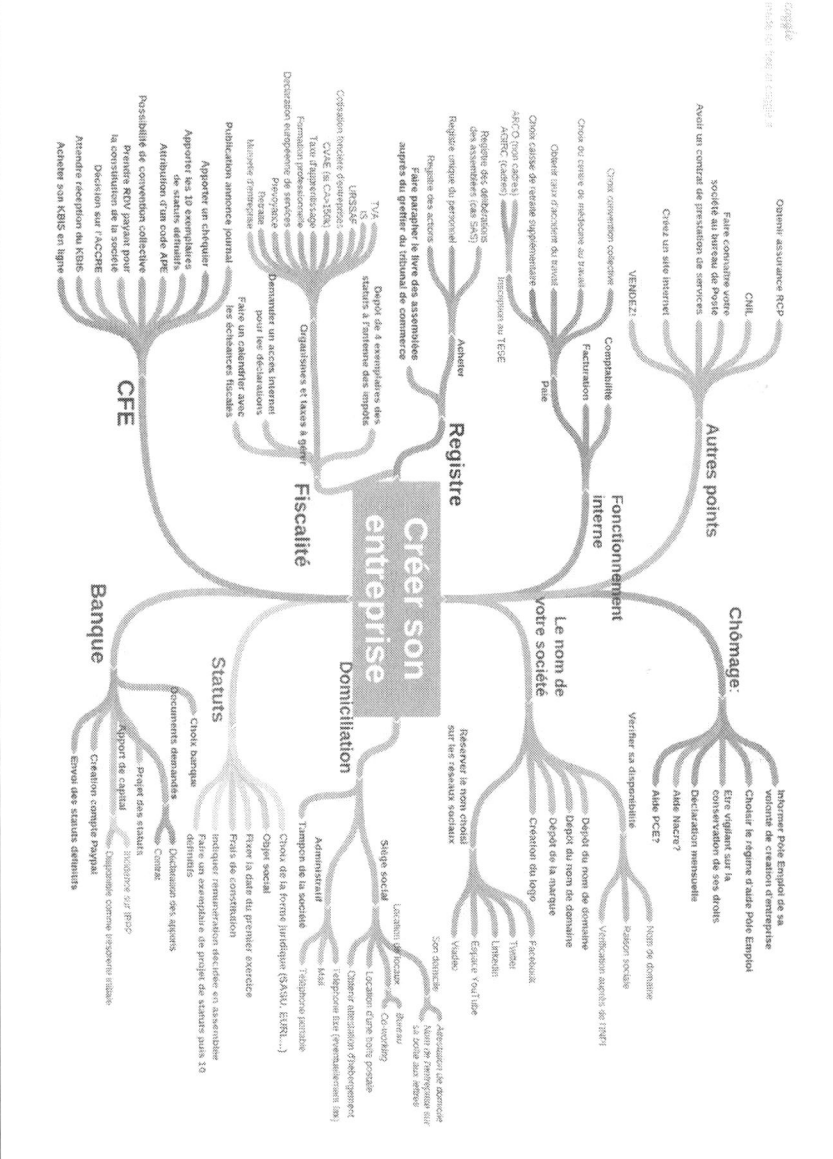

Ce mindmap est également accessible via ce lien : http://allomission.com/annexe-31

## 2.1.1. Déclarer le souhait de créer une entreprise à Pôle Emploi

Vous ne pensiez probablement pas commencer par cette étape, non ? Et oui, si vous bénéficiez de droits à Pôle Emploi, n'allez pas trop vite ! Par exemple, dans le cas de votre licenciement ou de votre rupture conventionnelle vous avez reçu une somme en dédommagement et savez que Pôle Emploi applique un délai de carence, c'est-à-dire une durée pendant laquelle elle ne vous versera pas d'allocations, car vous avez reçu cette somme. Vous vous dites alors qu'il serait probablement intéressant de mettre à profit le temps disponible pour entreprendre les démarches de création d'entreprise afin de gagner un peu de temps.

Sachez que si vous créez votre société avant d'être inscrit à Pôle Emploi et surtout avant d'avoir eu votre premier entretien vous ne pourrez pas bénéficier des aides financières abordées précédemment (aide en capital ou aide en allocation). Dans ce cas de figure, vous pourrez bénéficier d'un autre type d'aide, mais uniquement si votre société dépose le bilan dans les 3 ans !

Si vous envisagez de créer une société, lors de votre premier entretien avec votre conseiller de Pôle Emploi signalez votre souhait de création. Faites-le même si vous n'avez pas tout finalisé et même si vous n'êtes pas tout à fait prêt. L'intérêt de procéder ainsi est multiple :

- Une trace écrite de votre souhait de création sera établie et permettra le cas échéant d'éviter toute contestation aux aides dont vous avez droit.
- Le conseiller peut vous renseigner précisément sur les aides dont vous pouvez bénéficier.

- Vous ne serez pas relancé sans cesse pour savoir si vous avez trouvé un emploi, puisque vous n'êtes pas dans cette démarche qui est traitée différemment.
- Pôle Emploi peut parfois vous diriger vers une de ses antennes spécialisées en création d'entreprise.

Vous indiquez le type d'aide que vous souhaitez recevoir, soit sous forme de capital (ARCE), soit sous forme d'allocation (ARE).

Maintenant que vous vous êtes assuré de percevoir un soutien financier pendant un certain nombre de mois, vous avez une visibilité et une sécurité pour la suite. Il est temps d'aborder les autres éléments de la création.

---

**Renseignez-vous sur d'autres aides**

L'aide principale qui existe dans le cadre de la création d'une entreprise par un consultant est celle du dispositif de Pôle Emploi que nous avons abordé en détail (ARE ou ARCE). Toutefois, il existe d'autres aides ou accompagnements pour vous aider dans votre création d'entreprise. Ces aides sont offertes sous certaines conditions, parmi lesquelles vous pourriez y prétendre en tant qu'entrepreneur indépendant, telles que :

- **ACCRE** : Aide aux Chômeurs Créateurs et Repreneurs d'Entreprise
- **NACRE** : Nouvel accompagnement pour la création et la reprise d'entreprise
- **PCE** : Le Prêt à la Création d'Entreprise. Etc.

Pour aller plus loin, n'hésitez pas à effectuer des recherches supplémentaires sur Internet ou de consulter le site de l'AFE (Agence France Entrepreneur) :

https://www.afecreation.fr/pid222/6-les-aides.html&tp=1

---

## 2.1.2. Le choix du nom de votre société

La deuxième étape de ce processus de création consiste à choisir le nom de votre société. Mais avant d'effectuer un choix définitif, vous devez vous assurer que ce nom soit disponible. Ce choix parait anodin, mais il serait dommage que vous choisissiez une dénomination sociale ou une marque qui soit déjà déposée par une autre société et qu'elle vous poursuive pour concurrence déloyale.

**Les vérifications préalables à réaliser :**
- Vérifiez sur societe.com ou infogreffe.com si le nom auquel vous avez pensé n'est pas déjà la dénomination sociale ou le nom commercial d'une société. Pour cela, il suffit d'inscrire dans leur moteur de recherche le nom que vous visez.
- Vérifiez sur un site de nom de domaines (tels qu'OVH, Godaddy...) si le nom de domaine est disponible (de préférence en .com et éventuellement en .fr).
- Vérifiez si aucune marque de ce nom n'a été déposée sur l'INPI[1]. Pour cela, l'INPI dispose d'un moteur de recherche en ligne gratuit dans lequel il suffit de rechercher le nom d'une marque. Le chemin d'accès à cette base changeant assez régulièrement, vous pouvez le trouver en écrivant « INPI base marque » dans votre moteur de recherche favori. L'INPI propose même un service de recherche approfondie de sonorités similaires, mais ce service est payant.

Si ces trois étapes sont validées, vous pourrez alors utiliser ce nom de société en toute tranquillité.

---

[1] Institut National de la Propriété Industrielle.

### Réservez le futur nom de votre société

Voici maintenant les étapes pour déposer officiellement le nom de votre entreprise :

- Achat du nom de domaine (le .com, .fr ...).
- Dépôt de la marque auprès de l'INPI via leur site internet.
- Création des profils sur les réseaux sociaux (LinkedIn, Twitter, Facebook, etc.). Vous pouvez le faire même si vous ne publiez pas de contenu au départ.
- Puis lorsque vous effectuerez les démarches de création d'entreprise, vous donnerez ce nom comme dénomination sociale ou comme dénomination commerciale.
- Optionnel : Création du logo (avec un professionnel, mais cela peut se faire plus tard dans le processus de création). Vous pouvez également protéger ce logo auprès de l'INPI.

Une fois toutes ces tâches effectuées, vous pouvez passer à la prochaine étape.

### 2.1.3. La domiciliation

### L'adresse du siège social

Votre entreprise a besoin d'avoir un siège social avec une adresse postale. Vous pouvez pour cela :

- louer des locaux, un bureau dans un espace de coworking, etc.
- louer une boîte postale,
- héberger l'entreprise à votre domicile.

Dans tous les cas, il vous faudra une preuve de domiciliation ou preuve d'hébergement.

Notez que l'adresse de votre siège social peut avoir un impact sur la perception auprès de vos clients potentiels. Une adresse basée dans le triangle d'or parisien ne donnera pas la même première impression qu'une adresse dans une location totalement inconnue du grand public. Mais dans le cas précis de votre activité comme consultant indépendant ceci ne devrait pas être un critère fondamental.

### Coordonnées professionnelles

Prévoyez aussi d'avoir un numéro de téléphone fixe, un email professionnel et un téléphone portable pour votre entreprise.

> **Astuce**
>
> Vous pouvez « acheter » un numéro de téléphone via OVH par exemple, vous permettant d'être joignable partout dans le monde.
>
> Optez autant que possible pour des numéros débutant par 01 ou 02... évitez les 06 ou 07 ou 08 afin de ne pas susciter de questions quand une personne veut vous appeler telles que « est-ce un numéro surtaxé ? Est-ce un numéro français ? »

## 2.1.4. Les statuts

### Le choix de la forme juridique

Pour créer vos statuts, vous aurez à choisir la forme juridique de votre entreprise. Le but de ce livre n'est pas de détailler les différences entre statut SARL et SAS, et comme précisé plus tôt, nous nous focaliserons exclusivement sur la SASU.

Si vous voulez vraiment bien comprendre dans le détail tous les tenants et aboutissants de chacune de ces formes juridiques, il sera plus pertinent pour vous de consulter d'autres ouvrages plus appropriés.

Dans ce livre, la SASU est le parti pris et la solution qui semble être la mieux adaptée (en termes de clarté, de temps à consacrer pour comprendre et pour maitriser la gestion), mais n'hésitez pas à examiner d'autres pistes en termes de statuts au travers d'autres écrits ou de conseils auprès d'experts.

Pour information, ce choix j'ai eu à le faire moi-même en 2011, et à l'époque j'avais opté pour la SASU. Donc ça n'est pas un conseil biaisé, mais un choix auquel je crois profondément. Mais libre à vous de choisir ce qui vous semble le mieux.

## La rédaction

Si vous avez décidé de ne pas vous faire accompagner par un professionnel pour la création de votre société, et que vous n'avez jamais rédigé de statuts d'entreprise, voici deux astuces pour vous aider à les rédiger :

- Il existe des plateformes sur Internet où vous pouvez pour quelques dizaines d'euros télécharger vos statuts.

- Vous pouvez également vous inspirer des statuts d'une autre société (par exemple pour l'objet social). Pour cela, achetez les statuts de cette entreprise sur societe.com ou infogreffe.fr.

## Ce que doivent contenir les statuts

Pour vos statuts, inspirez-vous de modèles comme expliqués ci-dessus pour intégrer les informations nécessaires. Vous noterez alors que, en plus de la durée de la société, son nom, sa raison sociale, sa domiciliation, son capital social, vous aurez également à choisir la date du premier exercice.

Une astuce : choisissez la plus lointaine possible. Vous pouvez par exemple opter pour le 31/12 de la 1re année ou même mieux le 31/12 de l'année suivante. Dans ce dernier cas, vos ventes et vos charges seront probablement mieux équilibrées entre elles lorsque vous paierez pour la première fois l'impôt sur les sociétés à l'issue de l'année N+2.

Ces statuts devront être imprimés en 10 exemplaires pour les démarches qui suivront (banque, dépôt légal, etc.). Mais avant de tous les imprimer, préparez-en une première version à présenter à la banque pour l'ouverture du compte de la société.

---

**Astuce**

Dans le cadre de la création d'une SASU ou d'une EURL, faites en sorte que le capital social soit entièrement libéré ! Voici les deux raisons pour cela :

- C'est une des conditions indispensables pour bénéficier d'un taux réduit d'impôt sur les sociétés (15% au lieu de 33,33%) sur les premiers 38120€ de revenu imposable par an.

- En cas de liquidation judiciaire de votre société, si votre capital n'est pas libéré vous seriez tenu de libérer le capital restant dû. Ceci arriverait probablement au pire moment.

---

## 2.1.5. La banque

Avant de choisir votre banque, faites vos recherches et voyez quelle est celle qui vous apporte les meilleurs services au coût le plus réduit. Sachez qu'un compte bancaire professionnel peut coûter entre 20€HT et 50€HT voire même 60€HT par mois. Contrairement à un compte personnel, un compte professionnel subit énormément de prélèvements de frais de la part des banques. Par exemple, la commission de mouvements : tous les mois, la banque vérifie combien vous avez dépensé et applique un taux de commission à ces dépenses en plus d'une commission de tenu de compte mensuelle ou trimestrielle. Bref, comparez.

Une fois votre choix effectué, vous pouvez prendre rendez-vous avec le banquier qui vous demandera de lui fournir un exemplaire de votre « projet de statuts » (il s'agit de la version pratiquement finale) afin de pouvoir créer le compte de votre société. A cela, il vous sera demandé de remplir des documents, signer le contrat et de réaliser l'apport sur le futur compte, ce qui constituera votre capital social initial.

---

**Ayez un tampon d'entreprise**
Sachez que certaines banques vous demanderont de fournir votre « projet de statuts » tamponné avec le sceau de votre société que vous n'avez pas encore créée ! Anticipez donc cela, vérifiez si votre banque en aura besoin et si c'est le cas, gagnez du temps en vous procurant un tampon d'entreprise.

---

> **Astuce à propos du capital social**
> Gardez à l'esprit que votre capital social vous servira de trésorerie pour lancer la machine et avancer les frais de départ (comptable, déplacements professionnels, etc.). Donc si vous savez que la première année vous aurez au minimum 3000 euros de dépenses, mettez au moins cette somme dans votre capital social. Si vous le pouvez, n'hésitez pas à prévoir un capital social plus important afin de vous prémunir contre les imprévus. De plus, il est possible de réduire votre impôt sur le revenu grâce à votre apport en capital social (à hauteur de 18% de votre apport)[1], mais une des conditions sera de recruter 2 personnes, ce qui risque de ne pas être votre cas.

Une fois le compte bancaire créé, vous pouvez aussi prendre les devants en créant un compte PayPal (utile pour des dépenses sur Internet par exemple).

## 2.1.6. Le Centre des Formalités des Entreprises

Il est aujourd'hui possible d'effectuer seul toutes les démarches liées à la création d'entreprise (rédiger et publier l'annonce légale, le dépôt au greffe, etc.). Cependant pour gagner du temps et surtout éviter des erreurs, vous pouvez prendre rendez-vous auprès du CFE (Centre des Formalités des Entreprises) qui examinera votre dossier avant de le déposer et vous évitera des allers - retours avec les différentes administrations.

---

[1] Source : https://www.afecreation.fr/pid14504/souscription-au-capital.html&tp=1

### Limiter les risques et gagner du temps

Le CFE vous apporte un service payant pour vérifier que vos démarches de création d'entreprise sont complètes et ne comportent pas d'erreurs. Par exemple, ils vérifieront que l'annonce légale est correctement rédigée, que les différents formulaires sont bien complétés. Vous pouvez prendre rendez-vous ou vous y rendre directement. Ce centre est à même de pouvoir :

- compléter l'annonce de création de la société devant paraitre dans un journal d'annonces (service payant),
- vous communiquer votre numéro SIRET,
- compléter votre dossier de demande d'aide ACCRE...

### Venez avec 10 exemplaires de vos statuts

Pensez à apporter vos statuts en 10 exemplaires signés et datés. Par la suite, pensez à envoyer un des exemplaires originaux à votre banque.

Il était auparavant obligatoire de faire tamponner ses statuts en 4 exemplaires par le service des impôts, ce qui n'est plus le cas aujourd'hui.

### Venez avec votre chéquier

Le CFE n'accepte que les règlements par chèque ! Pour éviter des allers-retours inutiles, n'oubliez pas d'emporter avec vous votre chéquier.

### Le Kbis

Une fois les formalités effectuées, optez pour l'achat du KBIS en ligne, car l'obtention par courrier postal de votre KBIS peut prendre plus d'une semaine (c'est plus rapide par Internet donc). Ce KBIS vous permet de passer à la prochaine étape de la création de votre société : la fiscalité.

## 2.1.7. Fiscalité

Comme vous pouvez le voir, si vous suivez les étapes les unes à la suite des autres, il est plutôt simple de créer une entreprise en France. En revanche, c'est faire vivre sa société qui peut s'avérer être plus complexe. La fiscalité par exemple fait partie des démarches qui rythment la vie de l'entreprise et peuvent être un défi pour certaines personnes. Vous devrez probablement confier cette partie à un expert-comptable.

### Les déclarations fiscales et sociales se font en ligne

La fiscalité des entreprises repose sur vos déclarations tout au long de l'année (TVA, Impôt sur les Sociétés, L'URSSAF).

Sachez que de nombreuses déclarations peuvent se faire en ligne via impots.gouv.fr ou net-entreprises.fr. Donc, inscrivez-vous sur ces sites.

Un conseil : créez un calendrier prévisionnel pour noter les différentes déclarations que vous devrez effectuer afin d'éviter les retards administratifs et les pénalités pécuniaires qui les accompagnent.

Afin qu'aucune taxe ou organisme ne vous échappe, voici une liste les répertoriant :

- La TVA (Taxe sur la valeur ajoutée),
- L'impôt sur les sociétés,
- L'URSSAF,
- La prévoyance,
- La retraite complémentaire,
- La mutuelle,
- La CFE (Cotisation foncière des entreprises),
- La taxe d'apprentissage,
- La contribution à la formation professionnelle,

- La CVAE (cotisation sur la valeur ajoutée des entreprises). A déclarer si vous facturez plus de 150000 € par an.
- La déclaration européenne de services (si vous facturez un client situé dans l'UE).
- La cotisation ADESATT

## 2.1.8. Registres

Achetez les registres

En créant votre société vous devrez tenir un certain nombre de registres, par exemple :

- le registre unique du personnel,
- le registre des actions,
- le registre des décisions unilatérales de l'actionnaire unique (cas SASU).

Cote et paraphe de certains livres

Une fois achetés, les registres ou livres doivent être cotés et paraphés avant qu'une écriture n'y soit apportée. Il s'agit ainsi d'attester du nombre de pages et certifier l'existence du registre avec une date certaine. Dans le cas contraire, les documents perdent toute force probante.

Dans les SASU il n'est pas obligatoire de coter et parapher le « Registre des décisions unilatérales de l'actionnaire unique » toutefois afin de lui donner force probante l'idéal est de le faire.

Comment procéder ? Rendez-vous au greffe du tribunal de commerce muni de vos documents vierges et de votre tampon société, il vous en coutera quelques euros. Faites-le dès la création de la société ainsi vous n'aurez plus à vous soucier de ce sujet.

## 2.1.9. Responsabilité Civile Professionnelle et protections

Une fois votre entreprise immatriculée, vous êtes presque prêt pour exercer votre activité. Il vous manque encore la Responsabilité Civile Professionnelle (RCP) pour vous protéger dans l'exercice de vos activités. Ces services sont proposés par des assureurs, que vous pouvez trouver facilement sur Internet en tapant « assurance responsabilité civile professionnelle » dans votre moteur de recherche.

Concernant les protections telles que la mutuelle, la prévoyance, les éventuelles couvertures Madelin, etc., celles-ci ne sont pas automatiques et, comme pour la RCP, vous devrez déterminer le meilleur prestataire pour chacune de ces protections.

## 2.1.10. Les coûts pour créer une société

La création d'une entreprise est plus simple que l'on pourrait croire à partir du moment où l'on a une visibilité sur les étapes à réaliser. Parallèlement à ces formalités, certains coûts seront à prévoir (liste non exhaustive et dépendant des situations) :

Coûts ponctuels lors de la création :
- Aides pour les statuts et les démarches de création de l'entreprise par un avocat ou un expert-comptable : de 1000 à 3000 euros.
- Journal des annonces légales : entre 100 et 230 euros
- Dépôt au Greffe : +/-100 euros (avec une aide pour correctement enregistrer la création de votre société lors du dépôt)
- Extrait KBIS : 3 euros

Coûts récurrents :
-   Expert-comptable : +/- 2500€ par an.
-   Dépenses liées à l'activité (loyer, téléphone, Internet, ...) : dépendent de vos choix.
-   Compte bancaire : entre 250€ et 700 euros par an.
-   Coût de la responsabilité civile professionnelle : 700€ à 1600€ par an.
-   Mutuelle : +/- 50€ par mois
-   CFE : bien souvent exonération les 2 premières années puis +/- 70€ par an puis +/- 500€ par an (quelque soit le niveau d'activité de la société)
-   Autres protections éventuelles (prévoyance, couvertures « Madelin »...)

## 2.1.11.  Fonctionnement interne une fois l'entreprise créée

Comme vous l'avez remarqué, la création d'entreprise repose sur un certain nombre d'étapes chronologiques qui sont assez simples à suivre. Par la suite lorsqu'il s'agit de la gérer et de la faire grandir vous devrez penser à quelques éléments complémentaires.

### La facturation

Quand vous aurez des clients, ce sera à vous de réaliser et de gérer votre facturation :
-   Créer les factures en gardant à l'esprit qu'elles doivent se suivre chronologiquement.
-   Les envoyer à votre client.
-   Vous faire payer.
-   Intégrer ces factures à votre comptabilité (à voir avec votre comptable).

En mission longue, la facturation ne devrait pas poser de problèmes puisqu'en général vous n'émettrez qu'une seule facture par mois. Par conséquent, vous pouvez les créer sur un simple tableur. Il conviendra simplement d'indiquer un certain nombre de mentions obligatoires[1].

## Vos factures d'achat

Afin de pouvoir déduire fiscalement les achats réalisés dans le cadre de votre société (exemple : achat d'ordinateur, etc.), vous devrez conserver les factures. Même si c'est votre expert-comptable qui assure l'imputation comptable des frais vous devrez avoir une certaine rigueur dans la conservation des pièces afin que votre expert-comptable passe le moins de temps possible à les traiter, car dans le cas contraire cela risque d'augmenter ses honoraires.

## Le salaire et les déclarations sociales

Si vous optez pour la rémunération par salaire, vous pouvez vous inscrire au Titre Emploi Service Entreprise (TESE) vous permettant de réaliser des bulletins de salaire et de centraliser les déclarations et les paiements des charges sociales et patronales auprès des différents organismes auxquels vous avez au préalable adhéré. Voici le lien de l'Urssaf correspondant à ce dispositif : www.letese.urssaf.fr. Ce système représente un vrai gain de temps.

Maintenant que vous avez votre nouvelle structure, vous êtes armé pour aller trouver votre client !

---

[1] https://www.service-public.fr/professionnels-entreprises/vosdroits/F31808

## 2.2.  Le portage salarial

*« Ce n'est pas parce que les choses sont difficiles que nous n'osons pas, c'est parce que nous n'osons pas qu'elles sont difficiles. »* - Sénèque.

En France, le portage salarial est une solution qui a émergé au milieu des années 90. Cependant, suite à l'ordonnance du 2 avril 2015[1] et de sa ratification dans la loi Travail (ou loi El Khomri), ce statut ne souffre plus des incertitudes juridiques qui pesaient sur lui depuis sa création.

Le système est simple : vous trouvez vos missions, vous fixez avec vos clients les modalités d'intervention et le tarif, mais, au lieu de créer votre société, un contrat et des factures, c'est la société de portage salarial qui se charge de tous les aspects administratifs et de toutes les déclarations fiscales, sociales...

Et c'est cette société, dite société de portage salarial, qui vous verse un salaire par rapport aux honoraires facturés. Vous bénéficiez donc du statut de salarié tout en étant votre propre patron ; vous conservez une couverture sociale identique à celle des salariés : cotisation au régime de retraites, assurance chômage, mutuelle complémentaire, etc.

---

[1]Source : Legifrance
https://www.legifrance.gouv.fr/affichTexte.do?cidTexte=JORFTEXT000030431093&categorieLien=id

## 2.2.1. Fonctionnement général du portage salarial

Comment débuter une mission ?

Il s'agit d'une relation simple entre 3 acteurs :
- Vous (le salarié porté),
- L'entreprise cliente,
- La société de portage salarial.


Les cas de recours sont :
- Pour une prestation ponctuelle (d'une durée inférieure ou égale à 3 ans) nécessitant une expertise dont l'entreprise cliente ne dispose pas en interne.

Ou

- Pour l'exécution d'une tâche occasionnelle (d'une durée inférieure ou égale à 3 ans) ne relevant pas de son activité normale et permanente.

Il n'est pas nécessaire d'indiquer le cas de recours.


Pour démarrer votre collaboration avec une société de portage salarial, trois étapes sont nécessaires :

1. Vous recherchez, négociez et trouvez vous-mêmes votre propre mission.

2. La société de portage signe un contrat de prestation de services avec votre client. Ce contrat est appelé Bon de Commande.

3. Immédiatement après la signature du Bon de Commande, vous signez un contrat de travail (CDD ou CDI) avec la société de portage salarial.

Vous pouvez alors démarrer la mission en bénéficiant immédiatement de toutes les garanties et couvertures de la société de portage comme la responsabilité civile professionnelle, la prévoyance, la mutuelle...

Comme dans le cas de la création d'une entreprise, c'est à vous qu'incombe la tâche de trouver vos missions, celle-ci restera toujours la tâche la plus ardue. A noter que la loi n'autorise pas les sociétés de portage à démarcher les entreprises pour vous trouver une mission contrairement au cas de l'intérim. Vous êtes un véritable entrepreneur, mais disposez des avantages du salariat.

## Pendant la réalisation de la mission

Mais comment se passe ensuite la partie facturation, et comment allez-vous recevoir votre rémunération ? Figurez vous que c'est simple :

1. Vous réalisez votre mission.

2. La société de portage salarial facture l'entreprise cliente et réalise toutes les démarches administratives (déclarations sociales, fiscales...).

3. Vous recevez votre salaire.

## Qui peut devenir salarié porté ?

Le portage salarial est un statut ouvert aux personnes souhaitant exercer dans les situations suivantes :

- Demandeurs d'emploi : Vous pouvez percevoir en complément vos allocations sous certaines conditions.
- Retraités et préretraités : Vous pouvez continuer une activité professionnelle en adoptant le mode mission longue.
- Etudiants : Vous souhaitez tester une idée de création d'entreprise, mais ne pas prendre de risques financiers.

- Jeunes diplômés : Par exemple, un interprète souhaitant se décharger des contraintes administratives tout en restant indépendant.
- Salariés[1] : Vous pouvez réaliser une activité complémentaire en toute simplicité.
- Porteurs de projets : Vous souhaitez valider un marché et créer votre société dans un deuxième temps.

## Quelles activités peuvent être réalisées ?

Le portage salarial est exclusivement destiné aux personnes réalisant des prestations de services auprès d'entreprises.

Voici quelques exemples de missions d'expertise ou d'ingénierie possibles :

1. Mission de conseil,
2. Conduite de projet,
3. Ingénieur,
4. Politique commerciale,
5. Communication,
6. Ressources humaines,
7. Achats,
8. Design, etc.

Bref, toutes les professions intellectuelles exercées exclusivement auprès d'entreprises. Toutefois, quelques exceptions existent par rapport à certains métiers.

## Quelles activités ne peuvent pas être réalisées ?

Voici les situations pour lesquelles vous ne pouvez pas opter pour le portage salarial :

- Si vous facturez moins de 250€ HT par jour travaillé (300€ dans certaines sociétés de portage salarial). En

---

[1] Sauf situation de concurrence avec son employeur ou clause d'exclusivité.

effet, en portage il existe un salaire minimum[1] qui va bien au-delà du SMIC et qui oblige la société à pouvoir uniquement vous accompagner à partir de ce niveau de facturation.

- Le secteur des « services à la personne » (garde d'enfant, travaux ménagers, soutien scolaire, jardinage chez un particulier par exemple).
- Les professions réglementées (avocats, experts-comptables, agent immobilier, etc.).
- Les activités médicales.
- Les personnes ayant une clause d'exclusivité ou de non-concurrence.
- Les activités nécessitant la gestion de stock : vente de marchandises, locations...
- L'optimisation fiscale, financière ou de gestion du patrimoine.
- Le secteur de l'amiante et du nucléaire.
- Les diagnostics dans le secteur du bâtiment ou les transactions sur des immeubles.
- La maitrise d'œuvre ou de travaux dans le bâtiment ou le génie civil.

Abordons maintenant chronologiquement les différentes étapes et documents relatifs au portage salarial.

---

[1] Une rémunération minimale est fixée par accord de branche étendu.
A défaut d'accord, elle est fixée à 75% du plafond mensuel de la Sécurité Sociale (PMSS), soit en 2017 pour un temps plein 2452 euros. Ce qui représente un salaire brut journalier minimal proche de 115€ au quel il convient de rajouter les charges patronales et les frais de gestion de la société.

## 2.2.2. Fiche de renseignements

A partir du moment où vous savez avec quelle société de portage salarial vous souhaitez travailler, quand bien même vous n'avez pas encore trouvé une mission, vous pouvez compléter une fiche de renseignements pour faciliter vos démarches futures. Le but de la fiche de renseignements est multiple, elle sert à :

- Rappeler les éléments essentiels du portage salarial et les règles spécifiques de la société. Par exemple, dans ce document il est rappelé que la tâche de recherche de missions vous incombe.
- Eviter un éventuel oubli d'éléments stipulés lors des explications orales.
- Compléter les futurs documents contractuels grâce aux informations d'identité que vous lui transmettez :
  - le Bon de Commande (servant de contrat pour la mission chez votre client),
  - le contrat de travail (pour recevoir sous forme de salaire votre rémunération).

Ainsi, si vous décrochez une mission, la société de portage est en mesure de démarrer encore plus rapidement votre mission puisqu'elle vous connait et a déjà une grande partie des informations dont elle a besoin pour réaliser les démarches administratives.

Notez que la fiche de renseignements ne vous contraint pas obligatoirement à travailler avec la société de portage salarial. Par ailleurs, le législateur n'oblige pas les sociétés de portage salarial à réaliser cette fiche de renseignements, mais c'est mieux de le faire, car vous éviterez ainsi d'éventuels malentendus.

Une fois les renseignements partagés de part et d'autre, et une fois que vous avez trouvé une mission, vous serez prêt pour formaliser votre première intervention en entreprise.

### 2.2.3. Le Bon de Commande

Le Bon de Commande représente le contrat de prestation de services formalisant votre mission et unissant la société de portage salarial et votre client.

Une fois que vous avez obtenu l'accord de votre client, validez avec lui les éléments nécessaires à la création du Bon de Commande (contenu de la mission, la durée, Taux Journalier Moyen...). Pour plus de détails veuillez vous reporter au point 3.1. « Les articles Essentiels » dans la partie réaliser un contrat de prestation de service qui détaille tous ces éléments.

Une fois ces éléments collectés et validés, communiquez-les à la société de portage salarial qui formalisera et signera le document avec votre client.

Notez que les sociétés de portage salarial peuvent vous aider et vous conseiller pour compléter le Bon de Commande, mais ne vont pas négocier à votre place. Enfin, les parties le signant sont le client et la société de portage salarial, pas vous, car il n'est pas prévu par le législateur que le consultant signe le bon de commande. Votre nom sera toutefois indiqué dans ce document et la société de portage ne peut pas transférer votre contrat à un autre consultant.

## 2.2.4. Le Contrat de travail

Une fois le Bon de Commande validé par le client, vous signez votre contrat de travail avec la société de portage salarial. La signature de ce contrat vous ouvrira accès aux droits et protections dont bénéficient les salariés, à savoir :
- le statut cadre (obligatoire), vous permettant par exemple de bénéficier d'un niveau de prévoyance et de retraite plus élevé.
- la mutuelle,
- l'assurance chômage,
- la retraite du régime général,
- la RCP de la société de portage,
- etc.

Une société de portage salarial peut vous proposer deux types de contrat : un CDD[1] (de la durée de la mission signée) ou un CDI. Oui vous l'avez bien lu, vous pouvez obtenir un CDI en portage salarial.

Un CDI apporte de nombreux avantages, notamment si vous avez des projets personnels comme l'achat d'un logement par exemple, ou si vous voulez effectuer un prêt bancaire.

Chaque société de portage a ses propres règles pour déterminer si elle vous octroie un CDD ou un CDI. Toutefois, plus votre mission sera longue (plus de trois mois) ou récurrente, et plus les chances de bénéficier d'un CDI augmenteront.

---

[1] Peut être renouvelé deux fois sans que la durée totale n'excède 18 mois renouvellement inclus.

La rupture du contrat commercial de prestation n'entraine pas de facto la rupture du contrat de travail en portage salarial. Toutefois, qu'il s'agisse d'un CDD ou d'un CDI, la possibilité de vous garder comme salarié au sein de la structure dépend de l'activité que vous générerez.

Par exemple, si vous n'avez plus de contrat client et que l'ensemble de votre facturation a été transformée en salaire, il ne sera pas possible de vous garder comme salarié. Mais en cas de rupture de votre contrat de travail, vous bénéficiez de tous les filets de sécurité précédemment abordés.

Par ailleurs, les contrats de travail sont soit à temps plein, soit à temps partiel. Cependant le plus courant est le contrat à temps partiel qui évoluera d'un mois à l'autre afin de permettre la fluctuation de votre activité.

Enfin, votre salaire sera décomposé en deux parties, l'une fixe et l'autre variable pour permettre de faire fluctuer votre rémunération. Veuillez vous reporter au point 2.2.5 « Salaire : comment fonctionne le salaire flexible en portage salarial ? » pour avoir toutes les explications et connaître le lien entre le contrat de travail et le salaire versé.

Une fois votre contrat de travail signé, vous pouvez démarrer la mission !

## 2.2.5. Facturation et rémunération

### Relevé d'activité et facturation

Afin de permettre la société de portage salarial de facturer votre client, il est nécessaire de compléter mensuellement un relevé d'activité. Par exemple, si vous avez travaillé 10 jours dans le mois, c'est dans ce document que vous l'indiquez et votre client sera facturé de 10 jours. Par ailleurs, ce document permet de fixer la rémunération mensuelle, comme nous le verrons dans la partie salaire. Ce document est interne à la société de portage salarial et votre client n'en a pas connaissance.

### Recouvrement

Mais que faire lorsque le client ne paie pas la facture dans les délais ?

De par la relation que vous entretenez avec votre client, vous êtes le mieux placé pour assurer la relance pour le règlement de vos factures. En effet, vous intervenez au sein de l'entreprise, vous connaissez les interlocuteurs et les personnes les mieux à même de traiter la question. Par exemple, vous pouvez directement vous adresser à la personne en charge des règlements.

Si la situation s'enlise, à votre demande, la plupart des sociétés de portage peuvent réaliser des relances amiables jusqu'à la mise en demeure (à ne faire qu'en dernier recours).

## Frais de gestion de la société de portage

Une fois votre facture encaissée, la société prélève une commission, préalablement définie, appelée frais de gestion. En France, les frais de gestion sont exprimés en pourcentage de la facturation encaissée. Généralement ils vont d'une société à l'autre de 5% à 12%. Par exemple, si vous encaissez 1000 euros et que les frais de gestion sont de 5% alors les frais seront de 50 euros.

---

**Astuce**

Avant de vous engager avec une société de portage, rencontrez en plusieurs  et demandez-leur une simulation de la rémunération que vous allez retirer par rapport à votre facturation. Faites en sorte que toutes les simulations soient faites avec les mêmes paramètres, à savoir principalement :

- Montant du Taux Journalier Moyen. Par exemple, 500€ HT.
- Durée. Par exemple, 3 mois.
- Nombre de jours facturés par mois. Par exemple, 18 jours par mois.
- Gestion de frais professionnels ou non. Par exemple, « avec gestion de frais professionnels »
- Montant de frais professionnels. Par exemple, 200€ par mois.

---

## Salaire : comment fonctionne le salaire flexible en portage salarial ?

Si vous avez toujours été salarié et que vous étiez habitué à percevoir un salaire régulier tous les mois, y compris quand vous partiez en vacances, alors le contrat de travail et le fonctionnement du salaire brut sont probablement les éléments qui risquent le plus de vous surprendre en portage salarial[1]. Connaitre cette particularité vous permettra d'y être préparé.

Comme vous le savez, l'activité d'un consultant indépendant peut beaucoup fluctuer. Par exemple, un mois vous pouvez travailler 20 jours, le mois suivant qu'une seule journée, et le mois d'après peut être 15 jours. On comprend aisément d'une part que le nombre d'heures de travail du contrat de travail initial est difficile à déterminer et d'autre part, que si vous êtes dans cette situation, vous souhaiteriez probablement avoir la possibilité de lisser votre rémunération.

Concernant le nombre d'heures fixées dans le contrat de travail, les sociétés de portage ont globalement adopté la méthode suivante : vous commencez avec un contrat de travail à temps partiel avec une durée de travail minimale (une ou deux journées par mois).

Alors, vous vous demandez probablement « Mais comment est-ce possible ? » ou « comment faire avec un contrat de travail libellé avec une seule journée de travail par mois alors que je pense en faire 15 ? »

---

[1] En effet, les périodes sans activité dans l'entreprise cliente ne sont pas rémunérées.

La mécanique est finalement assez simple : chaque mois, vous remplissez le relevé d'activité (que nous avons vu plus tôt) en indiquant les jours et le temps travaillé. Ce document vaudra avenant au contrat de travail. Ainsi, mensuellement en complétant et en signant ce document, la durée du travail s'adaptera. Ce document sera signé à la fois par le consultant et par la société de portage salarial.

Ainsi ce mécanisme permet de répondre à la problématique du nombre d'heures figurant dans le contrat de travail et à sa fluctuation mois après mois. Mais ceci ne permet pas de lisser la rémunération.

Pour lisser la rémunération dans le temps, un autre mécanisme est mis en place dans le contrat de travail en décomposant le salaire en deux parties : une part fixe et une part variable. Toutes deux ont des caractéristiques différentes :
- La part fixe :
    - o Est versée proportionnellement au nombre d'heures de travail effectuées. Par exemple, en fonction des sociétés, pour un temps plein vous recevrez entre 2450 euros et 3500 euros. Bien entendu si vous travaillez moins, par exemple, un mi-temps, vous recevrez la moitié de cette somme au titre de la part fixe.
    - o Est réglée même si votre client n'a pas honoré votre facture à temps. Ce qui permet de toujours percevoir une rémunération.
- La part variable :
    - o Peut être payée à partir du moment où le client a honoré la facture.

    o  Dès lors que cette condition est remplie et que vous pouvez prétendre à une rémunération supérieure à celle de la part fixe, alors vous décidez, vous-même, tous les mois du versement ou non de cette part et de son montant.

Par le biais de ce mécanisme, vous pouvez lisser votre rémunération ou, au contraire, pouvez décider de vous octroyer l'intégralité du salaire, tous les mois, en demandant 100% de la part variable.

Enfin concernant les congés payés ou l'indemnité de précarité (si vous êtes en CDD) deux pratiques existent en fonction des sociétés de portage. La différence fera qu'une partie de votre rémunération sera ou non décalée dans le temps. Par exemple, en CDD, vous recevez une indemnité de précarité de 10% qui peut être versée soit en fin de mission, soit tous les mois. Ainsi si votre mission dure 6 mois, dans un cas vous ne pourrez percevoir ce montant qu'à l'issue des 6 mois ou bien, si elle est versée tous les mois vous pourrez immédiatement en disposer.

Enfin, dans le salaire brut, vous constaterez une ligne d'indemnité « d'apport d'affaires » représentant 5% de la rémunération. Le législateur a voulu ainsi valoriser un temps de préparation et de prospection. Dans les faits, cette ligne est une partie de votre rémunération qui a été dissociée de votre salaire brut. Cette décomposition de votre salaire brut n'a aucune incidence sur les cotisations ou sur l'imposition. En définitive, vous recevez le salaire brut attendu, mais celui-ci sera décomposé sur plusieurs lignes.

## Salaire : charges sociales et patronales

Nous venons de voir la formation du salaire brut, voyons maintenant la formation du salaire net et les charges qui seront acquittées.

D'abord, pour vous verser le salaire net correspondant au salaire brut versé, la société de portage s'acquitte auprès des différents organismes (URSSAF, Retraite complémentaire, mutuelle...) les charges salariales et patronales communes à toutes les sociétés.

Ensuite, en plus de ces charges, la société prélève également de votre bulletin de paie, des taxes qui ne figurent pas toujours dans un bulletin de paie, mais dont le calcul dépend des salaires versés au sein de la société. Par exemple, la taxe d'apprentissage ou la formation professionnelle. L'explication est simple : ces taxes sont assises strictement sur la masse salariale de la société en appliquant un taux commun à toutes les sociétés. Ainsi, si la société vous verse un salaire plus élevé, elle versera également une taxe plus élevée.

Enfin, certaines sociétés de portage vont également prélever dans votre bulletin de paie des frais additionnels qu'elles jugent être liés au salaire qu'elle vous verse en considérant qu'ils ne sont pas encore pris en compte dans les frais de gestion vus plus tôt.

Voir le prochain encadré.

> **Attention aux frais cachés en portage salarial**
> Toutes les entreprises de portage salarial doivent prélever des charges sociales et patronales par rapport au salaire qu'elles vous versent, c'est normal. La difficulté provient du fait qu'il n'existe pas une définition précise et homogène de ce qu'une entreprise de portage salarial doit entendre par « charges patronales », le risque est alors que votre société de portage vous coûte plus cher que prévu. J'ai expliqué ce problème dans une Tribune dans *Les Echos* - Le Cercle http://www.allomission.com/frais-caches-portage-salarial. Bref, la seule façon de connaitre le vrai coût d'une société de portage est de demander une simulation de salaire et de regarder le montant de salaire net qu'il vous reste.

## Le Compte Consultant

En plus du bulletin, un salarié porté reçoit tous les mois un compte consultant. Celui-ci fonctionne comme un compte bancaire et permet de retracer sa situation financière en indiquant toutes les sommes qui ont crédité le compte (la facturation) et toutes les sommes qui l'ont débité, par exemple :

- les frais de gestion du mois,
- les charges salariales,
- les charges patronales,
- les salaires nets versés,
- les frais professionnels remboursés,
- etc.

Vous pouvez ainsi suivre et piloter mensuellement votre situation financière.

## La gestion des frais professionnels

Si vous devez effectuer des dépenses liées à votre activité professionnelle, la société de portage peut vous les rembourser à condition que ceux-ci soient en rapport avec votre activité et soient correctement justifiés. En portage salarial vous pouvez générer deux types de frais professionnels :

- Les frais professionnels refacturés au client. Il s'agit de frais liés directement à l'exécution de votre mission pour lesquels le client a donné son accord de prise en charge. Par exemple, les frais de déplacement liés à la mission. Parfois ces frais sont pris en charge directement par le client, ce qui vous évite de devoir les refacturer ou de réaliser une avance de frais.
- Les frais professionnels non refacturés au client. Il s'agit de frais engagés par vous dans le cadre de votre activité professionnelle. Par exemple, les activités de prospection commerciale (achat d'un ordinateur, remboursement de 50% de frais de téléphone, etc.).

L'avantage de ce dernier cas est que les sommes remboursées sont prélevées directement de votre compte consultant et ne sont pas soumises à cotisations sociales ni à l'impôt sur le revenu. Toutefois, ne perdez pas de vue le principal inconvénient, ces frais n'étant pas soumis à cotisations, ils ne vous ouvrent aucun droit à la retraite ou au chômage.

Ces frais professionnels doivent toujours être justifiés et ne peuvent pas être supérieurs à 15% de votre facturation HT. De même, gardez à l'esprit que la gestion des frais engendre généralement un surcoût pour la société de portage salarial, impliquant l'augmentation des frais de gestion qui vous sont appliqués.

## 2.2.6. Les autres points d'attention

Et au-delà de l'aspect administratif, les sociétés de portage salarial vous offrent généralement des avantages complémentaires comme des formations, une communauté de consultants, des cartes de visite, un intranet, etc.

Ces avantages extrafinanciers peuvent avoir leur importance quand vous souhaitez éviter l'isolement de l'entrepreneur indépendant en période d'intermission notamment.

## 2.2.7. Sécurisez votre situation en cas d'inactivité grâce à Pôle emploi

Comme vu précédemment, le portage salarial vous offre un filet de sécurité avec la possibilité de recevoir, comme tout salarié, des allocations chômage en cas d'inactivité. Notez qu'il est possible de cumuler l'allocation d'Aide au Retour à l'Emploi (ARE) avec des revenus tirés d'une activité de portage salarial.

Vous savez maintenant comment fonctionne la collaboration avec une société de portage salarial pour effectuer vos missions longues en entreprise.

Mais peut-être que vous préférez travailler directement chez votre client en tant que salarié ou intérimaire. Explorons ces autres possibilités.

## 2.3. Les autres formes d'intervention possibles

Dans cette section, examinons d'autres formes de travail permettant d'exercer le métier de consultant en mission longue. Ces statuts juridiques sont moins courants que la création d'entreprise et que le portage salarial, mais peuvent tout de même vous être proposés.

### 2.3.1. L'*intrapreneur* (sous le statut de salarié d'entreprise)

Le travail en mode mission n'est pas exclusif aux indépendants possédant leur propre structure : il peut se faire en tant que salarié en interne également, en tant qu'*intrapreneur*. Cette notion est née en 1978 par Gifford Pinchot qui définissait à l'époque un intrapreneur comme un employé prenant la responsabilité directe d'un projet consistant à transformer une idée en produit ou service rentable pour l'entreprise[1].

Dans cet ouvrage, nous définirons un intrapreneur comme un collaborateur adoptant une démarche entrepreneuriale au sein de son entreprise. Il va alors travailler en mode mission, avec des objectifs clairs et partagés par son entreprise, et avec des ressources qui lui seront attribuées. Le travail d'un intrapreneur ressemble beaucoup à celui d'un consultant indépendant en mode mission longue dans une entreprise.

---

[1] Source : http://pinchot.edu/what-is-intrapreneurship/

221

Les intrapreneurs peuvent apporter de profonds changements positifs pour une entreprise, car, comme l'expose le Harvard Business Review[1], un intrapreneur est autonome, a une vision et sait se motiver de lui-même pour mener à bien son projet. Si vous avez la fibre entrepreneuriale et que vous souhaitez la déployer au sein d'une entreprise, cela est donc possible.

Selon cette revue, un intrapreneur possède six traits particuliers :

1- L'argent n'est pas l'outil de mesure principal – La capacité à pouvoir agir comme un entrepreneur au sein de l'entreprise est essentielle.

2- La pensée stratégique – Les intrapreneurs sont toujours orientés solutions et sur l'avenir.

3- « Greenhousing » – Les idées sont gardées pour soi pendant qu'elles se développent, les intrapreneurs ont donc une propension à l'action plutôt qu'à la réflexion.

4- La pensée visuelle – Les brainstormings, les mindmaps et la pensée design sont importants pour eux.

5- L'habilité à pivoter – Les intrapreneurs peuvent changer de direction et s'adapter si nécessaire.

6- Authenticité et intégrité – Ils cultivent l'équilibre entre confiance et humilité.

---

[1] Source : https://hbr.org/2013/09/recognize_intrapreneurs

En adoptant cet état d'esprit, vous serez plus à l'écoute des opportunités que peut vous réserver l'entreprise dans laquelle vous travaillez déjà. Vous pouvez prendre les devants en étant force de proposition. Pour cela, n'hésitez pas à proposer des projets « clef en main » à votre actuel employeur. Oui, vous pouvez adopter la démarche d'un consultant indépendant tout en restant salarié de l'entreprise.

Quels sont les avantages qu'une société peut tirer en recourant à un collaborateur déjà présent dans l'entreprise ? En plus de gagner du temps et de l'opérationnalité, vous pouvez être extrêmement pertinent dans l'analyse et la mise en œuvre de solutions. En effet, vous connaissez parfaitement les produits et les services de la société, vous êtes imprégné de la culture d'entreprise, vous connaissez les procédures internes, les circuits officiels et officieux et savez donc sur qui vous pouvez compter pour mener à bien les différentes missions.

Quelles sont les situations qui peuvent inciter une société à travailler avec des intrapreneurs? Prenons quelques exemples concrets que vous pouvez rencontrer dans des groupes de taille importante.

On le sait, les entreprises tentent de réduire au maximum leurs coûts de structure, mais des problèmes peuvent surgir. Par exemple, dans le cadre d'une fusion avec une autre société dans un pays X, le besoin de réinternaliser la comptabilité se fait sentir, et les équipes sur place ne sont pas en mesure de conduire un tel projet dans un temps court.

Ou un autre exemple, celui d'un audit qui fait ressortir 3 problèmes graves qu'il convient de traiter très rapidement alors que les équipes sur place s'en sortent déjà difficilement pour traiter le quotidien. Dans ce cas, vous pouvez proposer à l'entreprise de garder des structures organisationnelles à leur niveau minimal, mais parallèlement constituer un pôle d'experts pouvant intervenir ponctuellement pour mettre en place des solutions.

Votre force est de pouvoir intervenir dans les situations d'urgence, comme un « pompier de service », car vous possédez l'expertise et la connaissance de l'entreprise. Pendant ces phases, vous seriez détaché quelques mois pour résoudre le plus gros du problème puis passeriez le relais.

Pendant les périodes sans problèmes majeurs, vous pourriez intervenir préventivement pour apporter des améliorations en continu. Bref, vous pourriez être un manager de transition en interne !

En poussant le raisonnement : comme tous les grands groupes possèdent un département d'audit dont le rôle principal est de détecter et de lister les dysfonctionnements, nous pouvons imaginer qu'ils créent un service dédié à la mise en place de solutions, une sorte de service constitué de managers de transition en interne. Les options sont nombreuses à partir du moment où vous êtes à l'affût des opportunités. A vous d'imaginer et de proposer de nouvelles solutions de collaboration qui correspondent à votre domaine de compétence.

Vous avez maintenant une vision plus claire de ce qu'implique intervenir en mode mission dans une entreprise en tant qu'intrapreneur. Faisons maintenant un rapide point sur le statut juridique d'intérimaire.

### 2.3.2. L'intérim

Bien que moins courant, intervenir en tant qu'intérimaire en entreprise en mission longue est possible même en tant que manager de transition.

En effet, bien que minoritaires, certaines sociétés de Management de Transition fonctionnent sous ce statut. Le gros avantage qu'apporte cette façon de fonctionner est que vous n'avez pas de démarches administratives importantes à réaliser et c'est la société d'intérim qui effectue la recherche de missions pour vous. De plus, pendant vos missions vous bénéficiez du statut de salarié et par conséquent d'un filet de sécurité en fin de mission avec les indemnités chômage en cas d'inactivité.

Toutefois, ce statut n'est pas très populaire dans le domaine du consulting en mission longue pour plusieurs raisons :
- Ce statut véhicule généralement une image négative, une image précaire notamment auprès des managers de transition et de leur entourage,
- Concernant l'image véhiculée, l'intérim n'est pas le premier statut qui vient à l'esprit quand on évoque l'indépendance d'un consultant et vous ne pourrez pas facturer en direct des clients que vous trouvez vous-même,

- Ce statut est peu apprécié des banques, et des tiers (par exemple, pour l'achat ou la location d'un bien immobilier).

Mais si ces trois points ne sont pas bloquants pour vous, n'hésitez pas à avancer, car d'une part, le plus important est probablement de trouver une activité et d'autre part, comme nous l'avons évoqué pour l'intrapreneur, travailler en mode mission est avant tout un état d'esprit.

Voyons maintenant deux autres manières possibles d'intervenir en mode mission longue en entreprise.

### 2.3.3. Le mode de travail à temps partagé

Ce mode d'intervention semble apporter plusieurs avantages : un consultant en mission longue consacre généralement son temps à une seule entreprise par mission, mais il n'est pas rare que plusieurs entreprises souhaitent faire appel à vos services en même temps (mais à temps partiel pour chacune d'entre elles bien entendu). Dans ce cas le travail à temps partagé peut-être envisagé.

Le travail à temps partagé n'est pas réservé à un statut particulier, par exemple, vous pouvez exercer de cette manière avec votre société ou en portage salarial.

Au-delà d'un statut juridique, le travail en temps partagé est avant tout une autre manière d'exercer votre activité de contracteur : vous ne travaillez plus à temps plein pour une seule société, mais vous travaillez à temps partiel pour plusieurs entreprises.

Dans la forme, de multiples statuts s'offrent à vous pour pouvoir exercer à temps partagé. Voici les principaux :

- Salarié en CDD ou CDI à temps partiel avec plusieurs contrats de travail auprès de plusieurs sociétés,
- Intérim auprès de plusieurs sociétés,
- Création de société et divers clients,
- Portage salarial avec plusieurs clients,
- Groupement d'employeurs,
- Et au travers de sociétés dénommées « sociétés à temps partagé ». Le fonctionnement de ces sociétés est très proche des sociétés de portage salarial (c'est vous qui cherchez vos missions, contrat entre 3 parties, etc.).

Les avantages attachés au travail en temps partagé :
- diversité des missions et des environnements de travail,
- acquisition d'une certaine polyvalence et à développer une capacité d'adaptation,
- limitation des risques de perte d'emploi répartis entre plusieurs entreprises,
- rythme de vie pouvant correspondre à certaines aspirations et de choix d'équilibre de vie professionnelle et vie personnelle.

Les contraintes :
- Une recherche accrue de clients.
- Chaque client ne veut pas entendre parler de vos contraintes avec une autre société.
- Des exigences horaires ou de contraintes qui risquent de se chevaucher entre les clients. Par exemple, si les deux clients ont besoin de tenir une réunion importante le même jour à la même heure, comment ferez-vous ?

- Chaque client risque de vous confier un volume de travail supérieur sans tenir compte que vous avez d'autres clients. Par exemple, si vous avez deux mi-temps qui font en tout un temps plein, si les deux sociétés commencent à vous confier des missions très importantes qui demandent plus de temps, comment ferez-vous ?

- Le salarié en temps partagé ne perçoit pas d'allocation chômage tant qu'il lui reste un seul emploi partiel même si celui-ci n'est que de quelques heures.

- Il est parfois difficile de faire reconnaître un accident du travail, lorsque celui-ci se produit entre les différents lieux de travail.

## Le groupement d'employeurs

Plusieurs entreprises peuvent s'unir pour recourir aux services d'un salarié qui travaillera à temps plein ou à temps partiel. Ces entreprises peuvent s'associer à travers une association ou une coopérative pour recourir à vos services en vous salariant. Dans ce cas, vous travaillerez pour les entreprises du groupement et uniquement pour ces entreprises. Vous aurez alors un contrat de travail pour assurer votre mission longue (généralement un CDI).

Interview de Samuel Tual, Président du Groupe Actual et Président du Medef de Mayenne

**Vous êtes à la tête d'une agence d'emploi et d'une société de portage salarial, quelle est votre vision de l'emploi atypique ?**

En France, le cadre de travail est tourné principalement autour d'une relation entre une entreprise et un salarié. A partir du moment où l'on n'est plus dans ce cadre, on est dans une forme atypique de travail.

Les personnes peuvent créer une entreprise, mais tout le monde n'a pas l'envie ou la capacité à entreprendre de la sorte. Ensuite, le salariat a encore un bel avenir, mais peut-être pas uniquement sous sa forme actuelle, mais davantage attaché à un projet, à une mission. Aujourd'hui, les formes atypiques de travail permettent d'associer la volonté d'entreprendre avec la protection du salariat.

Ces formes de travail offrent la flexisécurité : beaucoup de sécurité (formations, accompagnement, couverture sociale) et de flexibilité, par exemple, en permettant à l'entreprise de changer de cap en cas de tempête.

Dans ces formes les plus répandues, on trouve le travail temporaire, puis le portage salarial et le travail à temps partagé. Dans ces deux dernières formes, les experts qui disposent de compétences fortes peuvent se tourner vers des tiers de confiance qui les accompagnent dans leurs missions. On est autonome, mais pas isolé. On est indépendant, mais on conserve le statut protecteur du salariat.

### Que faut-il pour promouvoir les nouvelles formes de travail ?

Avant tout, dans notre Société il convient qu'une vision positive du travail soit véhiculée. En effet, il est important de déterminer la place que l'on veut accorder au travail. Il est impératif de se poser la question de la Société que l'on veut pour demain. Quelle vision du travail voulons-nous dans notre Société ? Le préalable indispensable est donc une valeur travail forte et positive.

Ensuite, il faut un cadre réglementaire clair, comme ce fut par exemple le cas pour l'intérim en 1983. C'est à partir de ce moment que son essor a été rendu possible. Par exemple, cette clarification permet aujourd'hui chaque année à plus de 600 000 personnes de travailler.

Depuis peu, les formes alternatives de travail ont également un cadre réglementaire clair, notamment le portage salarial depuis avril 2015.

Enfin, une volonté politique de les promouvoir est nécessaire. Spécialement dans tous les aspects liés à l'ubérisation et à l'économie collaborative. Avec l'essor des plateformes de travail en ligne, il convient de surveiller la voie qui sera choisie par le législateur : soit, des lois contraignantes, ou bien l'exploration de pistes très intéressantes alliant flexibilité et sécurité. Avec de la volonté et un peu de promotion, je crois que les salariés portés, qui représentent aujourd'hui quelque 50 000 personnes, pourront connaitre le même essor que l'intérim et atteindre 500 000 actifs. Tout est question de volonté.

Nous l'avons vu, les possibilités pour intervenir comme consultant indépendant sont nombreuses. Quoi qu'il en soit, gardez à l'esprit que, comme précédemment énoncé dans ce chapitre, il n'y a pas de bon ou de mauvais statut, car cela dépend de votre situation et de vos aspirations. Toutes les possibilités étant posées, il est temps que vous déterminiez le choix le plus approprié pour vous.

Après avoir pris votre décision, vous pouvez maintenant préparer votre contrat de prestations de services pour commencer votre première mission.

# 3.  Le contrat de prestation de services ?

*« Connaissez-vous la différence entre l'éducation et l'expérience ? L'éducation, c'est quand vous lisez tous les alinéas d'un contrat. L'expérience, c'est ce qui vous arrive quand vous ne le faites pas. »*
- Pete Seeger

Quel que soit le statut juridique pour lequel vous avez opté, vous aurez besoin d'un contrat pour formaliser votre collaboration avec l'entreprise cliente. Ce document prend la forme d'un contrat de prestation de services que le client valide par sa signature. Ce contrat détaille à la fois le contenu de la mission et les modalités de collaboration. Gardez en mémoire que le contrat de prestation de services liant une société de portage salarial à la société cliente est communément appelé « Bon de Commande », néanmoins il remplit exactement la même fonction.

Voyons maintenant les dispositions essentielles que doit comporter votre contrat dans le cadre d'une intervention en mode mission longue en entreprise.

## 3.1. Les articles essentiels

L'objectif d'un contrat est de clarifier les responsabilités de chaque partie pour une collaboration précise (ici la mission). Au-delà de l'aspect formel du contrat, il est essentiel de négocier et de fixer un certain nombre de données. En effet, bien souvent lors des négociations, un consultant a en tête la somme qu'il va facturer et pense à convenir avec le client du montant de la prestation. C'est bien, mais ce n'est qu'un premier pas : en effet, prenons le cas où vous avez convenu avec votre client de facturer 500€HT par jour travaillé, mais que vous n'évoquiez pas le délai de paiement : Le risque serait d'être payé dans un délai de 45 jours fin de mois, alors qu'au contraire vous, vous pensiez que cette facture serait réglée immédiatement. Dans cet exemple, vous recevrez bien la rémunération attendue, mais pas du tout quand vous le pensiez, ce qui risque de vous poser des problèmes de trésorerie.

Par conséquent, voyons les points qu'il est essentiel de négocier et de fixer avec le client.

**L'objet** : Il permet de définir les contours de la ou des missions à effectuer. Il introduit en l'occurrence l'objectif de ce contrat et liste les détails du contenu de la mission.

Exemple : Encadrer l'équipe des ingénieurs informatiques pour finaliser l'implémentation et l'opérationnalité du nouveau système d'information de l'entreprise.

**Le TJM (taux journalier moyen)** : le montant que vous facturez (en hors taxes) pour chaque jour travaillé. Ce montant est à multiplier par le nombre de jours d'activité pour définir le montant total de la prestation. Ces informations : nombre de jours travaillés, frais annexes éventuellement pris en charge par le client (comme frais de repas, de déplacement, etc.), le montant total de la prestation, etc. sont à préciser avec clarté dans ce document également.

Par exemple, le Bon de Commande devra faire apparaître les éléments suivants :

- 500 euros HT / journée d'intervention,
- mission de 150 jours sur un an (on peut préciser que le nombre de jours est approximatif ou exact),
- Montant total de la prestation : 75 000 euros HT pour le total de la prestation.

Pour plus de détails concernant le calcul du TJM vous pouvez vous reporter au « Chapitre 2, point 2.2. Le Taux Journalier Moyen (TJM) ».


Notez que pour des questions d'assurance Responsabilité Civile Professionnelle, le contrat de prestation de services ou Bon de Commande doit être un contrat *de moyens* et non pas de *résultats*. C'est-à-dire que votre rémunération ne doit pas entièrement dépendre de l'atteinte ou non d'objectifs fixés. Par exemple, vous ne devez pas indiquer que vous serez rémunéré uniquement si vous avez implémenté un ERP. En revanche, il est possible de convenir avec le client d'un bonus (ou « success fees »), une part variable, pouvant être ajoutée à la facturation initialement prévue en fonction de l'atteinte d'objectifs.

**La durée de la mission** : La durée (date de début et de fin de mission) est à préciser au même titre que le nombre de jours travaillés. La durée d'une mission peut aller de un jour à 3 ans dans le cadre du portage salarial, il n'y a pas cette contrainte si vous intervenez avec votre propre société.

Bien entendu, vous préciserez probablement que la mission pourra être prolongée par commun accord.

**Le délai de paiement** : Précisez que le règlement de la facture est « à présentation de facture », car si vous attendez 30 à 60 jours pour être payé, vous risquez d'être en difficulté.

Voici d'autres conseils pour être réglé le plus rapidement possible (il conviendra de fixer les clauses correspondantes dans votre contrat de prestation de services) :

- Facturez avant la fin du mois, par exemple le 25, en facturant également les jours prévisionnels jusqu'à la fin du mois. Ceci est très important, car supposons que vous accordiez un délai de paiement de « 30 jours fin de mois » : si vous attendez le début du mois suivant pour facturer vous ne serez pas payé dans 30 jours, mais dans 60 jours (2 mois) ! Car « fin de mois » signifie que le délai de 30 jours commence à partir de la fin du mois où la facture a été émise.

- Mentionnez que les règlements s'effectueront exclusivement par virement bancaire afin que le client ne vous fasse pas parvenir des chèques et retarde ainsi le règlement de votre facture. Ce point ne sera pas à négocier, mais simplement à prévoir dans le contrat.

- Idéalement, ne prévoyez pas de prévalider avec un responsable les jours travaillés, mais prévoyez simplement de facturer directement les jours correspondants. Cela permet d'éviter des retards notamment lorsque ce responsable est en congé ou qu'une société cliente qui de manière intentionnelle retarde la validation de ce document, car tant que vous n'avez pas celui-ci, vous ne pouvez pas facturer et tant que vous n'avez pas facturé, la société cliente ne risque pas d'être en retard de paiement. Et si vous avez facturé un nombre erroné de jours ? Vous pourrez toujours refaire une facture ou réajuster le mois suivant.

**Résiliation de contrat** : Contrairement à un contrat salarié qui, en cas de séparation, oblige la société à respecter des conditions de forme, de fond et de procédures strictes ainsi que des délais... vous êtes libre de fixer les conditions de séparation possibles.

Explicitez que chaque partie peut unilatéralement mettre un terme au contrat vous unissant, en respectant un délai de prévenance que vous fixez ensemble. Selon les cas, fixez ce délai entre un mois et trois mois. Le fait d'appliquer un mois peut sembler risqué, mais sachez qu'offrir cette flexibilité à votre client peut faire en sorte qu'il ne craigne pas de faire appel à vos services. Ce faisant, vous parvenez à franchir le principal obstacle et parvenez à intégrer l'entreprise.

Toutefois, faites en sorte de ne pas aller en dessous d'un mois de délai de prévenance afin que vous ayez un temps suffisant pour rebondir. Enfin, en cas de prolongation de la mission vous pouvez aussi saisir cette occasion pour éventuellement augmenter ce délai de prévenance.

## La provision

C'est une avance que vous facturez avant même le premier jour de votre arrivée et qui sera rendue au terme de la mission dans la dernière facture que vous émettrez, idéalement elle représente entre 10 jours et 20 jours de mission. L'intérêt de cette avance est quadruple :

1) Se prémunir contre un client indélicat qui souhaite soudainement interrompre une mission sans respecter le délai de prévenance. Il vous sécurise puisque vous avez des jours en avance qui vous ont été réglés.

2) Si vous avez accordé des délais de paiement vous n'allez pas pouvoir vous rémunérer avant le temps convenu, pour atténuer cette difficulté cette avance vous permet de dégager une rémunération.

3) En facturant dès le début de la mission vous allez enclencher le processus de création d'un fournisseur chez le client. Chez certains, ce processus peut être lent (1 mois) et il vaut donc mieux qu'il soit enclenché au plus tôt au lieu d'attendre votre premier mois de mission, sinon vous risquez de beaucoup patienter.

4) Si vous faites appel à une société de portage salarial, cette somme lui permet de limiter les risques, car parallèlement elle vous donne un contrat de travail où elle s'engage à vous verser un salaire.

Cette avance est à régler à la présentation de la facture.


## Cas d'un client en difficultés financières

Afin d'en savoir plus sur la santé économique de la société cliente avec laquelle vous collaborerez, vous pouvez effectuer des vérifications préalables via le greffe ou sur societes.com.

Cela peut-être par exemple un client en liquidation judiciaire[1]. Dans ce cas de figure, faites en sorte de vous faire verser une avance au minimum d'un mois, d'obtenir un délai de paiement à présentation de facture et ne tolérez aucun retard de paiement. Certains consultants se font aussi payer à la semaine    dans ces cas extrêmes. Dans ce cas précis, l'accord du liquidateur est obligatoire pour conclure des contrats. Les prestations de services seront alors réglées par le liquidateur. Pour la formulation des articles, n'hésitez pas à vous rapprocher d'un avocat ou bien à vous inspirer de ce qui se fait sur Internet.

Notez que ces conseils pour votre contrat sont à adapter à votre situation. Par exemple, si vous intervenez avec votre entreprise, la société dont vous êtes le représentant légal est la partie cocontractante, et seules deux parties sont impliquées. En revanche, si vous intervenez dans le cadre du portage salarial, il faudra intégrer une troisième partie, la société de portage salarial, qui sera la partie cocontractante, car c'est elle qui facturera au client. Dans les parties prenantes, il y aura alors :

- le client : l'entreprise cliente,
- le consultant : vous (votre prénom et nom seront mentionnés, mais vous n'aurez pas à signer le Bon de Commande),
- le prestataire : la société de portage salarial.

Mais dans ce cas de figure, c'est la société de portage salarial qui vous transmet son Bon de Commande afin que vous le remplissiez avec votre client.

---

[1] Mais attention aux risques de nullité des contrats conclus pendant la période suspecte

Si vous intervenez dans le cadre de l'intérim, vous n'aurez pas de contrat à rédiger étant donné que c'est la société d'intérim qui se charge de cette partie.

Si un cabinet fait appel à vos services, il disposera lui-même d'un modèle de contrat.

## 3.2.  Attention à certaines conditions

Pile, je gagne, face, tu perds ! Voilà malheureusement la règle de jeu que certaines sociétés semblent vouloir appliquer à votre future collaboration. Que vous traitiez avec des SSII, des ESN, des cabinets de conseil, des cabinets de management de transition ou que vous traitiez en direct avec certains groupes, il est important que vous gardiez à l'esprit quelques garde-fous avant de vous lancer dans une collaboration. Bien entendu, il ne s'agit pas ici de vous dire d'accepter ou non une mission sur la base des critères énoncés, mais c'est surtout pour vous sensibiliser sur certains points et que vous sachiez avec quel type de partenaire vous travaillez. En fonction de votre situation personnelle ou si par exemple il s'agit de votre première mission, vous accorderez probablement une importance différente à ces points, car votre priorité sera peut-être de simplement mettre un pied à l'étrier et de commencer à faire vos preuves en matière de management de transition ou de contracting.

Certains points ont déjà été évoqués plus tôt, mais l'idée ici est de vous sensibiliser sur les aspects importants à considérer dans le cadre d'une collaboration avec un futur client (société, cabinet...).

### 3.2.1. Conditions financières sous-estimées

Le premier point fondamental est d'aborder la question financière en ayant une idée très précise non pas de votre rémunération, mais bien de votre Taux Journalier Moyen.

Référez-vous à la section « posez vos conditions financières » pour vous assurer que tout soit bien pris en compte. En effet, si vous n'avez pas une idée précise sur la question et de la rémunération nette ou brute que cela représente alors vous risquez de vous reposer uniquement sur ce que dira cette société avec toutes les erreurs d'interprétation et de sous-estimation possibles.

Autre point important pour la partie financière : le délai de paiement. Car même si vous facturez une prestation de service, votre rémunération sera versée comme un salaire, tous les mois. Il n'y a donc pas de raison pour que vous soyez payé plus en retard qu'un salarié.

Afin de sécuriser cette partie, assurez-vous d'indiquer des indemnités de retard de paiement pour motiver le client et le cabinet à réaliser les versements dans les temps impartis.

---

**Ai-je le droit de quitter le cabinet pour travailler en direct avec le client final ?**
Le contrat du cabinet spécialisé comportera très probablement une clause de non-concurrence qui vous en empêchera. Au-delà de la clause, ceci risque d'endommager vos relations futures avec ce cabinet.

### 3.2.2. Délai de prévenance trop faible

Il est primordial de vérifier le délai de prévenance (le délai pour mettre un terme anticipé à la mission). Demandez et vérifiez ce délai. Ce délai devrait être au minimum égal à 30 jours, notamment si vous êtes amené à vous déplacer et à déménager. Un délai inférieur risque de vous mettre en difficulté en cas d'interruption prématurée de la mission. Imaginez que vous veniez de déménager de Paris pour vous installer à Lyon pour une mission de 12 mois. Tout se passe bien jusqu'au 4$^e$ mois : l'entreprise décide finalement de tout arrêter suite à un imprévu. Il vous reste alors 10 jours pour conclure la mission, déménager, etc. Mieux vaut avoir un délai de prévenance plus important dans ces situations. En avoir conscience est important pour que vous puissiez en discuter avec votre cabinet.

En management de transition, un délai de 30 jours calendaires est souvent la norme, mais certaines sociétés risquent d'appliquer contractuellement des délais de 15 jours. En ESN, la pression sur ce délai semble être plus accentuée et les 15 jours semblent plus répandus. En tout cas, vous pouvez négocier et si un tel délai est convenu faites en sorte que vous disposiez vous-même du même délai pour mettre un terme à la mission, ainsi la relation sera équilibrée.

Vous devriez maintenant avoir les bases pour avancer administrativement dans le cas où une mission se présente.

Et que faire une fois le contrat décroché ? C'est ce que vous découvrirez dans le chapitre suivant « En mission ».

# CHAPITRE 4

# En mission

1. Le premier mois décisif de la mission

2. Quelques bonnes pratiques pour bien s'intégrer en entreprise

3. Comment faire face aux freins et difficultés ?

4. Conclure la mission

# CHAPITRE 4 : En mission

> *« Vous n'aurez jamais une deuxième chance de faire une bonne première impression. »*
> - David Swanson

Ça y est, vous avez décroché la mission ! Maintenant, il est important de poursuivre avec la même rigueur et le même professionnalisme pour atteindre les objectifs qui ont été fixés. Même si une grande étape vient d'être franchie, rester concentré et garder à l'esprit la satisfaction totale de son client sont capitaux pour que la mission se déroule dans les meilleures conditions et jusqu'au terme fixé.

Ce chapitre vous guidera dans les grandes étapes rythmant la vie professionnelle du consultant en mission longue chez un client, avec pour objectif d'évoquer des outils concrets et opérationnels permettant de démarrer une mission dans les meilleures conditions.

## 1. Le premier mois décisif de la mission

> *« Jamais, on n'a vu marcher ensemble la gloire et le repos. »*
> - Sébastien Roch-Nicolas de Chamfort

C'est probablement la phase la plus importante de la mission : elle permet de valider les bases de la collaboration et de voir si le casting (de votre point de vue et de celui de votre client) est le bon. Ce premier mois est un vrai test pour vous et pour votre entreprise. Dans ce nouveau chapitre, certains éléments seront prioritairement utiles aux managers de transition.

De nombreux ouvrages traitent de cette période d'adaptation et de mise en action. Cette période de « grâce » souvent évoquée dans le cadre d'une prise de poste classique semble varier pour un salarié entre 90 et 100 jours. Les managers de transition ont bien souvent l'impression que cette période est encore plus réduite, dans leur cas à une trentaine de jours. Un conseil : le premier mois, passez-y les weekends s'il le faut pour que la prise de poste soit la meilleure possible.

L'entreprise qui fait appel à vous en tant que consultant externe attend généralement une opérationnalité immédiate afin d'avancer le plus rapidement possible sur la mission. Cette urgence est d'autant plus accentuée lorsque l'entreprise fait face à un défi important et fait appel à un manager de transition. Attention cependant à ne pas prendre la posture du superhéros ou de sauveur, en voulant tout changer : adaptez-vous à la culture d'entreprise pour que votre intégration se passe pour le mieux.

L'entreprise est parfois focalisée sur le coût facial d'une mission et de ce fait retarde votre contractualisation pour essayer de trouver des pistes alternatives (en faisant appel notamment à une personne en interne). Il arrive également que les processus de décision internes de la société cliente soient lents. Quelle qu'en soit la raison, bien souvent, vous arrivez dans la mission avec cette petite impression qu'il aurait fallu débuter quelques semaines plus tôt. Ainsi à votre arrivée vous apprenez que le prédécesseur part dans trois jours, ou qu'il est même déjà parti, ou pire, vous constatez qu'une partie de votre équipe démissionne dans les semaines suivant votre arrivée.

Le manager de transition ou le contracteur est alors amené à gérer des urgences dès sa prise de fonction. D'où l'intérêt de bien se préparer en amont à la prise de poste afin de gagner du temps et d'être efficace.

Quels sont les éléments permettant de démarrer votre mission sur de bonnes bases ?

Anticipez et préparez le début de la mission

## 1.1.  Anticipez et préparez le début de la mission

> *« Pour atteindre l'objectif final, je me concentre d'abord sur la préparation. »*
> - David Douillet

Avant même d'entrer dans le vif de votre intervention, il est important d'obtenir les moyens matériels (ordinateur, téléphone, etc.), les informations générales sur la société et les éléments opérationnels du poste.

C'est la première étape par laquelle il faut passer pour être sûr de disposer de tous les éléments nécessaires et ainsi démarrer dans de bonnes conditions.

Votre mission commence donc avant même votre premier jour en entreprise : elle démarre dès l'envoi à votre client d'une liste d'éléments nécessaires au démarrage de votre mission. Adaptez l'annexe « 4.1 Préparation de l'intervention » aux spécificités de votre mission et adressez-la à votre client avant même votre venue. Ainsi l'entreprise cliente peut préparer au mieux votre arrivée et par conséquent vous serez opérationnel plus rapidement.

---

**Annexe 4.1 : Préparation de l'intervention**
Cette annexe vous permet de structurer et de vous assurer du recueil des éléments nécessaires pour bien démarrer la mission, n'hésitez pas à la compléter ou à la modifier en fonction des spécificités de votre mission. Ce document est également téléchargeable sur http://allomission.com/annexe-41 .

---

Hormis certains cas, l'accueil des consultants externes ne semble pas encore être l'étape la mieux préparée et anticipée par les entreprises. De plus, vous interviendrez peut-être dans l'urgence et/ou la société aura d'autres priorités. Aussi, il est fort probable que vous n'obtiendrez pas immédiatement les éléments présentés dans l'Annexe 4.1. D'ailleurs, il est préférable de partir du postulat que vous ne les aurez pas. Ainsi, vous pouvez vous servir de ce document comme d'une liste de tous les éléments dont vous aurez besoin dans le cadre de la mission.

Dans les premiers jours de votre arrivée, en plus des informations présentes dans l'Annexe « 4.1 préparation de l'intervention », des informations non officielles doivent être prises en compte. Par exemple, les tensions au sein de votre équipe ou entre un directeur et un membre de votre équipe, etc.

---

**Astuce : L'informel en entreprise est extrêmement important**

Comme vous le savez probablement il existe également une partie informelle non écrite du fonctionnement interne en entreprise. Il s'agit d'ailleurs probablement de la partie la plus importante qu'il convient de cerner. Il faudra pour cela faire preuve d'observation, discuter avec les autres collaborateurs (tous niveaux confondus) et avec votre prédécesseur pour recueillir ces informations.

Cette partie informelle comporte bien évidemment l'identification des personnes clefs (positives et négatives) ainsi que les réseaux d'influence. Même pour les managers de transition qui ont généralement une volonté de rester en dehors des « jeux de politiques-politiciennes » internes des sociétés, il est tout de même indispensable d'au minimum cerner les forces et contrepoids en présence.

Par exemple, vous constaterez probablement que telle ou telle personne qui sur le papier n'a pas une position hiérarchique élevée dispose d'un pouvoir d'influence ou de nuisance certain. Ne pas observer cela et ne pas en tenir compte est, me semble-t-il, un des ingrédients pour l'échec de la mission.

---

L'Annexe « 4.1 préparation de l'intervention » offre une liste d'éléments à obtenir ou à créer pour démarrer dans les meilleures conditions. En y ajoutant la partie informelle, vous aurez une compréhension générale de l'entreprise avec ses réseaux d'influence interne.

Obtenir tous ces éléments sur votre client vous permettra de démarrer avec confiance et efficacité votre mission.

## 1.2. Cadrez la mission

Sur la base des éléments obtenus, des échanges que vous avez eus et avant de mettre en place des solutions, il est fort utile de dresser le point de départ de la mission, que l'on nommera le « point T0 ».

Il s'agit de dresser l'état des lieux de la situation initiale de la mission, la situation telle que vous la trouvez. En poussant un peu la comparaison, on pourrait dire que ce point T0 est aussi important que l'état des lieux d'une habitation que vous louerez : vous mettez au clair et par écrit tous les éléments afin de servir de support de discussion neutre en cas de différends dans le futur. Si le propriétaire de l'appartement que vous avez loué vous signale qu'il manque des verres lors de l'état des lieux de sortie, alors que le même nombre figure dans l'état des lieux d'entrée, dans ce cas vous avez une preuve que tout est en ordre.

Pour vous, l'avantage de cet acte est de garder un écrit de base, car plusieurs mois après le début de la mission personne ne se souvient dans le détail du contexte exact initial.

La mémoire humaine semble ainsi faite que 6 mois après les événements, nous avons tendance à oublier les détails au cours du temps. Par exemple, essayez de vous souvenir dans le détail les enjeux que vous aviez il y a six mois exactement.

Au-delà de fixer un point de référence dans le temps, les constats que vous réalisez dans le T0 vous permettent d'approfondir vos connaissances et alimentent de manière certaine les idées et les solutions que vous serez amené à imaginer dans un deuxième temps.

Il est donc important de fixer et de décrire cette situation de manière très factuelle et synthétique et de la partager avec votre client. Nous le verrons plus loin, ces constats peuvent être intégrés dans le « rapport d'étonnement » que vous remettrez à votre client à l'issue des 30 premiers jours de mission. Ce rapport sera alors l'occasion de fixer des constats communs et de dresser les premières pistes d'amélioration.

Abordons maintenant quelques outils intéressants à appliquer pour faciliter votre prise de fonction.

## 1.3. Les outils du consultant en mission

### 1.3.1. Les listes à puces

Cet outil peut paraitre extrêmement basique, mais il est fort utile et efficace. Communiquer de manière claire et synthétique permet de vous faire gagner beaucoup de temps à vous et à votre interlocuteur. C'est la raison pour laquelle la rédaction par liste à puces est très populaire dans le milieu professionnel. Voici un exemple pour illustrer cela.

Vous souhaitez communiquer un mode opératoire pour votre collègue fraichement arrivé :

« *La première étape consiste à sélectionner le bon document que vous souhaitez transférer. Une fois le document sélectionné, entrez la liste des destinataires à qui vous souhaitez envoyer le fichier. Cette étape réalisée, vous pouvez y ajouter un message. Maintenant que tous les champs sont remplis, cliquez sur envoyer.* »

Voici maintenant la traduction de ce protocole sous forme de liste ou « bullet points » :
- Sélectionnez le fichier à transférer
- Entrez les emails des destinataires
- Rédigez le message
- Envoyez

La liste à puces est plus claire, plus simple et plus rapide à intégrer que le paragraphe n'est-ce pas ?

Voici les ingrédients d'une bonne liste à puces :
- Gardez le même style sur chaque puce (par exemple, commencer par un verbe à chaque fois).
- Ne rédigez pas de phrase longue, juste l'idée clef.
- Utilisez des verbes d'action.
- Une puce = une idée clef = une action.

## 1.3.2. Le SWOT

Le SWOT fait partie de la panoplie d'outils utiles en mission. Il permet de faire le point sur les composantes d'un système ou d'une situation :

- Strengths (Forces)
- Weaknesses (Faiblesses)
- Opportunities (Opportunités)
- Threats (Menaces)

Les **forces** sont les points forts internes du système. Pour l'entreprise, il s'agit de ses collaborateurs, de sa technologie ou de son savoir-faire par exemple.

Les **faiblesses** sont les points faibles internes du système. Par exemple, un commercial qui n'est pas performant.

Les **opportunités** sont des tendances positives extérieures au système. Par exemple, une explosion de la demande dans le secteur d'activité de l'entreprise.

Les **menaces** sont les tendances négatives externes à l'entreprise. Par exemple, l'arrivée d'un concurrent Low Cost.

Le SWOT permet de dresser une cartographie claire de la situation.

| Strengths (Forces) | Weaknesses (Faiblesses) |
|---|---|
| Opportunities (Opportunités) | Threats (Menaces) |

### 1.3.3. Le Mindmapping

Les cartes euristiques, ou mindmaps, sont des outils permettant de structurer la prise de note, la présentation visuelle d'un message ou d'un sujet.

Reprenant la structure neuronale, ces cartes visuelles facilitent le travail de compréhension et de mémorisation du cerveau. Dans ce livre vous avez vu un exemple de mindmap au chapitre 3 « La dimension administrative » (la section «2. Les étapes administratives pour se lancer ») représentant des étapes de constitution d'une société. Vous constaterez ainsi que sur un espace assez réduit il est possible de synthétiser un grand nombre d'éléments d'un sujet qui, à première vue, peut paraitre complexe.

Côté outils, bien souvent un crayon, une gomme et une feuille de papier suffisent ! Mais vous pouvez aussi opter pour des logiciels comme MindMapper ou Mind42 ou des outils en ligne.

Les mindmaps peuvent donc faire gagner beaucoup de temps et d'efficacité dans la communication que vous aurez avec votre client ou vos collègues. Sinon tout simplement ils vous aideront personnellement à structurer une idée, une problématique ou un discours.

### 1.3.4. Planning et rétroplanning

La gestion du temps fait partie des compétences qui seront indispensables pour réussir votre mission. Vous serez probablement tiraillé entre de nombreuses tâches à réaliser avec plusieurs intervenants et un manque de temps ou de ressources. La clef sera alors d'anticiper, de prévoir, de poser les différentes tâches et travaux à réaliser; et à se projeter sur plusieurs mois. En fonction des situations, vous pouvez procéder de deux manières différentes :

- en partant du jour présent, vous indiquez progressivement les tâches à venir (un planning),
- ou en partant de la date butoir de votre projet vous créez un rétroplanning.

Le rétroplanning est particulièrement utile pour la gestion d'un projet en équipe. Il permet à chacun de s'approprier l'importance du projet en cours et d'y visualiser sa contribution personnelle. Il consiste à :

- définir la date d'échéance du projet ;
- identifier les sous-objectifs (jalons) à atteindre pour réaliser cet objectif final ;
- indiquer le responsable de la réalisation de chaque jalon ;
- indiquer éventuellement le degré d'importance de la tâche ;
- fixer des dates d'échéance pour chacun des sous-objectifs ;
- organiser ces informations par ordre chronologique visuellement.

Que ce soit pour un planning ou pour un rétroplanning, il est nécessaire dans un premier temps d'essayer de se projeter sur une durée longue de manière synthétique en indiquant les principaux événements, et cela afin d'anticiper et de réduire les mauvaises surprises. Dans un deuxième temps, il est opportun d'indiquer d'une manière détaillée les étapes à venir sur une durée courte, par exemple, sur les trois prochains mois. Ce document très structurant devra servir d'outil de communication et de pilotage discuté de façon régulière (une fois par semaine par exemple) avec le mandant de la mission et avec les parties prenantes. C'est un document vivant qui s'actualise en permanence et sur lequel la priorisation des actions doit être portée.

Du côté des outils, généralement un outil peu sophistiqué suffira comme une simple feuille Excel (ou Google Sheet). Si toutefois vous aviez des plannings très complexes, vous pourriez envisager des outils comme Project Manager. Concernant la représentation visuelle, l'idéal sera probablement une représentation de type Gantt.

Un exemple de représentation :

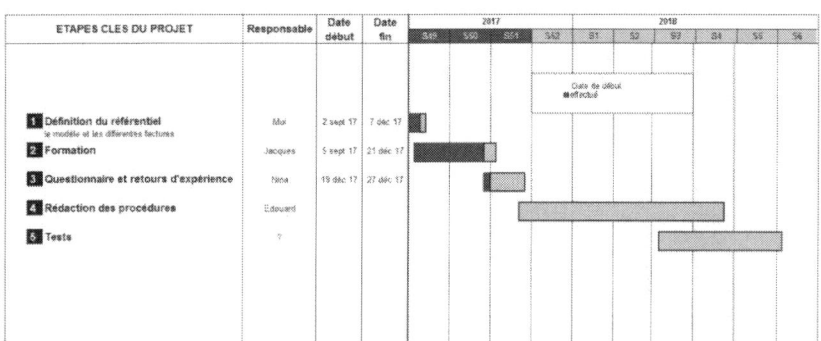

Conservez bien ces informations organisées et collectées par ces outils, elles seront utiles pour la conclusion des 30 premiers jours de la mission.

## 1.4. Comprenez bien votre nouvel environnement de travail

La réussite d'une mission repose en partie sur l'intégration du manager de transition ou du contracteur à l'entreprise. Il doit pour cela comprendre la culture de l'entreprise et s'y adapter. Voici quelques questions que vous pouvez vous poser pour mieux appréhender l'esprit régnant dans l'entreprise.

- Qui sont les collaborateurs clefs de l'organisation, indépendamment de leur niveau hiérarchique ? Ceux qui sont particulièrement actifs et visibles ? Comment s'expriment-ils ?
- Comment communiquent vos collègues entre eux ? Affirment-ils leur point de vue ouvertement et sans retenue, ou la discrétion est-elle de rigueur ?
- Comment votre département travaille-t-il avec les autres services ?
- Quelles sont les procédures mises en place dans votre département ?
- Quelles sont les règles de l'entreprise ? Et celles "non écrites", mais pourtant respectées ?
- Quelles sont les valeurs de l'organisation ?
- Comment l'entreprise communique-t-elle avec ses clients et partenaires ?
- Comment les décisions sont-elles prises ? Qui sont les décideurs ?
- Quelles sont les grandes priorités à court, moyen et long terme de l'entreprise et celles de votre département ?

- Comment sont organisées les réunions ? A quelle fréquence et pour quels objectifs ?

Les réponses à ces questions émergeront au fil des rencontres et des entretiens que vous aurez avec vos collègues, mais il est important de les garder en tête pour vous adapter au mieux à la culture de l'entreprise. Si vous vous rendez compte que personne ne déjeune à son bureau, alors il existe une règle "non écrite" à ce domaine. Si vous apprenez que les collaborateurs préfèrent échanger via l'outil de chat interne plutôt que d'être dérangés sur leur poste, vous avez ici une information précieuse sur comment communiquer avec vos nouveaux collègues.

---

**Astuce :**
Créez une "NOT to do list" (une liste de tâches à ne pas faire). Cela vous permettra d'éviter d'avoir un comportement ou d'effectuer des actions sortant du cadre de la politique interne de l'entreprisc.

---

Naturellement, si vous pouvez obtenir ces informations en amont, ce sera autant de temps de gagné. D'un point de vue plus logistique et pratique par exemple, voici quelques questions à poser à vos collègues lors de votre prise de fonction :
- Quel est le code vestimentaire de l'entreprise ?
- Y a-t-il des horaires pour les repas ? Si oui, lesquels ?
- Quelle est la politique d'usage d'internet ?
- Quelles sont les périodes de vacances pour l'entreprise ?
- Arrive-t-il que certains collaborateurs travaillent le weekend ou depuis chez eux ?

- Peut-on accéder aux locaux en dehors des horaires de bureau ?
- Quels sont les codes d'entrée et de sortie des locaux ?

Cette liste n'est bien entendu pas exhaustive, mais permet d'être mieux préparé aux petits détails du quotidien qui font la différence.

Etre préparé, c'est bien comprendre son environnement, d'où l'importance de connaitre son nouvel entourage professionnel. En tant que manager de transition ou contracteur, vous êtes souvent amené à collaborer avec d'autres personnes. L'organigramme vous permettra d'avoir une première vision globale interne de l'entreprise. Mais il est nécessaire de la compléter par les autres parties prenantes avec qui vous serez amené à interagir comme les partenaires, clients, fournisseurs, etc.

L'une des façons d'acquérir cette vision globale interne et externe est de partir du point de vue des projets à réaliser, car certaines tâches impliqueront d'autres personnes que vous-même. Par exemple, la création de l'affiche du prochain événement impliquera des parties prenantes externes comme l'agence de communication ou l'imprimeur, et des parties prenantes internes comme la responsable relations presse.

Une fois la vision globale des parties prenantes définie, vous pouvez chercher à mieux les comprendre. Chaque partie prenante possède ses propres motivations et enjeux qui impacteront votre relation avec eux.

Par exemple, un membre de votre équipe frustré par sa rémunération actuelle sera peut-être moins stimulé par son travail que son collègue ayant un bonus attrayant.

Au contraire, un client satisfait par une prestation passée pourrait avoir plus de facilités à renouveler sa confiance pour mener à bien son projet d'innovation. Tel un Sherlock Holmes, en étudiant les motivations des personnes avec qui vous allez travailler, vous identifierez les différents risques et opportunités liés à votre mission.

### Faites des entretiens avec vos collègues

Une grande partie des informations dont vous avez besoin pour mener à bien votre mission se trouve chez vos collègues, qu'ils soient internes ou externes à l'entreprise. Ces personnes sont les plus à même à vous dire qui contacter pour tel problème, comment mieux communiquer avec ces personnes, les choses à ne pas faire ou à ne pas dire, etc.

Vous comprenez donc pourquoi il est important de réaliser ces entretiens le plus tôt possible. Donnez-vous 15 jours maximum pour entrer en contact avec vos nouveaux interlocuteurs afin de vous présenter et de mieux les connaitre.

Qui contacter en priorité compte tenu des délais ? Cette question met en perspective l'utilité de prioriser vos prises de rendez-vous. Si vous avez un prédécesseur, entretenez-vous d'abord avec lui puis avec les membres de votre équipe (vos N-1), car ce sont avec ces personnes que vous travaillerez quotidiennement.

Ensuite viendront vos collègues de même niveau hiérarchique que vous (les autres responsables de service par exemple). Enfin, idéalement entretenez-vous avec des N+1 (vos supérieurs hiérarchiques directs et indirects) et quelques autres parties prenantes externes à l'entreprise (clients, partenaires ...).

Si vous avez un prédécesseur, les échanges que vous pouvez avoir avec lui sont précieux et instructifs, car ils vous permettent d'obtenir des détails opérationnels et concrets de la mission ainsi que des informations informelles, et probablement un angle de vue différent.

Quelles que soient les relations, bonnes ou mauvaises, entre l'entreprise et votre prédécesseur il est impératif que vous soyez le plus neutre et diplomate possible. Même si celui-ci est accablé de reproches sur son incompétence, je vous invite à relativiser tout ce qui vous sera dit sur lui et, a fortiori, échanger avec lui le plus possible. Vous apprendrez peut-être de ses erreurs pour ne pas les commettre ou encore vous vous rendrez compte que le fond du problème est ailleurs.

Dans tous les cas, sans prendre à la lettre toutes les informations qu'il vous transmettra , il y aura toujours du bon à en retirer.

Que faire si votre équipe est nombreuse (par exemple une trentaine de personnes) ?

Essayez tout de même de les rencontrer dans les 15 premiers jours. Ceci demandera probablement de réaliser des entretiens courts d'une vingtaine ou trentaine de minutes, mais vous apprendrez énormément et votre effort d'écoute sera probablement apprécié. À ce stade, il n'est pas question d'apporter des solutions toutes faites ou de susciter de faux espoirs, il s'agira d'écouter pour apprendre le plus possible.

Que ce soit avec le prédécesseur ou bien avec les autres membres de la société cliente, essayez le plus possible de rester dans les faits, en évitant les biais liés aux sentiments et opinions, ces derniers ayant une base subjective. Si votre prédécesseur vous dit "je trouve untel exécrable", cela est une opinion, pas un fait. S'il vous dit "la semaine dernière, il ne s'est pas présenté à son poste deux jours de suite sans donner d'explication", là c'est un fait. En vous reposant sur un fait plutôt qu'une opinion, vous restez neutre et vous vous assurez de ne pas biaiser le début de votre relation avec les membres de votre nouvelle équipe.

---

**Astuce**

Notez qu'en préparant un questionnaire, vous gagnerez du temps et vous vous assurerez d'obtenir les informations dont vous avez besoin. Dans ce questionnaire, n'oubliez pas de formuler des questions sur les motivations et les besoins. Cela ne veut pas dire que vous devez obligatoirement rendre service à tous vos interlocuteurs, vous serez déjà bien assez pris par votre mission. En revanche, vous avez des informations permettant de fluidifier vos relations avec chacune des personnes avec qui vous collaborez maintenant.

Prenez des notes et gardez une trace écrite de vos entretiens. Cela vous sera utile pour votre rapport d'étonnement à 30 jours et pour communiquer avec votre équipe dans le cadre d'un retour synthétique que vous leur ferez probablement après les 30 premiers jours.

## 1.5. Faites un rapport d'étonnement à 30 jours

*« Il vaut mieux voir les choses de loin. Au cœur du tourbillon, on ne peut mesurer l'étendue de la tempête. »*
- Michelle Guérin

En acceptant votre proposition commerciale, votre client a également validé le rétroplanning que vous lui avez proposé, à savoir les jalons de la mission. C'est à partir de ces éléments que l'on pourra mesurer l'avancée de votre travail.

Mais au-delà des objectifs à remplir, il existe une étape cruciale dans la mission d'un manager de transition ou d'un contracteur à l'issue des 30 premiers jours de la mission : le rapport d'étonnement.

Le rapport d'étonnement est une pratique courante dans le milieu du management de transition. Ce rapport permet de clarifier la situation actuelle de l'entreprise avec votre client et de dissiper d'éventuels malentendus. Vous proposez ainsi un état des lieux de votre compréhension de l'entreprise et dressez les étapes à réaliser pour avancer. D'où l'importance de bien définir les jalons en amont.

Ce rapport propose en partie un diagnostic de l'entreprise, il fait ressortir les enjeux à court, moyen et long terme à relever. Il propose également les actions prioritaires à mettre en place pour faire face à ces enjeux.

Grâce à votre regard neuf et expérimenté, le client prendra probablement connaissance d'éléments qui lui seront fort utiles.

Suite à ce diagnostic, il sera alors possible de confirmer si les jalons et l'objectif global de la mission sont réalisables comme prévu initialement, ou si les ressources nécessaires sont bien disponibles.

Que doit contenir un rapport d'étonnement ?

---

**Annexe 4.2 : Rapport d'étonnement**
Cette annexe sert de support au document que vous pouvez remettre à votre client à l'issue des 30 premiers jours de votre prise de fonction. Ce document est également téléchargeable sur http://allomission.com/annexe-42 .

---

Le rapport d'étonnement peut-être composé de cinq grandes parties :

- les personnes rencontrées,
- les actions entreprises et restant à entreprendre (mise en forme avec des listes à puces pour faciliter la lecture),
- le SWOT (Forces, Faiblesses, Opportunités et Risques),
- les propositions d'actions (si vous êtes arrivé à des conclusions, sinon cette partie pourra s'enrichir de l'échange avec le responsable et d'un temps complémentaire si cela vous semble nécessaire),

- les objectifs prioritaires (classer les objectifs à réaliser avec des délais sous forme de calendrier ou de rétroplanning).

Ces informations auront été collectées pendant ces 30 premiers jours en utilisant les outils de cadrage de la mission.

Ce document est à remettre au client après les 30 premiers jours de votre prise de fonction. Néanmoins, il est recommandé de fournir une première ébauche à 15 jours pour obtenir un retour avec des éclaircissements vous permettant d'ajuster le document pour qu'il réponde aux attentes du client.

Dans le cadre du rapport d'étonnement, en s'appuyant sur l'analyse de la situation et des jalons futurs il est primordial de déterminer si, par rapport à la mission confiée, vous disposez des ressources nécessaires pour la mener à bien. C'est peut-être à cette étape qu'il sera nécessaire de déterminer si l'équipe doit être renforcée par l'arrivée d'un intérimaire ou autre. Il est important de le formaliser à ce moment-là, car parfois les chefs d'entreprises en faisant appel à un manager de transition pensent qu'ils ont fait appel à Superman et que vous êtes capable de tout faire en mieux qu'avant avec aucune ressource.

Si des recrutements sont nécessaires au bon déroulement de la mission, en plus de l'écrire il sera probablement nécessaire de faire un peu de lobbying en interne afin que le ou les recrutements se fassent à temps.

Il est entendu que ce rapport d'étonnement doit être constructif et non pas une simple accumulation de critiques. La formulation doit être soignée, car il convient de veiller à ménager la susceptibilité des interlocuteurs, à quelque niveau que ce soit.

Après cette étape, il serait opportun de réunir les membres de votre équipe pour leur communiquer les points saillants, les lignes directrices et les prochaines étapes à venir.

Les bases installées en début de mission permettent de créer les bonnes conditions à sa réalisation. Veuillez trouver ci-après des outils pratiques opérationnels pour évoluer avec fluidité dans votre nouvel environnement.

## 2. Quelques bonnes pratiques pour bien s'intégrer en entreprise

*« Si vous avez confiance en vous-mêmes, vous inspirerez confiance aux autres. »*
- Johann Wolfgang von Goethe

La confiance est l'élément vous permettant d'avoir de bonnes relations avec vos collègues et interlocuteurs, un contracteur ou manager de transition ne travaillant jamais seul.

Pour cela, voici quelques bonnes pratiques à mettre en place après votre prise de poste.

## 2.1. Cultivez votre intelligence interpersonnelle

L'intelligence interpersonnelle fait partie des 9 intelligences que possède chaque personne selon l'approche des intelligences multiples de Howard Gardner[1]. Cette intelligence peut être vue comme un groupe de compétences interpersonnelles, indispensables pour le consultant indépendant. Bloomberg mentionne ces aptitudes dans une étude réalisée auprès de professionnels du recrutement aux Etats-Unis en 2015[2].

Selon cette récente étude, les compétences interpersonnelles sont perçues comme rares et fortement valorisées par les entreprises, tout comme les celles liées au leadership, à la pensée stratégique, à la résolution de problèmes et à la communication.

Comment donc cultiver cette intelligence appréciée des entreprises ?

> « L'important n'est pas de savoir à quel point une personne est intelligente, mais de quelle manière elle l'est. »
> - Howard Gardner

L'intelligence ou les compétences interpersonnelles ne sont pas innées et peuvent se développer grâce à des outils et à des entrainements[3]. Voici quelques outils qui vous seront utiles pour fluidifier vos collaborations :

---

[1]Frames of Mind: The Theory of Multiple Intelligences, 1983
[2]http://www.bloomberg.com/graphics/2015-job-skills-report/
[3]Source : Le Réflexe Soft Skills, Dunod, 2014

1- L'écoute active. Cette pratique de la Communication Non-Violente consiste à écouter sincèrement et avec curiosité son interlocuteur. Il arrive souvent que l'on soit en train de réfléchir à ce que l'on souhaite dire dans une conversation. Or, à partir du moment où l'on pense à autre chose, on est dans une situation de non-écoute. Il devient alors plus difficile de capter les informations que fournit l'interlocuteur. Afin de se mettre en mode écoute active, voici neuf principes à mettre en place[1] :

- Ne parlez pas en même temps que votre interlocuteur.
- Détendez-vous et préparez-vous à écouter.
- Mettez votre interlocuteur à l'aise en ayant une attitude d'ouverture et de bienveillance.
- Supprimez les sources de distraction (téléphone, environnement bruyant ...).
- Soyez empathique et essayez de comprendre le point de vue de votre interlocuteur.
- Soyez patient, ne cherchez pas à combler les blancs à tout prix.
- Ne prenez pas les choses personnellement, restez neutre et objectif.
- Soyez attentif à la communication non verbale (la voix et les gestes), c'est là où réside la plus grande partie du message qui vous est transmis.
- Ecoutez les idées et pas uniquement les mots, lisez entre les lignes.

---

[1]Source : http://www.skillsyouneed.com/ips/listening-skills.html

2- Le professionnalisme : cette compétence peut paraître banale, elle est pourtant indispensable. Être professionnel c'est être capable d'identifier et de comprendre le problème et d'y apporter une solution efficace : c'est être un « problem solver ». Une personne professionnelle est également capable de bien comprendre son client et de communiquer avec lui avec clarté et simplicité. Il s'agit d'une personne en qui l'on a confiance pour fournir un résultat souhaité. En cultivant un état d'esprit orienté solution, vous aurez ainsi les deux éléments clefs pour devenir plus professionnel au quotidien. Notez également que les 30 premiers jours et les 30 derniers jours de la mission seront les moments critiques pour montrer votre professionnalisme, en laissant une bonne première impression au démarrage et une bonne dernière impression pour la passation.

3- Restez humain et ouvert : participez aux évènements de votre entreprise et avec vos collègues si vous êtes invité. Restez sociable et cultivez du lien humain informel avec vos collègues, pendant les pauses café, les pauses déjeuner, les afterworks, etc. Intégrez-vous le plus possible à l'équipe.

---

**Témoignage de Jérôme Hoarau, co-auteur de Le Réflexe Soft Skills (Dunod) et consultant indépendant.**
La capacité à avancer avec fluidité et harmonie dans vos projets repose sur deux types de compétences : les compétences liées à votre expertise (vos hard skills) et les compétences comportementales liées à votre attitude (les soft skills).

Les soft skills, ou compétences humaines, sont des aptitudes transversales comme la capacité à gérer ses émotions, à être créatif, à gérer les conflits, etc., et sont utiles dans de nombreuses situations. Les soft skills subliment les compétences techniques, dites hard skills, en y apportant un effet de levier positif.

Par exemple, si vous êtes amené à gérer un problème technique lié à votre mission, votre expertise vous permettra d'y apporter une solution, mais cela sera d'autant plus efficace avec une bonne maitrise de vous-même et de l'empathie pour éviter les conflits. En somme, les soft skills sont des ressources précieuses de votre intelligence relationnelle.

Et au delà de leur aspect intrapersonnel, ces compétences sont indispensables pour faire face à des situations bloquantes ou à des défis car elles permettent de s'adapter à la situation, d'adoucir les tensions et d'apporter des solutions créatives.

### Comment les développer ?

Vous pouvez pour cela adopter le réflexe soft skills tous les jours en :

- prenant 1 minute le matin pour visualiser les compétences comportementales que vous utiliserez dans la journée,
- dédiant 1 minute le soir pour faire le bilan de l'utilisation de ces compétences durant la journée.

Vous pouvez également pour aller plus loin, définir des objectifs comportementaux comme « être pédagogue, patient, etc. » en plus de vos objectifs liés à votre mission.

## 2.2. Communiquez, communiquez, communiquez

La communication fait partie de ces compétences très appréciées des recruteurs et des entreprises selon l'étude de Bloomberg citée plus tôt. La communication en entreprise consiste à échanger des informations pour fluidifier l'avancée de la mission.

Voici les 5 causes principales liées à la perte d'efficacité au travail issue de la mauvaise communication interne :
- coordination inefficace (manque de clarté sur la distribution des rôles et le partage d'information en amont),
- attente d'une information clef (tenue par une partie prenante et empêchant la prise de décision ou la mise en action),
- communications non désirées (les interruptions,...),
- plaintes de clients,
- barrières à la collaboration (lorsqu'un collègue ne souhaite pas transmettre une information pour des raisons de politique interne).

Même s'il est peu probable que vous puissiez régler tous les problèmes de communication interne de l'entreprise, vous pouvez en revanche contribuer à l'améliorer.

Tout d'abord, évitez les barrières à la collaboration en partageant les informations que vos collègues demandent, avec l'aval de votre responsable bien entendu. En fluidifiant la circulation de l'information, vous contribuez à l'efficacité professionnelle de vos collègues. En jouant la transparence, il sera plus facile pour vous de demander à vos collègues d'en faire autant si vous en avez besoin dans le futur.

---

**Astuce**

Classez vos informations par catégorie. Par exemple, la catégorie « bonnes pratiques » sera une catégorie dans laquelle les informations sont utiles à tous les collaborateurs, sans restriction de confidentialité particulière. En revanche, la catégorie « stratégie » pourrait rassembler les informations exclusivement destinées aux chefs de service et à la direction. Créez aussi une catégorie « jardin secret », notamment par rapport à votre rémunération afin d'éviter d'élever des critiques en interne, la rémunération d'un consultant externe étant généralement perçue comme plus élevée que pour un salarié ayant les mêmes fonctions.

---

Pour les communications non désirées, vous pouvez limiter les risques d'interruption en dédiant des moments de concentration pendant lesquels vous mettez votre téléphone sur silencieux et désactivez les notifications automatiques de vos emails. Selon une étude relayée par le journal *Les Echos*[1], 75 % des travailleurs en entreprise avouent interrompre régulièrement une tâche en cours pour vérifier un message, un email reçu ou consulter internet et les réseaux sociaux (l'interruption peut venir de l'extérieur, mais aussi de la personne elle-même).

---

[1] http://archives.lesechos.fr/archives/cercle/2012/10/16/cercle_56383.htm

Ces interruptions perturbent la concentration, impactant ainsi l'efficacité au travail. Gloria Mark, Professeur au Département Informatique de l'Université de Californie explique dans une interview[1] qu'il nous faut environ 23 minutes pour nous reconcentrer dans une tâche après avoir été interrompu. Imaginez le temps que vous perdez sur une semaine et sur une année !

Se dédier des temps de concentration en évitant les interruptions permet de gagner en efficacité. Vous pouvez par exemple noter dans votre agenda que le lundi de 9h à 12h et le jeudi de 13h30 à 17h vous êtes injoignable et imperturbable, sauf pendant des pauses dédiées comme de 10h30 à 11h le lundi et de 15h30 à 16h le jeudi. Pendant ces pauses de 30 minutes, vous consulterez vos emails et votre téléphone pour voir s'il y a des urgences à traiter.

Il va de soi qu'il est préférable d'éviter d'interrompre vos collègues également. Pour cela, planifiez des rendez-vous avec eux plutôt que de le faire de façon impromptue, même si ces entretiens ne durent que 10 minutes et sont faits par téléphone. Vos collaborateurs aussi doivent avoir le sentiment que vous êtes accessible en permanence et qu'ils peuvent compter sur vous en cas de problèmes en flux tendu si ceux-ci sont bloquants.

---

[1] http://www.fastcompany.com/944128/worker-interrupted-cost-task-switching

---

**Astuce**

Il existe des outils simples et efficaces pour trouver des créneaux de disponibilité communs avec vos interlocuteurs afin de fixer des rendez-vous. Par exemple, Doodle.com vous aide à proposer des créneaux de dates et d'horaires et laisse le choix à vos collègues du moment qui leur convient le mieux. En utilisant ces outils, vous gagnerez beaucoup de temps, car vous éviterez les allers-retours d'emails.

---

Votre responsable voudra suivre votre avancement. Dans la même logique de transparence et de communication efficace, vous planifierez des points réguliers, mais courts (un appel de 30 minutes par semaine par exemple) pour partager vos avancées et poser vos questions si besoin. Trouvez un équilibre entre le trop et le pas assez d'informations afin de faire gagner du temps à votre responsable. Qu'a-t-il besoin de savoir ? Quelles informations ne lui sont pas utiles ? Quelles informations avez-vous besoin d'obtenir pour avancer cette semaine ? Voilà quelques questions vous permettant de structurer vos rendez-vous.

Ces points réguliers et courts ne remplacent pas des réunions formelles pour discuter plus en profondeur de vos jalons et de vos sous-objectifs. Ces réunions formelles doivent avoir lieu tous les 3 ou 6 mois et en face à-face de préférence. Reposez-vous sur les sous-objectifs fixés pour amorcer l'échange et demandez à votre responsable ce qu'il pense de votre progression sur la mission (les bons points et les points à améliorer) afin de rester dans une dynamique d'amélioration continue.

> **5 astuces pour des réunions plus efficaces**
> Plusieurs études en management ont pu relever des bonnes pratiques augmentant l'efficacité des réunions[1].
>
> 1- Réalisez des réunions courtes durant moins de 15 minutes si possible, car notre niveau d'attention reste important pendant 10 à 18 minutes en moyenne (conseil de Chris Anderson, fondateur des conférences TED).
>
> 2- Utilisez un chronomètre : le signal sonore de la fin de la réunion provoque un effet accélérant la conclusion de celle-ci.
>
> 3- Faites une réunion debout si possible, avec des tables hautes (une étude de Stanford a prouvé que les réunions réalisées debout sont plus efficaces[2]).
>
> 4- Pas d'ordinateur, mais de la prise de note manuelle pour vos réunions. C'est ce qui est recommandé suite à l'étude réalisée par Pam Mueller et Daniel Oppenheimer pour les universités de Princeton et d'UCLA.
>
> 5- Pas de téléphones portables non plus pour éviter toutes distractions dispersant l'attention et la concentration (suggestion de The Marshall School of Business suite à leur étude sur les comportements en réunion liés à l'usage des téléphones mobiles en 2013)

## 2.3.  Cultivez une bonne confiance en vous

*« La confiance en soi est le premier secret du succès. »*
- Ralph Waldo Emerson

---

[1]Source : Fast Company, http://www.fastcompany.com/3033232/the-future-of-work/9-science-backed-methods-for-more-productive-meetings
[2]Source : Business Management Daily, http://www.businessmanagementdaily.com/31505/in-praise-of-stand-up-meetings

La confiance en soi fait partie des piliers du leadership, aptitude hautement valorisée par les entreprises. Comment la cultiver ? En s'entrainant et en se préparant.

Selon l'ouvrage « La bible du manager » des éditions Management Les Guides édité en 2008, il existe quatre grands domaines liés à l'efficacité au travail et améliorant la confiance en soi :

- La gestion du temps
- Le sens des priorités
- La préparation et l'organisation
- La gestion des émotions
- L'audace
- L'environnement et l'entourage

Voici quelques bonnes pratiques et entrainements à mettre en place pour chacun de ces domaines.

-    Gestion du temps : entrainez-vous à prévoir avec précision le temps dont vous avez besoin pour réaliser certaines tâches. Notez ce temps prévu à côté de la tâche dans votre *to do list*. Vérifiez ensuite le temps effectif que cette tâche vous a réellement mobilisé. Cet entrainement affutera votre habilité à gérer votre temps. Voici un exemple :

| Tâche | Temps prévu | Temps réel |
|-------|-------------|------------|
| Rédiger le rapport | 3h00 | 3h30 |
| Réunion d'équipe | 30min | 40min |

- Sens des priorités : l'un des outils les plus répandus en matière de priorisation est la matrice d'Eisenhower permettant de classer les actions à réaliser en quatre catégories : important et urgent, important, mais non urgent, pas important, mais urgent, ni important ni urgent. En ayant une visibilité sur le niveau d'urgence et d'importance de vos tâches, il deviendra plus simple pour vous de prendre des décisions et de prioriser ce qui est à faire.

| Important et urgent | Important, mais non urgent |
|---|---|
| Pas important, mais urgent | Ni important, ni urgent |

- Préparation et organisation : de nombreux sportifs de haut niveau pratiquent la visualisation pour se préparer mentalement à une performance. Cette pratique est de plus en plus répandue dans le milieu de l'entreprise. Cet exercice consiste à vous projeter en train de réaliser une action dans son contexte, par exemple animer avec aisance une réunion, une prise de parole en public, etc. Afin de vous préparer mentalement, vous pouvez également adopter cette bonne pratique en investissant 5 minutes de votre temps à vous visualiser dans l'action avec le plus de détails et de précision possibles. Si vous vous préparez à animer une réunion avec votre équipe, visualisez la salle, la disposition des chaises, les personnes présentes, votre introduction, votre manière de vous exprimer, votre conclusion, etc. Utilisez cet exercice pour identifier des points de préparation spécifiques. Par exemple, si vous

vous rendez compte que vous avez besoin d'un projecteur, mais que vous ne savez pas si la salle en est équipée, vous noterez dans votre *to do list* de contacter le responsable du matériel interne de l'entreprise pour valider cela avec lui. La visualisation facilite donc l'organisation en amont de l'action.

> « *Une des clés du succès est la confiance en soi. Une des clés de la confiance en soi est la préparation.* »
> - Arthur Ashe

-       La gestion des émotions : déjà une étude[1] de 1976 montrait que le système rationnel apporte de meilleurs résultats à long terme que le système émotionnel. En d'autres termes, se reposer sur ses émotions n'apporte pas d'effets bénéfiques à votre performance, et peut même provoquer le résultat inverse. Si vous êtes dans un état de stress ou d'angoisse, votre capacité à prendre de bonnes décisions s'en trouvera détériorée. De même, vous vous épuisez dans ces moments d'émotions négatives à travers une activité cérébrale plus intense et non concentrée sur la tâche. C'est la raison pour laquelle cette étude suggère de faire appel à sa raison le plus souvent possible pour garder la maitrise de son attitude, ses décisions et ses actions. Une bonne pratique à mettre en place pour activer son système rationnel consiste à se rappeler son objectif lié à la situation stressante à laquelle vous faites face. Si par exemple vous êtes angoissé à l'idée de présenter votre

---

[1]source : Moore, B., Mischel, W., & Zeiss, A. (1976). Comparative effects of the reward stimulus and its cognitive representation in voluntary delay. Journal of Personality and Social Psychology

rapport devant 30 personnes, vous rappeler que cette étape est indispensable pour remplir votre mission vous permettra de passer en mode rationnel et donc de faire baisser votre émotion déstabilisante.

-       L'audace : contrairement au courage qui consiste à dépasser ses peurs lorsque l'on subit une situation difficile, l'audace consiste à oser relever des défis même s'ils peuvent générer de la peur ou du doute. Dans le cadre du courage, vous réagissez à un événement, alors que dans le cadre de l'audace vous êtes dans une dynamique de proaction. La proactivité et l'esprit d'initiative sont très importants pour le consultant externe. Afin de développer cette aptitude et booster votre confiance en vous, vous pourrez relever des défis régulièrement en sortant de votre zone de confort comme l'explique Anka Wittenberg, Senior Vice President de la société SAP[1]. Pour cela, portez-vous volontaire pour de nouvelles actions ou acceptez des tâches pour lesquelles vous avez besoin de nouvelles compétences pour les réaliser (mais faciles à développer à court terme). Prenons un exemple : si pendant votre mission votre responsable vous demande de réaliser des entretiens de recrutement, mais que vous n'en avez jamais menés auparavant, acceptez le défi et préparez-vous afin d'être en mesure de le faire. Profitez de ce défi pour développer de nouvelles compétences en sollicitant des conseils de vos collègues ayant une expérience dans ce domaine, en vous entrainant avec votre entourage, en vous renseignant à travers des ouvrages ou des formations en ligne, etc. Plus vous vous habituerez à

---

[1]Source : https://www.entrepreneur.com/article/249428

réaliser de nouvelles choses, moins la peur de l'inconnu sera importante et plus grande sera votre confiance en vous. Vous pouvez également oser demander une augmentation de votre rémunération en cours de mission, à la fin d'un jalon par exemple, lorsque vous réalisez que certains coûts n'ont pas été intégrés. Cette audace peut être payante si votre demande est justifiée et argumentée !

-      L'environnement et l'entourage : entourez-vous d'alliés au sein de l'entreprise cliente, des personnes avec qui vous pouvez échanger de manière informelle et partager des conseils. Plus vous vous sentirez entouré et épaulé, plus votre sentiment de solidité sera fort. Cela est d'autant plus important si vous avez du soutien de la part de personnes expérimentées ou influentes. Toutefois, en mission il ne faudra pas forcément chercher à plaire à tout le monde et à tout prix.

---

**Les 6 piliers de l'estime de soi**
Nathaniel Branden, auteur de l'ouvrage The Six Pillars of Self-Esteem[1] partage 6 bonnes pratiques à adopter dans son quotidien pour booster son estime de soi :
- Vivre consciemment, en restant le plus possible centré sur le présent.
- L'acceptation de soi-même, en améliorant ce que l'on peut améliorer et en acceptant le reste.
- La responsabilité personnelle, sans jouer le jeu de la victime.

---

[1] The Six Pillars of Self-Esteem, Nathaniel Branden, Bantam Editions, 1995

- L'assertivité, en restant authentique, sans chercher à plaire à tous.
- Vivre à dessein, avec des buts clairs et précis.
- L'intégrité personnelle, en suivant ses valeurs et son éthique.

Pratiquer au quotidien ces six piliers permet de cultiver une meilleure estime de soi et donc une plus grande confiance en soi.

# 3. Comment faire face aux freins et difficultés ?

Un consultant en mission longue rencontre souvent des difficultés ou des freins lors de ses avancées. Une intervention en entreprise apporte son lot de surprises et certains outils sont bien utiles dans ces situations de défi. L'objectif de cette partie est d'évoquer ces outils pour évoluer plus sereinement dans votre prise de fonction.

## 3.1. Soyez un « problem solver »

La résolution de problèmes fait partie des compétences les plus appréciées au travail. La développer au quotidien sera utile pour de nombreux acteurs : l'entreprise, vos collègues et vous-même.

C'est cet état d'esprit orienté solution qui vous permettra de dépasser les freins et difficultés tout en gardant une bonne dynamique et votre motivation.

**Les 10 traits du problem solver**[1]
Selon la psychologue Michelle Roya Rad, il existe 10 traits caractéristiques des problem solvers :
- Ils n'ont pas besoin d'avoir raison tout le temps.
- Ils vont au-delà de leur propre conditionnement.
- Ils recherchent l'opportunité dans le problème.
- Ils connaissent la différence entre une façon de penser complexe et une manière de penser simple.
- Ils identifient précisément le problème.
- Ils utilisent le pouvoir des mots pour connecter avec les autres.
- Ils ne créent pas de problèmes pour les autres.
- Ils privilégient la prévention à l'intervention.
- Ils explorent leurs options.
- Ils ont des attentes raisonnables.

En tant qu'intervenant, vous ferez face à des problèmes auxquels vous devrez apporter une solution appropriée. Que ces problèmes soient d'ordres opérationnels ou relationnels, il existe plusieurs bonnes pratiques utiles dans ces situations.

*« Un problème sans solution est un problème mal posé »*
\- Albert Einstein

---

[1]Source : http://www.huffingtonpost.com/roya-r-rad-ma-psyd/problem-solving_b_4302935.html

La première étape dans une situation de problème à résoudre est celle de la clarification de la situation. L'outil QQOQCP permet de mieux cadrer le contexte :

- Qui ? (les personnes impliquées)
- Quoi ? (l'objet du problème)
- Où ? (le lieu, le cadre)
- Quand ? (le timing et les délais)
- Comment ? (la manière dont le problème est né)
- Pourquoi ? (la source et les causes du problème)

L'un des effets positifs de l'utilisation de cet outil est l'activation de votre système rationnel dans une situation générant des émotions déstabilisantes (un problème est souvent stressant ou frustrant).

Afin d'aller encore plus en profondeur dans la compréhension du problème, vous pouvez aussi utiliser la technique des « Cinq pourquoi » consistant à poser cinq fois la question « pourquoi » afin de trouver la cause première d'un problème.

Voici un exemple pour illustrer cet outil : un de vos collègues vous transmet son rapport en retard.

Pourquoi ? Parce qu'il n'a pas eu le temps de le finaliser dans les délais.

Pourquoi ? Parce qu'il était surchargé de travail.

Pourquoi ? Parce qu'il doit travailler sur les dossiers de son collègue.

Pourquoi ? Parce que son collègue a démissionné et qu'il n'est pas encore remplacé.

Pourquoi ? Parce que le service n'a pas le budget nécessaire pour recruter un remplaçant.

Suite à cette analyse, vous vous rendez compte que le problème est bien plus profond que le simple retard du rapport : sa source vient d'un manque de budget du service. Dégager des fonds serait donc la solution la plus adéquate à apporter à long terme pour ce problème.

Ces outils sont d'autant plus efficaces lorsque votre intention est de trouver et de mettre en place une solution au problème plutôt que de rester à sa source. Il existe en effet un piège : celui d'aller à la chasse au coupable. Cette dernière dynamique consistant à blâmer une personne en particulier, ne résout généralement pas le problème et peut même l'accentuer. Un *problem solver* a pour objectif de résoudre le problème en étant utile à la situation. Chercher un coupable le sort de cette dynamique et lui enlève le potentiel d'action pour apporter une réponse à valeur ajoutée à la problématique.

---

**Les retards de paiement**
Ce type de problème peut arriver en cours de collaboration. Même s'il peut être inconfortable au premier abord de relancer son client pour les paiements de la prestation, cela reste nécessaire. Osez le faire avec assertivité et tact. Une pratique douce permettant de le faire sans accroc consiste à demander à votre client un contact responsable du règlement des prestations de services afin que vous traitiez directement avec cette personne pour ces questions lorsque cela arrive.

---

## 3.2. Cultivez des relations humaines saines

La fluidité avec laquelle vous interagirez avec vos collègues contribuera à l'amélioration des conditions de réalisation de votre mission. C'est la raison pour laquelle entretenir des relations interpersonnelles saines au travail revêt une grande importance pour le consultant, même s'il est en poste pour une durée déterminée. Votre capacité à entretenir de bons rapports avec les autres fait partie de vos compétences liées à votre leadership et à la communication (compétences prisées des organisations).

L'une des pratiques les plus efficaces repose sur la Communication Non-Violente[1]. La CNV (Communication Non-Violente) est construite à partir de quatre étapes simples et claires :
- l'observation (sans jugement),
- les ressentis (de soi-même et ceux des autres),
- les besoins (pour mieux les comprendre),
- les requêtes (pour une communication claire et transparente).

Deux principes sont à intégrer en toutes circonstances dans le cadre de la CNV : l'empathie et l'honnêteté.

Pratiquer l'empathie est l'une des meilleures pratiques de leadership pour fluidifier vos relations. Cela permet de vous mettre en mode écoute active et d'être en mesure de mieux comprendre la situation, les motivations, les besoins et les requêtes de vos interlocuteurs. Quand tous ces éléments sont clarifiés, les situations relationnelles sont alors plus fluides.

---

[1]Nonviolent Communication: A Language of Life, Marshall B. Rosenberg, Ph.D., Puddle Dancer Press, 2003

Si vous sentez par exemple une tension avec un collaborateur (observation et ressenti), vous pouvez lui demander avec bienveillance de quoi il a besoin pour supprimer cette tension. En réussissant à formuler une requête de sa part, vous enclenchez une dynamique d'action constructive et d'amélioration de la situation.

Prenons un exemple : vous notez depuis un mois que les performances commerciales d'une collaboratrice sont à la baisse. Plutôt que de la blâmer pour ses ternes résultats, vous adoptez une posture orientée solution en lui demandant ce dont elle a besoin pour améliorer ses performances. Elle vous répond que certains prospects lui ont affirmé avoir vu un article de magazine peu glorieux sur le produit d'un concurrent à eux et que par conséquent ils sont méfiants. Vous pourrez alors discuter avec le service de communication et de presse de l'entreprise pour trouver une solution à ce problème.

Cette manière de procéder vous a permis :
- de faire preuve d'empathie en comprenant sans jugement la situation de votre interlocutrice,
- d'avoir une attitude positive et constructive plus propice à l'amélioration de la situation,
- de garder un bon niveau relationnel et motivationnel malgré le problème rencontré,
- de trouver une véritable solution.

Ne confondez cependant pas empathie et sympathie : chacun a ses responsabilités. L'un des pièges à éviter est celui du syndrome du sauveur et de vouloir aider les autres à tout prix. En tant que manager de transition ou contracteur, vous êtes déjà très pris par votre mission et par vos objectifs. L'idée n'est pas d'alourdir votre agenda et d'augmenter ainsi la pression sur vos épaules en prenant en charge les problèmes des autres.

La CNV recommande d'ailleurs de fixer des barrières et de savoir dire non lorsque l'on touche la limite vous mettant potentiellement en difficulté. Pour cela, vous pouvez rappeler les responsabilités de chacun et redéfinir le cadre dans des situations de tension (par exemple une personne vous reprochant ne pas avoir réalisé une tâche dont elle avait elle-même la responsabilité).

---

**Le triangle de Karpman[1]**

Le triangle dramatique ou le triangle de Karpman est une approche expliquant les trois rôles toxiques d'un point de vue intrapersonnel et interpersonnel que chaque personne peut adopter au quotidien :
- le persécuteur (ou bourreau qui va attaquer ou blâmer la victime),
- la victime (qui est persécutée et va chercher à trouver un appui extérieur),
- le sauveur (qui se sent obligé d'aider la victime).
Chacun de ces rôles est toxique pour la personne concernée et pour les autres. Le sauveur crée une dépendance vis-à-vis de la victime et lui enlève sa responsabilité. La victime quant

---

[1]Source : Université de Lausanne,
https://www.unil.ch/dialog/files/live/sites/dialog/files/shared/Documentation/Triangle_Dramatique_DialogUNIL.pdf

à elle va générer des émotions négatives autour d'elle. Le persécuteur lui aura un rôle destructeur autour de lui. Chaque personne peut avoir un ou plusieurs rôles selon la situation, ce n'est pas une caractéristique intrinsèque, mais plutôt une attitude contextualisée. D'ailleurs, certains rôles peuvent être très subtiles voire inconscients comme par exemple une personne provoquant des situations dans lesquelles elle va être blâmée peut être dans un rôle de victime. L'important est d'en prendre conscience pour ne pas tomber dans ces jeux de rôle destructeurs.

Si vous observez un triangle de Karpman ou que vous sentez que vous êtes dans une dynamique de ce type, parlez-en aux personnes concernées avec l'intention d'améliorer la situation pour tout le monde. Le fait de nommer le triangle aide généralement à y mettre fin. Une autre technique consiste à faire le miroir en adoptant volontairement le rôle de son interlocuteur pour l'aider à en prendre conscience.

# 4.  Conclure la mission

Après avoir vu quelques outils pour mener à bien votre mission, vous verrez dans cette partie des actions permettant de terminer sur une bonne note votre intervention et de laisser une bonne dernière impression.

## 4.1. Délivrez la mission et préparez la passation

Vous arrivez au bout de la mission et vos objectifs sont atteints (ou le seront assurément à l'échéance). Afin de bien conclure la prestation, assurez-vous d'organiser un entretien de conclusion avec votre responsable et de le préparer.

L'objectif sera de réaliser une passation réussie plutôt que de prouver que vous avez été le meilleur sur cette mission. Au lieu de chercher à vous montrer indispensable, préférez créer le meilleur contexte pour une passation réussie avec votre successeur. Cela vous sera d'autant plus bénéfique, car vous donnerez une image professionnelle, que ce soit dans le cadre d'une mission arrivée à terme ou d'une mission terminée avant échéance. Par ailleurs, vous aurez peu de temps pour faire un bilan complet de votre mission, et que ce temps sera plus utile s'il est canalisé dans la réalisation de la passation.

Préparez la passation pour votre successeur en :
- proposant de le former quitte à revenir pour une ou deux journées après la fin de la mission,
- préparant un document écrit de passation,
- vous assurant que tout se passe bien pour qu'il puisse être opérationnel dès ses débuts.

Assurer le succès de cette passation sera une belle preuve de votre professionnalisme et de votre éthique. Faites de cette passation celle que vous auriez voulu recevoir en début de votre intervention, celle permettant de comprendre au plus vite les enjeux du poste et de gagner du temps pour le démarrage.

Ce document pourra comporter les éléments suivants :

- des tutoriels des outils utilisés (captures d'écran, procédures …),
- des contacts dédiés pour des tâches spécifiques,
- les nouvelles priorités,
- le rapport d'étonnement,
- d'autres points importants (dates, échéances, enjeux…).

Communiquez oralement les données informelles et non écrites qui lui seront utiles. Ces informations ne devront pas figurer dans un document écrit.

Pour vous assurer du temps pour cette passation, prévoyez de réaliser une réunion préparatoire avec votre responsable afin de déterminer ses attentes, fixer les priorités et pour s'accorder sur les temps dédiés à la préparation de cette transition. En fonction des missions, prévoyez cette réunion de conclusion une trentaine de jours avant la fin de mission.

Créez une trame pour donner une direction à l'entretien avec les éléments suivants :

- bref rappel du point T0,
- récapitulatif des jalons et des résultats intermédiaires obtenus,
- rappel des moments forts de la mission,
- présentation des priorités en-cours,
- état d'avancement de la passation,

---

**Annexe 4.3 : Trame de fin de mission**

Cette annexe n'a pas pour finalité d'être remise au client, elle vous sert de support de préparation de la réunion de fin de mission. Vous pouvez télécharger cette trame sur le lien suivant http://allomissioncom/annexe-43 .

---

Enfin, assurez-vous que le successeur a bien compris les enjeux, les tâches, les échéances et les forces en présence.

---

**Astuce**

Si le client est très satisfait, vous pouvez vous entendre sur le versement d'une prime de fin de mission ou de jours facturés, mais non réalisés ou encore sur une recommandation écrite qui pourra éventuellement vous servir dans le futur avec un prospect.

---

Une fois la réunion de conclusion réalisée, assurez-vous de bien avoir restitué tout le matériel que l'entreprise a mis à votre disposition (badge, téléphone, ordinateur...) et de valider avec votre responsable que tout est en ordre. Eventuellement, faites une photocopie de tout ce que vous rendez et faites dater et signer ce document.

Si l'entreprise cliente ne voit pas d'inconvénients, n'hésitez pas à organiser votre au revoir autour d'un pot de départ ou d'un repas. Votre mission est accomplie vous pouvez célébrer cette réussite !

## 4.2.   L'entreprise veut aller plus loin, et vous ?

Lorsque la mission se passe bien, il arrive souvent que l'entreprise et le consultant souhaitent prolonger leur collaboration, que ce soit sur la même mission ou sur une autre. Comment se préparer à cette éventualité ?

Cette opportunité peut surgir de deux manières : d'une part, à votre initiative lorsque vous détectez un besoin auquel vous pouvez répondre, d'autre part, lorsque le client vous propose une nouvelle collaboration.

La première chose à faire est d'en parler suffisamment en avance, par exemple au cours de la réunion de préparation de fin de mission ou ne pas hésiter à sonder les possibilités progressivement au cours d'échanges informels antérieurs.

La deuxième chose est de bien vous assurer que vous soyez en mesure de mener les nouvelles priorités et que cela vous stimule également. L'idée ici est de s'assurer que vous resterez motivé par la nouvelle mission que vous propose l'entreprise.

La troisième chose à déterminer sera les conditions que vous jugez nécessaires pour continuer la mission. Cela peut concerner vos exigences personnelles par exemple une augmentation, tout comme des exigences de moyens pour mener à bien votre mission comme entre autres la nécessité d'effectuer un recrutement pour vous épauler.


Si vous êtes dans cette dynamique de vouloir prolonger l'aventure avec l'entreprise, l'entretien de fin de mission aura également une valeur commerciale. De même, vous pourrez proposer de nouvelles recommandations pour la suite.

Pendant l'entretien, si l'entreprise ne vous demande pas d'elle-même comment vous voyez la suite, n'hésitez pas à le faire de votre côté. Cela vous permettra de savoir dans quel état d'esprit se trouve l'entreprise (si elle pense prolonger la mission ou si elle souhaite peut-être vous recruter) et le cas échéant d'amorcer la discussion sur une prochaine collaboration.

Dans la situation où l'entreprise souhaite continuer à collaborer, mais pour une autre mission, vous aurez alors à refaire une proposition de collaboration pour cette nouvelle mission. Vous pourrez utiliser la même méthodologie que pour la première mission ou probablement réaliser un document plus léger. Dans tous les cas, vous adapterez la méthodologie et le document à l'entreprise que vous connaissez désormais parfaitement bien.

---

**Demander une réévaluation de votre facturation**
Pourquoi est-il peut-être légitime de demander une augmentation de facturation lorsque l'entreprise souhaite prolonger la collaboration ?
Cette question vous permet de préparer vos arguments pour l'entretien de fin de mission si l'entreprise souhaite continuer à travailler avec vous. Voici quelques idées :
- Vous êtes plus opérationnel et expérimenté que lors de la dernière mission (vous serez a priori plus performant).
- Vous avez fait vos preuves et êtes déjà intégré à l'entreprise (opérationnalité plus rapide).
- Citez les tarifs du marché si vous avez accès à cette information et si cela peut appuyer votre demande.

---

- Dans votre mission initiale, vous aviez effectué un effort sur la rémunération afin d'être certain qu'elle ne pose pas de problèmes.

- Dans votre mission initiale, vous aviez oublié de valoriser une partie de vos coûts, ou vous avez un manque à gagner. Par exemple, c'est le cas si vous aviez initialement oublié de valoriser les jours de repos que vous ne facturez pas au client. Mais avant tout, assurez-vous que le jour J votre client soit satisfait de votre prestation.

Et si l'entreprise vous propose de vous recruter ?

Il arrive en effet que l'entreprise souhaite se lier à un consultant à plus long terme avec un contrat de travail salarié. Peut-être que cela correspond à vos attentes également :

- plus de sécurité et de stabilité,
- fin des démarches commerciales pour trouver des clients,
- moins de démarches administratives,
- accès à des avantages non financiers de l'entreprise (Comité d'Entreprise, mutuelle, infrastructures ...).

Vous aurez alors dans ce cas à comparer les deux options (salarié vs indépendant) et faire probablement une contre-proposition si vous pensez après réflexion que vous souhaitez rester indépendant.

## 4.3. Arrêter avant la fin de la mission

*« L'échec est seulement l'opportunité de recommencer d'une façon plus intelligente. »*
Henry Ford

Dans le scénario précédent, la mission se termine bien comme prévu dans la proposition commerciale et peut même déboucher sur une suite favorable. Cependant, cela ne se passe pas toujours ainsi. Il arrive parfois que les consultants externes s'aperçoivent que la collaboration ne se passe pas aussi bien que prévu et qu'ils préfèrent se désengager de la mission. Cela est possible si votre mission se déroule dans un cadre non salarié avec l'entreprise cliente. Cependant, ce choix n'est pas anodin et doit être pondéré par une décision murement réfléchie.

Dans le cas où vous pensez mettre un terme à la collaboration, voici quelques questions permettant de clarifier la prise de décision dans ces moments de doute :

- Quelles sont les raisons vous motivant à vous désengager ? (faire une liste détaillée)
- Quel sera l'impact de ce choix de partir ? Avez-vous un plan B ?
- Qu'est-ce que vous gagnerez et perdrez en décidant de mettre un terme à la mission ?
- Comment allez-vous procéder pour que cela se fasse en douceur et que vous ne ternissiez pas votre réputation ?

Prenez le temps de discuter de solutions avec votre responsable avant de prendre cette décision. Il suffit parfois de quelques changements pour retrouver une bonne dynamique. De même, si l'entreprise vous fait comprendre son souhait de terminer la mission avant son terme, proposez-lui d'en discuter avant afin de trouver une solution.

Dans le cas où vous avez trouvé votre mission par le biais d'un cabinet, il est important d'échanger avec eux en amont, car les membres du cabinet peuvent avoir un rôle clef pour dénouer une situation qui se trouve dans l'impasse. Par ailleurs, si vous partez pour des motifs professionnels et bien justifiés, ou si vous êtes débarqué par le client pour des motifs peu justifiés, le cabinet pourra être amené à vous proposer une autre mission à court ou moyen terme.

Idéalement, si vous le pouvez, prenez du recul avec au moins une semaine de vacances ou un week-end prolongé avant de prendre une décision. En effet, c'est parfois le manque de repos qui brouille notre perception de la situation.

Si même après cette phase de réflexion et de questionnement vous vous sentez renforcé dans votre choix de mettre un terme à cette collaboration, vous pouvez alors préparer votre sortie.

Quel est le délai de prévenance sur lequel vous vous êtes mis d'accord avec votre client ? Si c'est 30 jours, et que vous souhaitez vous désengager au plus vite de la mission, vous aurez alors intérêt à remettre votre lettre de rupture de contrat le plus rapidement possible tout en respectant ce délai. Afin d'éviter toute crispation, réalisez un entretien avec le client pour lui en parler avant de transmettre le courrier. Et en fonction des circonstances, accordez peut-être un délai supplémentaire à celui fixé contractuellement.

Cette lettre doit-être envoyée par courrier recommandé avec accusé de réception pour avoir une valeur légale[1], sauf si vous avez précisé dans le contrat que vous pouvez le faire par email ou par une lettre remise en main propre.

Concernant l'entretien à réaliser en amont, prévenez votre interlocuteur que vous aimeriez discuter de la mission et de votre collaboration, pour qu'il sache que cet échange sera sur un sujet de fond et qu'il ne s'agira pas d'un point opérationnel. N'annoncez pas dès lors votre intention de mettre fin à la collaboration afin de garder votre client dans une dynamique positive.

Comment aborder cette réunion ?

Restez professionnel et orienté solution, et partez dans les meilleurs termes possibles. Pensez cet entretien comme un véritable entretien de conclusion de mission avec pour intention de réussir la passation avec votre successeur. Vous aurez ainsi les mêmes éléments à préparer que ceux abordés précédemment (document de passation, etc.).

Dans le cas contraire, lorsque c'est l'entreprise qui souhaite mettre un terme à la collaboration, vous aurez le temps du délai de prévenance pour vous adapter à cette transition. Vous pourrez alors préparer la passation comme si la mission se terminait comme prévu, et pendant ce délai, chercher une autre mission en parallèle. Si vous sentez que la collaboration avec certains collègues s'est très bien passée, n'hésitez pas à recueillir leurs retours voire même des recommandations pour vous aider à décrocher une nouvelle mission.

---

[1]Source : Le Monde, http://modele-lettre.lemonde.fr/lettre-12318/lettre-de-lettre-de-resiliation-d-un-contrat-de-prestation-de-services.html

Dans tous les cas de figure :

- conservez votre éthique et votre professionnalisme en préparant une passation irréprochable,
- ne dites pas du mal de l'entreprise cliente,
- gardez confidentielles les informations liées à l'entreprise en ne les divulguant à personne,
- si vous vous entendiez bien avec vos collègues, n'oubliez pas de leur faire un au revoir (pot de départ, déjeuner).

Bien comprendre l'entreprise, ses enjeux, sa réalité et ses problèmes est vital pour un consultant indépendant. Que ce soit pour décrocher la mission ou pour la mener à son terme, le contracteur ou manager de transition doit faire un travail d'empathie pour anticiper les besoins et les demandes de son client.

Afin de vous transmettre les outils nécessaires vous permettant de vous mettre dans la peau du client, le chapitre suivant consistera à adopter le point de vue de l'entreprise.

# CHAPITRE 5

# Entreprises, comment intégrer les consultants externes et sécuriser vos relations ?

1. Les préalables d'une collaboration réussie
2. Les ingrédients d'une collaboration réussie

# CHAPITRE 5 : Entreprises, comment intégrer les consultants externes et sécuriser vos relations

*« Quand tu veux construire un bateau, ne commence pas par rassembler du bois, couper des planches et distribuer du travail, mais réveille au sein des hommes le désir de la mer grande et belle. »*
- Antoine de Saint-Exupéry

La réussite d'une mission longue repose autant sur le professionnalisme du consultant que sur la préparation de l'entreprise[1] cliente. Lors des chapitres précédents, vous avez pu découvrir les meilleures pratiques que les experts externes adoptent pour décrocher et assurer leurs missions.

Dans celui-ci, l'angle de vue est celui de l'entreprise cliente. Il s'agit de mieux comprendre la réalité et les contraintes du donneur d'ordres. De plus, des consultants externes font parfois intervenir ou coordonnent les activités d'autres consultants externes pour intervenir dans le cadre de missions multidisciplinaires auprès de leurs clients.

Par exemple, un consultant externe responsable d'un projet de transformation recourant aux services d'un manager de transition en charge des aspects de ressources humaines pendant six mois. Si c'est votre cas, vous trouverez également dans ce chapitre les éléments à prendre en considération.

---

[1] Entreprise, association, institution publique ou parapublique.

Tout d'abord, nous traitons des impacts potentiels des différents modes d'intervention sur l'entreprise cliente. Ensuite, nous voyons les dispositions qu'il est opportun qu'elle adopte. Enfin, nous abordons les aspects d'intégration de l'intervenant extérieur au sein de la société.

Pour un consultant externe, il sera également important de connaitre ces éléments, car il sera ainsi sensibilisé aux problématiques auxquelles une société qui fait appel à ses services est confrontée.

# 1. Les préalables d'une collaboration réussie

> « Si on a pris le soin de bien s'entourer, le collaborateur responsable prend 99 fois sur 100 la décision que vous auriez souhaitée, voire, de temps à autre, une décision meilleure. »
> – Jacques Chirac

## 1.1. Définir les rôles et les responsabilités entre les fonctions

Si vous faites un état des lieux des statuts adoptés par les personnes intervenant au sein de votre entreprise ou organisation, vous risquez d'être surpris par le nombre d'indépendants. Par exemple, analysez le nombre de personnes qui interviennent par le biais d'un cabinet de conseil ou de management de transition, qui renforcent votre organisation en intervenant avec leur propre société, en portage salarial ou en intérim « choisi ». Par ailleurs, ne trouvez-vous pas que le recours aux travailleurs indépendants est croissant ?

Plus vous ferez appel aux externes, plus vous aurez intérêt à organiser votre société et à prendre en compte les spécificités de ce mode de travail. Pour quelles raisons ? Car recourir à des consultants externes diffère du recrutement d'un salarié sur bien des aspects. Ces différences, que nous voyons plus en détail dans ce chapitre, peuvent nécessiter un changement organisationnel au sein de votre société. Comme nous l'avons évoqué dans le chapitre 1 dans la section 3.2. « Rôles et responsabilités des fonctions internes de l'entreprise », missionner un prestataire a un impact sur plusieurs dimensions de l'entreprise, nécessitant ainsi de bien définir les rôles et responsabilités au sein de votre organisation. En effet, faire intervenir un contracteur ou manager de transition vous demandera de gérer :

- Une dimension Ressources Humaines. Par exemple, par la détection et la sélection des talents, de leur intégration dans l'entreprise et, pourquoi pas, de leur recrutement futur.
- Une dimension Achats. Par exemple, par la gestion des comptes fournisseurs, la gestion des factures et des conditions de paiement.
- Une dimension Juridique. Par exemple, par l'analyse des aspects de conformité aux lois, normes et règlements ou en cas de relation conflictuelle.
- Une dimension Métier. Indispensable pour déterminer l'adéquation de l'intervenant par rapport à la mission.
- Une dimension Financière. Par exemple, par l'analyse et la détermination des coûts et de leur suivi.
- Une dimension Stratégique. Par exemple, par le choix des modes d'intervention les plus adaptés pour relever les défis auxquels fait face l'entreprise.

Vous l'aurez compris, recourir à des externes, particulièrement dans le cadre de missions longues représente un enjeu transversal commun à toutes les fonctions de l'entreprise. Une coordination parfaite entre tous les intervenants de cette chaine de valeur est donc indispensable. A qui ce rôle de coordination revient-il ? Est-ce le responsable des Ressources Humaines, ou le responsable Achats, ou au contraire chaque service ou département doit-il gérer en direct les intervenants et faire appel aux prestataires dont il a besoin dans la limite de budgets alloués ? Une troisième voie pourrait être la création d'une fonction à part entière chargée des talents externalisés, une sorte de « Directeur ou de Responsable des ressources humaines externes ».

Un chiffre :

**50%** des métiers de 2014 n'existeront plus en 2025, et seront remplacés par des métiers n'existant pas encore, d'après l'étude « Fast Forward 2030: The Future of Work and the Workplace » réalisée par CBRE et Genesis,

Comme l'indique cette étude, les métiers évoluent. De plus, par rapport à toutes les problématiques que nous aborderons, vous verrez qu'une fonction nouvelle pourrait voir le jour : « Coordinateur des services externes ». Son rôle serait de gérer et de coordonner de manière optimale l'intervention des consultants externes. Cette nouvelle fonction pourrait même être confiée à une société externe spécialisée qui, par exemple, permettrait à la fonction achats de ne gérer qu'un seul compte fournisseur au lieu d'une multiplicité et cette société externe pourrait réaliser les vérifications nécessaires que nous aborderons plus en avant.

Mais tout dépendra de votre société et de sa volonté ou non de recourir aux formes alternatives de travail. Quoi qu'il en soit, à la lumière des différentes problématiques qui seront traitées dans ce chapitre, il semble essentiel qu'un responsable coordonne l'ensemble du processus d'intervention des intervenants externes en mission longue, de la sélection, à la séparation en passant par la contractualisation et leur intégration.

Pour faciliter ce processus d'intervention des experts externes au sein de votre entreprise, ce chapitre aborde concrètement les différents enjeux auxquels votre société fait face. Analysons les forces et faiblesses ainsi que les risques et opportunités induits par les différents modes d'intervention adoptés par les travailleurs en mode mission qui interviennent au sein de votre société.

## 1.2. Le SWOT des différents modes d'intervention pour une entreprise cliente

*« Réalisez chaque activité sans donner de reconnaissance mentale à une potentielle défaite. Concentrez-vous sur vos forces plutôt que vos faiblesses... sur votre potentiel plutôt que sur vos problèmes »*
- Paul J. Meyer

Une fois que vous avez bien défini les contours de la mission, vous êtes prêt à vous entourer des compétences d'un intervenant extérieur ! Et au-delà de son expérience, de ses compétences et de son tarif, votre choix sera également pondéré par d'autres critères liés à son statut juridique. Chaque mode d'intervention ayant des avantages et des inconvénients selon les situations, il sera important d'intégrer ces éléments dans votre prise de décision. C'est l'objectif de cette section.

Afin d'analyser les différentes possibilités d'intervention et les impacts potentiels sur votre entreprise, voici une analyse SWOT synthétisée en deux tableaux comparatifs.

Démarrons tout d'abord avec l'analyse des forces et faiblesses pour chaque cas de figure : par le biais d'une société d'intérim, par l'intermédiaire d'un cabinet spécialisé, en portage salarial ou par le biais de la société que le consultant a lui-même créée. Afin d'avoir un point de comparaison avec un recrutement en interne au sein de votre société, une colonne CDD est également indiquée.

A noter que, dans les tableaux qui suivent, le terme « Société de prestation de services » désignera les Sociétés de management de transition, les ESN et les cabinets de conseil. Elles recrutent au sein de leur propre structure ou bien sous-traitent la mission à un intervenant externe disposant de sa propre société ou intervenant en portage salarial.

Entreprises **Forces et faiblesses**

| | Recrutement en CDD | Intérim | Société de prestation de services | Consultant en portage salarial | Consultant avec sa société |
|---|---|---|---|---|---|
| **ASPECT FINANCIER** | | | | | |
| Adéquation entre durée du contrat/mission | ▮▮ | ▮▮ | ▮▮ | ▮▮ | ▮▮ |
| Taux multiplicateur (salaire brut ···> coût total) | 1,7 | 2,5 à 3 | 2,5 à 3 | 1,8 à 1,9 | 1,8 |
| Exemple rémunération de 100k€ brut — Coût total | 170K€ | 270K€ | 270K€ | 185K€ | 180K€ |
| Exemple rémunération de 100k€ brut — Coûts journaliers | 780€ | 1239€ | 1239€ | 849€ | 826€ |
| Extension des conditions de votre société aux intervenants | oui | oui | non | non | non |
| Ligne d'imputation du coût | Salaires | Salaires | Honoraires | Honoraires | Honoraires |
| Coût d'intermission (si ESN ou cabinet) | non | non | non | non | non |
| **GESTION DU RECRUTEMENT** | | | | | |
| Panel de consultants adaptés à la mission | | Nombreux | Nombreux | 1 | 1 |
| Méthodes de recherches des candidats | Annonce/Cabinet /Candidat libre | Fiche de mission | Fiche de mission | Annonce/Candidat libre | Annonce/Candidat libre |
| Présélection de candidats | | oui | oui | non | non |
| **AUTRE** | | | | | |
| Pouvoir de signature | oui | oui | non | non | non |
| Gestion de la facturation | Fiche de salaire | Facture centrale | Facture centrale | Facture centrale | Une facture par consultant |

Analysons plus en détail les forces et faiblesses de chaque situation.

Notez que les montants indiqués dans le tableau sont donnés pour avoir une grandeur d'idée. Bien entendu, ils dépendront des conditions que vous obtiendrez auprès des différentes sociétés et du niveau de rémunération de l'intervenant externe.

## 1.2.1. Le coût d'un consultant selon le mode d'intervention

Pour avoir une base comparable du coût que représentent les différents modes d'intervention, prenons le cas d'une rémunération élevée, mais présentant l'avantage de la simplicité. Il s'agit ici d'un consultant percevant une rémunération annuelle de 100 000 euros bruts auxquels viennent s'ajouter une prime de précarité de 10% ainsi qu'une prime compensatrice de congés payés de 10% en supposant que le salarié n'a pas pris ses congés payés (et qu'il sera indemnisé pour cela). Par conséquent, le consultant perçoit en tout une rémunération brute de 121 000€ (100000€ x 1,1 x 1,1). Ensuite, sont additionnées à cette rémunération brute les charges patronales pour constituer le « coût chargé » entreprise. Enfin, pour obtenir le « coût journalier », le « coût chargé » entreprise est divisé par 218 jours, représentant le nombre de jours travaillés pour un cadre au forfait.

**Dans le cas d'une intervention en direct**

- Pour un consultant en CDD au sein de votre société

Pour cette rémunération brute de base de 100 000 euros, le coût chargé pour votre société devrait avoisiner 170 000 euros, soit un taux multiplicateur entre le salaire brut et le coût global de 1,7.

En fonction de la taille de votre société, ce taux multiplicateur peut être quelque peu différent, mais devrait tout de même être assez proche de ce chiffre.

Par rapport aux 100 000€ bruts, les principaux facteurs de coûts complémentaires sont d'une part, la prime de précarité et la prime compensatrice de congés payés, et d'autre part, les charges patronales qu'il convient de s'acquitter sur ces montants (y compris la taxe d'apprentissage et la taxe de formation).

Gardez en mémoire que dans ce coût indicatif de 170 000€ ne sont pas pris en compte les coûts indirects induits par la gestion administrative du salarié par exemple, la gestion ou le temps passé pour la réalisation des bulletins de paie, des contrats de travail, le coût des logiciels de paie... Si vous connaissez ces coûts indirects pour votre société, n'hésitez pas à les inclure pour avoir une base totalement comparable aux autres cas de figure. Ce coût ne comprend pas non plus le coût éventuel d'un cabinet de recrutement qui aurait trouvé le candidat.

- Pour un consultant avec sa propre structure ou en portage salarial

Toutes choses égales par ailleurs, pour que le consultant perçoive exactement le même niveau de rémunération brute et dispose d'un niveau de garanties et de protections proches du cas précédent (recrutement en CDD au sein de votre société), le taux multiplicateur avoisinera 1,8 à 1,9 ; soit un coût global entreprise situé entre 180 000 € et 190 000 € au lieu de 170 000 €.

En effet, le passage de 1,7 à 1,8 ou 1,9 s'explique par la prise en compte des frais de gestion de la structure. Dans le cas de sociétés de portage salarial, ces frais de gestion évoluent généralement entre 5% à 12% de la facturation HT et dans le cas où le consultant intervient avec sa propre société, les frais de gestion sont des charges fixes[1] (exemple : expert-comptable, assurance RCP...), mais devraient représenter plus ou moins 5% du coût chargé entreprise que le consultant répercutera probablement dans sa facturation.

Comme dans le cas précédent, ce coût global ne tient pas compte du coût éventuel de sourcing et de mise en relation pour trouver la perle rare.

### Dans le cas d'une intervention par un intermédiaire

- Pour les consultants en intérim, en management de transition ou en Entreprise de Services du Numérique

Les marges de ces sociétés étant très différentes (de 30% à 50%) on ne peut qu'indiquer une fourchette de coût global.

Toutefois, comparée aux cas précédents, la marge de ces sociétés finance le service de recherche, sélection et d'accompagnement des consultants. Vous verrez dans le paragraphe « effort de gestion » plus de détails quant aux services apportés par ces sociétés.

---

[1] Chapitre 3, 1.2 Comparaison du potentiel de gains

## 1.2.2. Adéquation de la durée de la mission avec le contrat

L'un des principes clefs du travail en mode mission est d'adapter la durée d'un contrat à la durée de la mission. Par exemple, si vous avez besoin d'un professionnel pour une mission de transformation digitale d'un département, vous avez estimé que cela nécessitera 16 mois. Vous pouvez alors recruter une personne dans le cadre d'un CDD de 16 mois ou en intérim ou vous pouvez recourir à un contrat de prestation de services.

Mais que se passe-t-il si la durée de la mission que vous avez projetée ne correspond plus à ce que vous avez prévu ?

**Cas #1 : Vous avez besoin de plus de temps pour conclure la mission.**

Dans ce cas, comme précisé dans le tableau comparatif :
- En CDD[1] et en intérim, vous pouvez renouveler le contrat à deux reprises au maximum et dans la limite de 18 mois.
- En portage salarial, par une société intermédiaire ou avec une entreprise individuelle, vous n'avez pas de restrictions de renouvellement de la prestation. La seule limite sera la durée totale d'une même mission en portage salarial qui est de 3 ans.

---

[1] CDD pour surcroît d'activité. D'autres types de CDD existent comme celui à objet défini, CDD senior, ou pour mission effectuée à l'étranger. Chacun comportant des conditions d'application spécifiques.

Simple remarque : vous pourriez être tentés dans les cas autres que le CDD ou l'intérim d'opter pour des contrats courts, par exemple d'un mois ou trois mois, que vous renouvèleriez régulièrement. Dans ce cas, vous prenez peut-être le risque de lasser le consultant et qu'à l'occasion d'un renouvellement de contrat il ne donne pas son accord et aille tout simplement ailleurs !

**Cas #2 : La mission est terminée avant l'échéance.**

En CDD ou en intérim, il est très difficile unilatéralement de mettre fin au contrat avant son terme[1]. Vous pouvez donc vous retrouver bloqué dans cette situation.

En revanche dans les autres cas, il est possible de mettre fin à la prestation avant son terme, à partir du moment où vous respectez un délai de prévenance raisonnable que vous aurez fixé dans le contrat. Nous abordons ces notions plus loin dans ce chapitre.

### 1.2.3.   Coût de l'extension des conditions de votre société aux intervenants

Lorsque vous faites appel à un consultant pour remplir une mission, il existe des cas de figure dans lesquels vous devrez le faire bénéficier des mêmes  avantages sociaux et des conditions de travail identiques à celles de vos salariés.

---

[1] Possibilités de rupture anticipée prévues par l'article L1243-1 du code du travail : accord entre l'employeur et le salarié, demande du salarié qui justifie d'une embauche en contrat à durée indéterminée (CDI), faute grave (ou faute lourde) du salarié ou de l'employeur, force majeure, inaptitude constatée par le médecin du travail.

Par exemple, c'est le cas s'il intervient par le biais de l'intérim. Dans ce cas, la société d'intérim intègrera les mêmes éléments dans le bulletin de salaire du consultant que ceux des salariés de l'entreprise bénéficiaire de la prestation. Les charges sociales et patronales seront alors celles de l'entreprise cliente, la vôtre. Ou si vous accordez des tickets restaurant, ceux-ci devront également être accordés.

En revanche, lorsque l'intervention se fait sous les autres formes, rien ne vous impose d'octroyer les mêmes conditions que celles accordées à vos salariés. Par exemple, si vos salariés bénéficient de tickets restaurant, vous n'avez pas l'obligation d'en tenir compte.

### 1.2.4. Ligne d'imputation des coûts

En recrutant un nouveau salarié ou un intérimaire, les coûts de main-d'œuvre seront imputés dans le compte de résultat dans la ligne de frais de personnel. En revanche, cela n'est pas le cas dans le cadre de consultants intervenant par l'intermédiaire d'une société tierce, car il s'agit de facturation d'honoraires. Par conséquent, dans le compte de résultat ce coût n'impactera pas la ligne de frais de personnel, mais d'honoraires. Parfois, ceci peut avoir son importance dans certains grands groupes.

## 1.2.5. Coût de l'intermission

Le coût de l'intermission ne concerne que les Entreprises de Service du Numérique (ESN) ou des cabinets recrutant du personnel en CDI et les faisant intervenir sur des projets clients.

En effet, un facteur de coût très important dans ces sociétés est le temps séparant deux missions et pendant lequel le consultant est rémunéré par la société. Ce coût avoisinerait plus ou moins 30% de la marge brute.

Face à ce coût et aux incertitudes de pouvoir placer un consultant sur une prochaine mission, par exemple si sa compétence est très spécifique, il se peut que l'ESN préfère opter pour un contrat de mission ponctuel. Dans ce cas, tous les modes d'intervention décrits permettent d'éviter l'intermission. Cette flexibilité complémentaire pourra probablement être valorisée par le consultant en augmentant son coût journalier.

## 1.2.6. La gestion du recrutement

Maintenant, abordons les approches que vous pouvez adopter pour trouver les experts externes qui seront capables de relever vos défis. Bien qu'il ne s'agisse pas d'un recrutement, le recours à des consultants externes demande un effort et une approche similaire. Vous avez plusieurs possibilités dans ce cas :

1. **Effectuer la recherche et sélection de talents externes vous-même,**
   Si vous avez trouvé par vos propres moyens,
   l'intervenant qui a les qualités attendues pour
   accomplir la mission, et qui propose d'intervenir soit

en CDD, en portage salarial ou au travers de sa propre société.

2. **Sous-traiter auprès d'une société tierce.** Vous évitez alors l'étape de sourcing de candidats et aurez simplement à choisir parmi les différentes solutions proposées.

   Dans ce cas, recourir à un cabinet ou à une société d'intérim dont la compétence et l'expérience sont la recherche et la sélection des meilleurs talents peut représenter une force. En effet, ces sociétés connaissent, rencontrent et enrichissent un vivier important de candidats qui doivent leur permettre une meilleure adéquation à votre besoin dans des temps extrêmement courts.

### 1.2.7. Le pouvoir de signature des consultants

Si vous avez besoin que votre consultant puisse signer des documents, gardez à l'esprit que cela n'est possible que lorsqu'il est salarié de votre entreprise. Par conséquent, seul un salarié en CDD ou en CDI dans votre société aura un pouvoir de signature.

Dans le cadre d'un intérimaire, ce dernier a le pouvoir de signature si cela est explicitement spécifié dans son contrat de mission.

**Comment faire lorsque le consultant est externe à l'entreprise ?**

Il existe deux possibilités dans ce cas de figure :

- Que la mission du consultant se limite à la préparation en amont des documents et des réunions, puis faire en sorte qu'un collaborateur interne de votre société signe les documents. Par exemple, si dans le cadre de recrutements vous avez recours à un chargé de Ressources Humaines externe gérant la partie administrative, il pourra alors préparer le contrat de travail, mais ne le signera pas. La signature pourra être réalisée par la personne à laquelle il rapporte par exemple.

- Avoir en parallèle un contrat de travail en CDD à temps partiel[1]. Dans des cas très spécifiques, il arrive en effet que certaines entreprises optent pour cette solution, à savoir créer un contrat de travail pour une ou deux journées de travail par mois permettant au consultant de réaliser des travaux qu'il ne pourrait pas réaliser en tant que prestataire externe. Toutefois, ce cas de figure devrait être évité et le cas échéant réservé à des professionnels très qualifiés tel qu'un manager de transition en Ressources Humaines.

## 1.2.8.  La gestion de la facturation

Au-delà de l'aspect recrutement, la gestion des consultants externes peut nécessiter un effort de gestion supplémentaire.

- Dans le cas d'un prestataire ayant créé sa propre structure.

Si par exemple vous faites appel à 10 prestataires externes en direct, vous aurez alors à gérer dix niveaux de rémunération différents, et dix facturations et règlements mensuels.

---

[1] A noter, d'une part, le contrat à temps partiel requière des mentions obligatoires qui à défaut requalifient le contrat en temps plein ; d'autre part, la concomitance du contrat prestation de services et du CDD à temps partiel va générer un risque non négligeable de requalification en CDI.

- Dans le cas d'un prestataire en portage salarial, en intérim ou en cabinet intermédiaire.

Si cette fois-ci vous décidez de missionner 10 consultants, mais provenant de la même structure, alors la facturation et la gestion des aspects administratifs sont limités et facilités.

Les différents modes d'intervention apportent chacun leurs lots d'avantages et d'inconvénients. Votre choix sera donc conditionné en grande partie par vos besoins. Mais au-delà de ces forces et faiblesses, il existe également des risques et des opportunités liés au statut juridique du consultant. C'est ce que nous voyons dans cette prochaine partie.

## Entreprises **Risques et opportunités**

| | Recrutement en CDD | Intérim | Société de prestations de service | Consultant en portage salarial | Consultant avec sa société |
|---|---|---|---|---|---|
| **FLEXIBILITE** | | | | | |
| Durée maximale | 18 mois | 18 mois | Sans limite | 3 ans | Sans limite |
| Nombre de renouvellements | 2 | 2 | Sans limite | Sans limite | Sans limite |
| Arrêt anticipé unilatéral possible (avec un délai de un mois) | non | oui, avec coût | oui | oui | oui |
| **SECURITE** | | | | | |
| Risque de requalification en contrat de travail | ✘ | ✘ | ▥ | ✘ | ▥ |
| Risque de prêt de main d'œuvre | ✘ | ✘ | ▥ | ✘ | ✘ |
| Risque de délit de marchandage | ✘ | ✘ | ▥ | ✘ | ✘ |
| Risque de travail dissimulé | ✘ | ✘ | ▥ | ✘ | ▥ |
| Rupture brutale des relations commerciales établies | ✘ | ✔ | ✔ | ✔ | ✔ |
| **AUTRES** | | | | | |
| Risque de lisibilité et de suivi du coût | ✘ | ✔ | ✔ | ✔ | ✔ |
| Recruter à la suite de la mission | Possible | Avec coût | Avec coût | Possible | Possible |

Faire intervenir un consultant en mission longue ne présente pas les mêmes opportunités ou risques selon la manière dont il interviendra dans votre entreprise. Voici les éléments à considérer.

## 1.2.9. Opportunité : La flexibilité des différents modes de travail en mission longue

Le travail en mission longue permet de faire appel à un consultant pour une période et des attentes précises. Vous définissez le nombre de jours nécessaires et fixez des objectifs et un périmètre d'actions à réaliser. S'il y a lieu, vous pouvez allonger ou raccourcir la durée de la mission selon les circonstances. Par exemple, si vous souhaitez déployer un nouvel ERP et que vous estimez que cela nécessitera 18 mois de travail à temps plein pour un directeur des systèmes d'information pour mener à son terme la mission, vous pouvez opter pour une des options suivantes :

1- Recruter en CDD.
2- Faire appel à une société d'intérim qui vous proposera des profils pour cette mission.
3- Recourir à une société de prestation de services comme un cabinet de management de transition.
4- Missionner un consultant qui interviendra en portage salarial.
5- Sous-traiter cette prestation à un consultant intervenant avec sa société (SASU ou EURL par exemple).

Quand vous collaborez avec un consultant en CDD ou en intérim, la durée maximale d'un contrat pour ce type d'intervention est de 18 mois.

Dans le cadre du portage salarial, la durée maximale est de 3 ans.

Enfin, quand vous sous-traitez avec une société de prestation de services comme une ESN ou un cabinet de conseil par exemple, la durée du contrat de prestation de service n'est pas limitée dans le temps.

Outre la durée maximale d'un contrat, si besoin vous pouvez renouveler la mission. Pour les CDD et les intérimaires, le renouvellement du contrat peut se faire à deux reprises.

En revanche, pour les salariés portés, les consultants intervenant avec une société intermédiaire et les consultants possédant leur propre structure, le nombre de renouvellements n'est pas limité.

Et, si vous devez mettre un terme à la mission avant l'échéance initialement prévue, en respectant le délai de prévenance, cela est possible à partir du moment où le consultant n'intervient pas comme intérimaire ou salarié de l'entreprise, mais au contraire en portage salarial ou avec sa propre structure.

La possibilité de fixer un nombre de jours pour la mission, et de pouvoir la raccourcir ou l'allonger si nécessaire offre un avantage certain pour les entreprises. Néanmoins, retenez que des risques existent également et qu'il va être important d'adopter des réflexes pour les limiter à leur strict minimum. C'est ce que nous voyons dans la suite de cette section.

## 1.2.10. Le risque de requalification en contrat de travail

Probablement, le plus grand risque auquel vous pouvez faire face lors de l'intervention d'un consultant indépendant en mission longue est celui de la requalification de la prestation de services en contrat de travail.

**Quelles sont les conséquences d'une requalification en contrat de travail ?** Dans un premier temps, imaginez recruter un consultant pour réaliser une mission commerciale de 12 mois sur la base d'un Taux Journalier Moyen de 350 euros. Pour un contrat à temps plein de 18 jours en moyenne par mois sur 12 mois, vous investirez donc 75 600 euros HT. Cependant, si cette prestation est requalifiée en contrat de travail, l'intervenant ne sera plus considéré comme intervenant externe, mais comme salarié de votre structure. Par conséquent, vous devrez vous acquitter des charges patronales et des charges salariales sur ce montant ! L'entreprise sera dans l'obligation de payer les 75 600 euros convenus plus les charges salariales et patronales (près de 60 000 euros), soit en tout 135 600 euros.

Ensuite, en plus de cette charge financière importante, vous devrez intégrer le consultant parmi vos effectifs salariés de manière rétroactive et si avant la requalification vous avez mis fin au contrat, vous risquez alors de payer des indemnités pour rupture du contrat de travail sans cause réelle et sérieuse.

Enfin, derniers points et non des moindres, le Dirigeant peut être sanctionné pénalement, l'entreprise peut être poursuivie pour travail dissimulé et perdre le bénéfice des exonérations sociales comme la réduction « Fillon » ou le « Crédit d'impôt pour la compétitivité et l'emploi (CICE) ».


**Dans quel cadre une prestation de services peut-elle être requalifiée en contrat de travail ?**

La demande de requalification en contrat de travail peut provenir de quatre sources :

-   du consultant par la voie des prud'hommes,

lorsque la collaboration se déroule bien, la question de la requalification ne se pose généralement pas. Mais cela peut se compliquer lorsque la collaboration n'est pas aussi agréable et fluide que prévu. Dans ce cas, si le consultant veut requalifier le contrat, il peut recueillir les indices prouvant qu'il existe un lien de subordination entre votre société et lui, et enclencher une action auprès des prud'hommes.

- de l'URSSAF[1].

Dans le cadre de l'URSSAF, c'est cet organisme qui peut juger qu'il existe un lien de subordination, comme elle le fait actuellement avec la société UBER pour laquelle elle souhaite requalifier les contrats de prestation de services des chauffeurs en contrat de travail[2]. Le litige n'est pas clos et la société conteste la position prise par l'URSSAF.

- L'inspection du travail.

Dans ce cas, c'est suite à un contrôle de votre entreprise que la requalification peut avoir lieu.

- Et les représentants du personnel.

Ces derniers peuvent saisir l'inspection du travail pour enclencher une procédure pouvant mener à la requalification.

---

[1] L'URSSAF peut engager deux types de procédures :
- Procédure devant le Tribunal des affaires de Sécurité sociale. Demande de requalification des contrats d'indépendants en contrat de travail ou action en recouvrement et redressement des cotisations sociales.
- Procédure devant le tribunal correctionnel pour délit de travail dissimulé
[2] http://www.lemonde.fr/economie-francaise/article/2016/05/17/l-urssaf-poursuit-uber-pour-requalifier-ses-chauffeurs-en-salaries_4920825_1656968.html

## Quel est le niveau de risque en fonction du prestataire ?

Le niveau de risque en matière de requalification en contrat de travail n'est pas le même selon le mode d'intervention du consultant. Examinons chaque mode d'intervention.

### Par une société de prestations de services :

Ce risque peut exister pour votre société, mais est normalement modéré lorsqu'un consultant intervient par l'intermédiaire d'un cabinet de conseil, une ESN ou un cabinet de management de transition. En effet, ces sociétés connaissent normalement les risques encourus et vont tacher de les limiter en s'assurant que le mode d'exercice de l'activité du consultant est conforme sur la forme (exemple : libellés des contrats) et surtout dans les faits.

### Par portage salarial ou société d'intérim :

Les consultants en portage salarial ou les intérimaires sont des salariés. Par conséquent, ces modes d'intervention vous sécurisent sur cette question de requalification en contrat de travail.

Dans le cas du portage salarial, le risque de requalification devrait être nul. En effet, le salarié porté qui a décidé d'intervenir sous ce statut est déjà salarié de la société de portage salarial.

Dans le cas de l'intérim, des requalifications ont déjà été effectuées, mais dans des cas extrêmes de non-respect des règles liées à l'intérim.

Toutefois, même dans le cadre du portage salarial ou de l'intérim appliquez également les précautions énoncées dans le cas suivant.

## Consultant avec sa propre société :

C'est sous ce mode d'intervention que le risque peut être le plus élevé. Mais un certain nombre de dispositions et de précautions devraient vous permettre de réduire ce risque. Vous devez notamment éviter de créer un quelconque lien de subordination et réduire tout faisceau d'indices laissant penser à une relation entreprise/salarié.

---

### Les indices du lien de subordination

Pour qu'une requalification d'une prestation de services en contrat de travail puisse être opérée, plusieurs indices doivent démontrer l'existence d'un lien de subordination. La jurisprudence définit le lien de subordination comme «l'exécution d'un travail sous l'autorité d'un employeur qui a le pouvoir de donner des ordres et des directives, d'en contrôler l'exécution et de sanctionner les manquements de son subordonné».

La requalification n'est pas automatique, mais les risques augmentent lorsque les éléments suivants dans la collaboration entre le consultant et l'entreprise cliente existent :

- L'entreprise cliente impose le respect d'horaires.
- Le donneur d'ordres fixe des délais trop précis.
- En effet, fixer des délais reste possible, mais ils ne doivent pas être trop précis empêchant par exemple le prestataire de s'organiser librement.
- L'entreprise cliente impose le respect de consignes autres que celles strictement nécessaires aux exigences de la sécurité sur le lieu d'exercice ou qui ne sont pas inscrites dans le cahier de charges du prestataire. Néanmoins, le contrôle de la prestation est normal, car cela fait partie de l'engagement pris par le prestataire.
- Le consultant se plie à l'autorité du client.

---

- La majorité du chiffre d'affaires du consultant vient de cette prestation de service (au moins 80% du CA global du consultant ou l'entreprise est le client unique du consultant).
- Le fait que l'entreprise dispose des mêmes compétences que celles du prestataire en interne.
- L'intégration au sein d'une équipe de travail salarié. Toutefois, la jurisprudence définit que le travail au sein d'un service organisé est un indice de la subordination uniquement lorsque l'employeur détermine unilatéralement les conditions d'exécution du travail.
- La fourniture par l'entreprise cliente de matériels ou d'équipements ou des moyens nécessaires à la réalisation de la prestation.
Ces différents indices sont importants à prendre en considération afin de limiter le risque à son minimum.

## Comment éviter le lien de subordination ?

Voici quelques bonnes pratiques pour éviter les risques de requalification :

- Assurez-vous que l'intervention du consultant dans votre entreprise en tant qu'externe vienne de sa propre initiative. Par exemple, ne poussez pas un salarié à créer son entreprise afin de travailler comme prestataire de services de votre société.
- Idéalement, ne transformez pas un contrat salarié en un contrat de consultant externe, sauf éventuellement vers le portage salarial (mais toujours uniquement dans le cas où la décision provient de l'intervenant).
- Dans le libellé de la mission (et dans le contrat notamment), n'indiquez pas une fonction, mais une mission. Exemple, la personne « aura pour mission de

réorganiser le service Achats » et non pas sera le « Directeur Achats de la société ».

- Créez une adresse email dédiée au personnel externe (par exemple : jacques.dupont.externe@groupex.com ou bien jacques.dupont.prestataire@groupex.com)

- N'incluez pas le consultant dans les organigrammes. Au mieux vous pourriez indiquer le Service ou le Département, par exemple « Département Achats », mais sans indiquer le nom du prestataire externe qui actuellement a pour mission d'organiser le Service.

- Evitez de créer des cartes de visite pour les intervenants externes, car ils ne font pas partie de l'entreprise et il n'est pas non plus évident vis-à-vis des tiers pouvant croire qu'ils appartiennent à l'entreprise. Si les cartes de visite sont indispensables, restez vague dans la formulation. Par exemple « Jean Dupont Direction Financière » ou « Jean Dupont Manager de Transition ».

- N'indiquez pas le nom de la personne sur la porte d'un bureau.

- Octroyez des badges visiteurs aux intervenants externes au lieu des mêmes badges que les salariés.

- Ne fixez pas aux intervenants externes des horaires de travail.

- Ne donnez pas d'instructions strictes fréquentes et impératives directement au consultant indépendant.

- Si des insatisfactions sur le déroulé de la mission se font jour, ne convoquez pas la personne à un entretien, mais remontez cette information à la société qui est chargée du contrat de prestation de services.

## 1.2.11.  Le risque de prêt illicite de main-d'œuvre

Le prêt de main-d'œuvre consiste pour une entreprise à mettre à disposition pour le compte d'une autre entreprise un salarié. Toute opération à but lucratif ayant pour objet exclusif le prêt de main-d'œuvre est interdite. Cela n'est pas interdit à partir du moment où ce prêt est à but non lucratif[1]. Mais si l'entreprise intermédiaire dégage une marge sur la mise à disposition du professionnel, alors la pratique devient un délit.

Il existe trois exceptions à ces interdictions formelles : le travail temporaire, le travail à temps partagé et le portage salarial. Dans les autres types de structures (ESN, société de management de transition ou cabinet de conseil), en théorie, le risque de prêt illicite de main-d'œuvre peut exister. Toutefois, ces sociétés s'assurent normalement de ne pas être dans cette situation, par exemple, en appliquant les préconisations énoncées dans 1.2.10 « Comment éviter le lien de subordination ? ».

## 1.2.12.  Le risque de délit de marchandage

A partir du moment où le prêt de main-d'œuvre illicite est constitué et uniquement à partir de ce moment, l'examen du délit de marchandage peut s'opérer.

---

[1] Une opération de prêt de main-d'œuvre ne poursuit pas de but lucratif lorsque l'entreprise prêteuse ne facture à l'entreprise utilisatrice, pendant la mise à disposition, que les salaires versés au salarié, les charges sociales afférentes et les frais professionnels remboursés à l'intéressé au titre de la mise à disposition.

Le délit de marchandage selon l'article L8231-1 du Code du travail français consiste en « toute opération à but lucratif de fourniture de main-d'œuvre qui a pour effet de causer un préjudice au salarié qu'elle concerne ou d'éluder l'application de dispositions légales ou de stipulations d'une convention ou d'un accord collectif de travail ».

Ce délit existe à partir du moment où les personnes mises à disposition ne perçoivent pas les mêmes avantages sociaux que les salariés permanents. Ces avantages sociaux recouvrent aussi bien le niveau de rémunération que les bénéfices stipulés par la convention collective ou le régime de prévoyance.

## 1.2.13. Le travail dissimulé

Jusqu'en 1997, il était question de travail clandestin, désormais on parle de travail dissimulé. Vous pensez probablement en toute bonne foi que ce risque ne concerne pas votre société, n'est-ce pas ? Sans vous en rendre compte, il se peut que vous fassiez vous aussi face à un risque de délit de travail dissimulé. Par exemple, vous faites intervenir un manager de transition extrêmement rapidement. C'est plutôt positif, car le consultant est bien présent comme attendu le jour J. Cependant, vous ne vous êtes pas assuré de la conformité de ce dernier, notamment que sa société soit à jour des cotisations fiscales et sociales au sein de sa propre structure ou, s'il est en portage salarial, que sa déclaration préalable d'embauche ait bien été effectuée.

Pour vous protéger, suivez les conseils énoncés dans la section « 1.3 Contractualiser : points à vérifier ».

### 1.2.14.  Risque de rupture brutale des relations commerciales établies

Lorsqu'une entreprise fait appel à un consultant indépendant, qu'il intervienne avec sa propre société, en portage salarial, en intérim ou à travers une entreprise intermédiaire, elle doit respecter le délai de rupture conclu avec la société prestataire contractante en tenant compte de la durée du contrat. Pour avoir le point de vue d'un expert, vous retrouverez le témoignage de Maître Marie Koehler de Montblanc du Cabinet Fidal sur ce point dans la section 2.4. « Se séparer avant le terme initial de la mission » de ce chapitre.

Vous l'aurez compris, il n'y a pas de bonne ou de mauvaise option, car cela dépend finalement de vos besoins et impératifs. Nous avons pu voir un grand nombre de problématiques et d'enjeux liés à l'intervention des talents externes. Désormais, examinons les aspects contractuels.

## 1.3.  Contractualiser : points à vérifier

> *« N'admettez rien a priori si vous pouvez le vérifier. »*
> - Rudyard Kipling

Après une phase de sélection du meilleur prestataire en tenant compte à la fois de son profil, de ses compétences, mais aussi de son statut juridique, vous pouvez maintenant passer à la phase de contractualisation.

Il se peut que vous soyez tous deux pressés de collaborer, et cela est normal. Mais attention à ne pas confondre vitesse et précipitation, et assurez-vous que vous ayez bien tous les documents nécessaires avant le début de la mission. Et si ce n'est pas le cas, ne démarrez pas la mission, sinon vous courrez des risques.

Par exemple, ne débutez pas la collaboration si la personne qui intervient en portage salarial n'a pas encore signé son contrat de travail auprès de la société de portage. En effet, que peut-il se passer si dans le trajet pour se rendre dans vos locaux cette personne a un accident grave provoquant son invalidité ? Il risque de ne pas être couvert et vous risquez d'engager votre responsabilité civile (pécuniaire), voire pénale. Ou imaginez que cette personne intervienne et que l'URSSAF contrôle les déclarations préalables d'embauche : il y aura alors risque de travail dissimulé.

Vous aurez donc besoin d'obtenir un certain nombre d'éléments avant de démarrer une mission. Une liste de documents vous est présentée ci-après.

La Confiance

L'intervenant extérieur auquel vous allez demander un certain nombre de pièces justificatives risque d'interpréter ces demandes comme un manque de confiance à son égard. N'hésitez pas à prendre les devants en expliquant que cette démarche n'est pas liée à un manque de confiance, mais que cela fait partie des étapes préalables nécessaires à ce type de collaboration. Mieux vaut envisager tous les risques et les éviter. C'est une forme de professionnalisme permettant de sécuriser toutes les parties. Par ailleurs, si vous lui transmettez un document PDF comportant la liste des documents requis, il comprendra qu'il s'agit d'une procédure requise pour tous les intervenants extérieurs et non pas uniquement une demande qui lui est réservée.

## Liste des documents à obtenir et à vérifier

Voici une liste de documents à passer en revue avant de signer un contrat avec le consultant externe :

- ☐ Kbis ou certificat de dépôt au CFE (entreprise en création)
- ☐ Un RIB
- ☐ Attestation de vigilance de l'organisme social
- ☐ Attestation de régularité fiscale
- ☐ Attestation de Responsabilité civile professionnelle
- ☐ Attestation d'assurance multirisque à l'étranger (si déplacements à l'étranger)
- ☐ Attestation de garantie financière (si intérim ou portage salarial)
- ☐ Déclaration préalable d'embauche (si portage salarial)

Enfin, bien qu'il ne s'agisse pas d'un document à proprement parler, vérifiez la solidité financière de l'entreprise du prestataire.

Examinons plus en détail chaque élément listé.

### 1.3.1.   Le Kbis ou le certificat de dépôt au Centre de Formalités des Entreprises (CFE)

A partir du moment où le consultant externe intervient par le biais d'une autre société, vous avez besoin de son Kbis qui est le justificatif d'immatriculation au Registre du Commerce et des Sociétés. Il doit être de moins de trois mois.

Par ailleurs, si une entreprise fait l'objet de procédures collectives, celles-ci seront indiquées dans le Kbis.

Si l'entreprise est en cours de création et ne dispose pas encore d'un Kbis, il peut alors s'agir du récépissé de dépôt auprès du CFE.

### 1.3.2.   Demandez un Relevé d'Identité Bancaire (RIB)

Pensez à demander un RIB sans attendre la première facture.

Cette demande n'est pas faite pour vous protéger contre un risque fiscal ou social, mais simplement pour faciliter la gestion administrative au sein de votre structure et éviter des retards de paiement.

Toutefois, si vous constatez que le RIB provient d'un compte bancaire situé dans un autre pays que celui de sa société, vous devrez probablement obtenir des explications. Comment savoir dans quel pays est située la banque? L'IBAN indiqué dans le RIB débute par le code pays, par exemple pour la France, c'est « FR ».

### 1.3.3. L'attestation de vigilance de l'URSSAF ou du RSI

Vous avez une obligation légale, à partir d'un contrat qui porte sur plus de 5000 euros HT, de vérifier au début de la prestation puis tous les six mois, que votre consultant externe soit bien en règle de ses cotisations vis-à-vis des organismes sociaux, à savoir l'URSSAF[1] ou le RSI.

**Pourquoi ?**

Parce que si cela n'est pas le cas, ce sera alors à la société cliente (à vous donc) de les payer. Cette demande n'est pas forcément inscrite dans le contrat de prestation de services, cependant n'oubliez pas de faire la demande tous les six mois. Idéalement, rajoutez une clause qui contraint la société prestataire à vous transmettre ledit document dans les délais prévus. Si le consultant est surpris par cette demande, rappelez-lui qu'il s'agit d'une obligation légale.

**Comment le consultant peut-il obtenir l'attestation de vigilance ?**

Cette démarche est dématérialisée et s'obtient en ligne. Si la société du consultant dépend du RSI ou de l'URSSAF, il trouvera dans son compte en ligne les indications pour télécharger l'attestation. C'est une étape simple et rapide.

---

[1] Source URSSAF : https://www.urssaf.fr/portail/home/les-risques-du-travail-dissimule/les-risques-du-travail-dissimule/le-recours-a-la-sous-traitance.html

Comment vérifier l'authenticité des attestations délivrées par l'URSSAF ou le RSI ?

Le document qui vous est remis comporte un numéro d'identification qu'il suffit de rechercher dans la base prévue à cet effet dans leur site internet respectif. Retrouvez facilement l'outil de vérification en recherchant dans votre moteur de recherche « vérification attestation URSSAF » ou « vérification attestation RSI ».

La société de votre consultant est basée à l'étranger ?

Vous êtes également tenu de vérifier que la société s'acquitte bien de ses obligations auprès des organismes sociaux et fiscaux. Les documents sont équivalents à ceux demandés en France. Voici un lien utile pour vous aider dans cette démarche :

http://allomission.com/regularite-sociale.

### 1.3.4. Attestation de régularité fiscale

Comme pour l'attestation précédente qui concerne la régularité de paiement des cotisations sociales et patronales de l'intervenant externe, il est nécessaire de s'assurer de la régularité de ce dernier vis-à-vis de sa situation fiscale (paiement de la TVA et de l'impôt sur le revenu ou sur les sociétés).

Comment le consultant peut-il obtenir l'attestation de régularité fiscale ?

Les entreprises soumises à l'impôt sur les sociétés et assujetties à la TVA peuvent éditer l'attestation fiscale directement à partir de leur compte fiscal en ligne.

Cette procédure est simple et rapide, l'administration fiscale a créé un guide :

http://allomission.com/regularite-fiscale.

### Comment vérifier l'authenticité ?

Contrairement à l'attestation de l'URSSAF ou du RSI, il ne semble pas exister d'outil de vérification de l'authenticité de ce document. Néanmoins, si vous avez vraiment un doute sur ce point, rien ne vous empêche de contacter le service se chargeant de son dossier à partir des coordonnées présentes dans le document.

## 1.3.5. Attestation de RCP en cours de validité

La responsabilité civile professionnelle (RCP) est une assurance permettant de couvrir les dommages matériels d'un consultant externe dans votre entreprise. Elle est indispensable si vous ne voulez pas avoir de mauvaises surprises. Demandez donc à votre consultant de vous fournir une attestation de RCP qui soit en cours de validité avant de signer le contrat de prestation de services.

## 1.3.6. Assurance multirisque à l'étranger

Votre consultant devra-t-il partir à l'étranger dans le cadre de sa mission ? Si c'est le cas, il est indispensable qu'il ait une assurance multirisque à l'international. Si par exemple il a un accident à l'étranger, mieux vaut qu'il ait une assurance rapatriement au risque de devoir débourser jusqu'à des dizaines de milliers d'euros.

### 1.3.7. Attestation de garantie financière (si intérim ou portage salarial)

Les entreprises de travail temporaire et les sociétés de portage salarial ont l'obligation de souscrire à une garantie financière[1]. En cas de difficultés financières de ces sociétés, cette caution permet d'honorer les salaires et les cotisations afférentes.

### 1.3.8. La DPAE (déclaration préalable d'embauche), en cas de portage salarial.

La déclaration préalable d'embauche (ex DUE « déclaration unique d'emploi ») est la démarche permettant de déclarer à l'URSSAF un nouvel emploi dans une société. Si le consultant est salarié d'une entreprise de portage salarial ou d'intérim, il devra alors être en mesure de vous présenter un accusé de réception de DPAE de la part de l'URSSAF. Ce document constitue la preuve que le consultant est bien salarié d'une structure autre que la vôtre et que toutes les démarches ont été accomplies avant son arrivée.

### 1.3.9. Vérifier la solidité financière de son entreprise

Que votre consultant intervienne avec sa propre structure, ou par le biais d'une société intermédiaire, vous avez intérêt à vérifier la solidité de l'entreprise avec laquelle il intervient. En effet, si sa société a des difficultés financières ceci risque de vous faire porter un risque. Comment obtenir ce type d'information ?

---

[1] Celle-ci ne peut résulter que d'un engagement de caution pris auprès d'un organisme de garantie collective, une compagnie d'assurance, une banque ou un établissement financier habilité à donner caution.

Vous pouvez consulter les comptes de la société sur societe.com ou infogreffe.com par exemple, mais le dépôt des comptes n'est pas toujours obligatoire.

S'il s'agit d'une société d'intérim ou d'une société de portage, reportez-vous au point 1.3.9 abordé précédemment.

## 1.3.10. D'autres éléments à prendre en considération pour comparer des prestataires

Si vous décidez de travailler avec des entreprises d'intérim, des cabinets de conseil ou des sociétés de portage salarial, comment allez-vous effectuer votre choix de collaboration ? Au-delà de l'aspect financier, voici quelques critères de comparaison possibles :

- La **réactivité** : si vous faites appel à un consultant pour une mission, il y a de fortes chances pour que les délais soient courts et que vous soyez pressé. Une bonne réactivité est probablement déterminante.
- Des **contrats dématérialisés** : ils sont un vrai gain de temps, car vous pouvez facilement perdre une semaine voire plus en recourant au courrier papier pour signer des contrats.
- **Facilité et traçabilité du processus** : si votre prestataire utilise des outils permettant d'avoir une bonne visibilité sur les avancées d'un dossier (tracer les modifications dans un document, signatures électroniques, etc.) alors ce serait l'idéal.
- **Services, formations et niveaux de garanties** offerts aux consultants : car un consultant bien protégé et bien accompagné sera un consultant plus performant dans votre société. Pensez donc à vous assurer qu'il ait une bonne mutuelle et une bonne prévoyance par exemple.

## 1.4. Contractualiser : bâtir une relation gagnant / gagnant

*« La confiance ne se réclame pas, elle se gagne. »*
*- Marc Goldstein*

Sécuriser la collaboration avec votre consultant à travers la vérification des éléments précisés précédemment est indispensable pour poser les premières briques d'une relation de confiance. Et si vous souhaitez que l'édifice de cette relation soit d'autant plus solide, vous aurez tout intérêt à aller plus loin en instaurant une démarche gagnant/gagnant.

La première étape sera alors, il en va de soi, de respecter les conditions instaurées dans le contrat. Par exemple, si vous vous êtes engagé à honorer les factures dès leur réception, respectez cet engagement au risque de perdre la confiance de votre consultant.

Voyons maintenant d'autres éléments à instaurer pour cultiver cette relation gagnant/gagnant avec votre consultant.

### 1.4.1. Délai de paiement : élément clef de confiance avec le consultant

Le consultant en mission dans votre entreprise facture ses prestations. Afin de pouvoir se rémunérer, l'expert doit donc tout naturellement d'abord encaisser la facture.

Si le règlement de cette facture n'intervient qu'au bout de 30 ou 60 jours, vous pouvez imaginer les conséquences pour lui, zéro revenu.

Un conseil, si vous voulez conserver un haut niveau de motivation pour votre consultant : proposez un paiement à présentation de facture ou au plus tard à 10 jours, sachant que la meilleure pratique consiste à payer à présentation de la facture.

En effet, il ne faut pas que le consultant ait l'impression d'être une variable d'ajustement ou d'amélioration du Besoin en Fond de Roulement de votre entreprise au risque de dégrader vos relations. En effet, les délais de paiement peuvent être source de mécontentements qui peuvent conduire à l'arrêt de la mission. Oui, rappelons-le, le consultant est aussi libre d'arrêter la mission.


Et si votre Entreprise souhaite être irréprochable sur ces questions, vous pouvez accepter la facturation anticipée de jours non effectués dans un mois. Par exemple, recevoir la facture le 26 du mois alors qu'elle comprend des jours réalisés (jusqu'au 26) et des jours prévisionnels (jusqu'à la fin du mois). Ainsi le consultant facture l'intégralité du mois avant même son terme et peut espérer encaisser sa facture en fin de mois.


Pas d'inquiétudes, en fin de mois, si vous notez une erreur entre les jours facturés et les jours effectués, alors vous aurez toujours la possibilité de demander un avoir ou la régularisation pourra se faire le mois suivant.

> **Astuce**
>
> Le consultant à son compte réalise souvent ses factures en fin de mois. Or, il peut utiliser pour cela un modèle de tableur très simple et, dans ce cas, une des erreurs pouvant arriver est qu'il facture une journée non travaillée et en particulier une journée fériée. Par conséquent, pour les mois comportant des jours fériés, vérifiez simplement si ces jours vous ont été facturés.

## 1.4.2. L'acompte

Il arrive régulièrement que le consultant vous demande un acompte pour démarrer la mission. Cette pratique est tout à fait normale. Le montant de l'acompte correspond généralement à 10 ou 20 jours de travail qui seront déduits à la fin de la mission. Par exemple, vous réglez 10 jours facturés en début de mission, puis à la fin de cette dernière, ces 10 jours d'acompte vous seront déduits de la facture finale.

Notez que dans le cadre de la fixation de l'acompte et du délai de paiement, vous pouvez créer un équilibre entre les deux. Par exemple, si du fait des processus internes de votre société vous ne pouvez pas réduire vos délais de paiement en dessous de 30 jours, alors vous pouvez consentir à une augmentation de la somme initialement versée au travers de l'acompte qui pourrait être de 30 jours au lieu de 10.

### 1.4.3. Interruption de la mission

Il peut arriver, pour diverses raisons (financières, commerciales, etc.), que la mission doive être interrompue par le consultant ou vous-même. Cela est possible, mais précisez bien le délai de prévenance dans le contrat, et respectez-le. Le délai de prévenance pour les consultants externes est en moyenne de 30 jours calendaires, mais vous pouvez le définir en concertation avec votre consultant.

## 2. Les ingrédients d'une collaboration en mode mission réussie

*« Venir ensemble est un début ; rester ensemble est un progrès ; travailler ensemble est la réussite. »*
*- Henry Ford*

Le consultant est sélectionné, vous vous êtes assuré que tout est en ordre. Vous pouvez donc démarrer la mission ! Mais comment optimiser l'intégration de cette personne travaillant en mode mission, sachant qu'elle doit être opérationnelle le plus rapidement possible ? C'est ce que nous verrons dans cette nouvelle section.

## 2.1. Préparez l'arrivée du consultant externe

*« A l'hôte que doit-on ? Bon accueil s'il demeure, congé s'il veut partir. »*
*- Homère*

Vous avez formalisé le contrat de prestation de services avec l'expert externe qui interviendra au sein de votre entreprise : il démarrera la mission dans un mois ou dans trois jours. Comment bien l'accueillir au sein de votre entreprise ?

Mettez à profit le temps restant avant le premier jour effectif de la mission. Il s'agit d'anticiper, de prévoir et, si possible, d'organiser l'arrivée du consultant pour qu'il puisse démarrer la mission dans les meilleures conditions.

La phase de préparation peut sembler chronophage au premier abord, mais il s'agit d'un vrai investissement temps vous permettant d'en gagner beaucoup plus à l'avenir. D'une part, toutes les informations que vous apportez pendant cette phase seront autant de questions en moins pour l'avenir, d'autre part, l'effort que vous déployez pour assurer une bonne intégration sera fortement apprécié par le consultant qui, d'une manière ou d'une autre, vous le rendra.

**Alors, comment préparer son arrivée ?**

Vous pouvez vous inspirer de l'Annexe 5.1 « Document d'accueil du consultant externe » (voir cadre suivant). La préparation et le recueil des informations contenues dans ce document faciliteront de manière certaine le démarrage de la mission.

---

**Annexe 5.1 : Document d'accueil du consultant externe**
Cette annexe vous permet de poser les éléments permettant de faciliter la prise de fonction de votre consultant externe en mission. Ce document est également téléchargeable sur http://allomission.com/annexe51 .

---

Notez qu'un intervenant externe a plusieurs niveaux d'attentes ou de besoins pour mener à bien sa mission. Par exemple, il convient de prévoir tout ce qui matériellement permettra d'assurer le bon déroulement de la mission. Ainsi, prévoyez bien que le badge d'accès à l'entreprise soit prêt, si pour des spécificités liées à vos réseaux informatiques, notamment en termes de sécurité, vous êtes contraint de mettre à disposition un ordinateur portable, alors faites en sorte que le matériel soit disponible et configuré pour démarrer la mission dès le premier jour.

Or, dans certains grands Groupes, il arrive que les processus de décision et/ou de commande, par exemple, d'un simple ordinateur portable tardent des semaines voir des mois! Alors, anticipez, assurez-vous que les délais sont respectés et que tout soit fait pour assurer les meilleures conditions de démarrage possible.

Les éléments proposés dans le « Document d'accueil du consultant externe » ne sont pas exhaustifs, mais permettent d'aborder les points les plus importants pour un accueil réussi.

Ce document indique des éléments pratiquement communs à tous les consultants externes. Bien évidemment, il conviendra de le compléter par des éléments strictement liés à la mission confiée au consultant.

Par exemple, pour un consultant externe responsable du développement commercial d'un secteur géographique, vous pourriez lister les fichiers et répertoires dans lesquels il pourra trouver les informations relatives aux concurrents, les parts de marché, les principaux clients gagnés et perdus... Bref, tout ce qui est spécifique à la mission.

En tant que responsable du consultant externe, vous ne pourrez peut-être pas tout préparer vous-même : certaines tâches seront probablement à déléguer à un ou plusieurs collègues. Par exemple, il pourra s'agir du prédécesseur dans le cadre d'une passation, ou bien le responsable des services généraux pour la partie matérielle, un collègue des systèmes d'information pour la partie outils, etc. En revanche, essayez de suivre et de faire en sorte que chacun joue sa partition pour assurer la meilleure intégration possible.

Ensuite, les emplois du temps de chacun étant probablement très chargés, anticipez idéalement les premiers rendez-vous avec les interlocuteurs qui peuvent être opportuns au bon déroulement de la mission. Organisez si possible ces rendez-vous par ordre de priorité.

Enfin, le jour J, le jour de l'arrivée du consultant, prévoyez un échange informel, par exemple un déjeuner. Dans ce cas, au-delà du moment de convivialité que vous avez, et le fait que le consultant pourra ainsi découvrir le restaurant de l'entreprise ou les restaurants aux alentours... Cette occasion peut être une des occasions privilégiées pour répondre aux questions du consultant ou pour évoquer quelques points « off the record », les éléments qui ne seront pas remis par écrit au consultant et qui lui permettront de mieux appréhender les tenants et aboutissants de la mission. Par exemple, vous pouvez lui indiquer les personnes qui seront enclines à l'aider et celles avec lesquelles le contact sera peut-être plus difficile, ou des points plus légers comme la pratique du « Casual Friday ».

## Le restaurant d'entreprise

Ceci peut paraitre un détail, mais un détail qui est remarqué dès le premier jour par le consultant : le coût du déjeuner sur place. Généralement, les entreprises disposant d'un restaurant d'entreprise font bénéficier à leurs salariés d'un repas le midi à un coût réduit, car l'entreprise ou le comité d'entreprise prend en charge une partie des frais. Les externes quant à eux ne bénéficient généralement pas de cette réduction. Imaginez votre intervenant qui apprend qu'il devra débourser tous les jours 15 euros pour ses déjeuners, contrairement à 5 euros pour les salariés de l'entreprise cliente, il sera probablement un peu agacé, non pas forcément par le coût, mais par le manque d'attention. La suggestion est, sur cet aspect, de ne pas créer de différence entre les salariés et les consultants externes, et que l'entreprise propose les mêmes conditions pour les salariés et pour les consultants externes intervenant en mode mission.

Toutefois, si le coût est pris en charge par le CE vous ne pourrez pas faire bénéficier d'une œuvre sociale des tiers à l'entreprise, dans ce cas pensez à intégrer une enveloppe de frais professionnels dans le Taux Journalier Moyen. Ce geste ne devrait pas représenter un coût très important en comparaison au coût de la mission, mais sera probablement apprécié.

Le plus rapidement possible, au cours des premiers jours de la mission assurez-vous que soit expliqué le fonctionnement interne de l'entreprise avec :
- les attentes à court et moyen terme,
- les interlocuteurs en expliquant à qui s'adresser selon les situations ou les demandes,

- les moments forts de l'entreprise à venir (les futurs évènements, les grandes dates comme la remise d'un appel d'offres …),
- les outils mis à sa disposition (messagerie, intranet, outil CRM, …) à partir du moment où vous ne pouvez pas faire autrement par exemple pour des raisons de sécurité,
- son règlement interne (codes de bonne conduite, règles de sécurité, etc.),
- Le « off the record »…

---

**Astuce : créer un livret d'accueil pour les équipes externes**

A l'image du livret d'accueil à destination des salariés de l'entreprise, il pourrait être pertinent de rédiger ou adapter ce livret d'accueil pour les équipes externes.

Ce livret contiendrait notamment les éléments précisés dans « **Document d'accueil du consultant externe** » (Annexe **5.1)** tels que les informations générales, les organigrammes, le règlement intérieur, etc.

---

## 2.2. Le rapport d'étonnement du consultant

> *« L'étonnement, voilà le secret. De l'étonnement naît la volonté de comprendre qui ouvre la voie au progrès de l'humanité. »*
> *- Emmanuel Moses*

L'un des outils les plus populaires du manager de transition est le rapport d'étonnement. Il s'agit d'un document créé pendant les 30 premiers jours de la prise de fonction dans lequel il propose sa vision de la mission. Ce rapport est très utile à plusieurs niveaux :

- il apporte un regard neuf d'un professionnel expérimenté sur la société,
- il permet de clarifier certains points de la mission et d'éviter les malentendus,
- il fait l'inventaire des ressources disponibles pour la réalisation de la mission,
- Il dresse des premières pistes d'amélioration et indique les moyens qui seront nécessaires au bon déroulement de la mission.

Précisez dès le début de la mission que vous attendez un rapport d'étonnement à votre manager de transition et programmez un rendez-vous pour en discuter dans les 30 jours de la prise de fonction. C'est probablement durant cette période que le regard externe est le plus pertinent, car ensuite petit à petit le consultant externe rentre dans le moule de la société.

Ce point d'étape à 30 jours est une étape décisive pour la mission, mais vous n'allez bien entendu pas attendre 1 mois avant de discuter avec votre intervenant. Prévoyez également des points réguliers, toutes les semaines par exemple, pour discuter sur les avancées de la mission. Un conseil : gardez ce rythme tout au long de la mission afin de rester à l'écoute de votre intervenant.

## 2.3. Planifiez des points réguliers

> « Il n'y a que deux espèces de plans de campagne, les bons et les mauvais. Les bons échouent presque toujours par des circonstances imprévues qui font souvent réussir les mauvais. »
> - Napoléon Bonaparte

Une fois votre consultant bien installé et lancé dans sa mission, vous aurez besoin de suivre ses avancées pour vous assurer que tout se passe bien et qu'il possède toutes les ressources nécessaires pour atteindre les objectifs fixés.

Cependant, afin que ce suivi ne soit pas trop chronophage, ni pour vous ni pour lui, privilégiez des points courts, mais réguliers, par exemple tous les lundis matin pendant 30 minutes.

---

**Astuce**
Le format court de 10 à 15 minutes pour une réunion, a fait ses preuves dans des entreprises telles que Yahoo, qui ont même mis en place des réunions debout pour gagner encore plus en efficacité. Bien entendu, en fonction de votre entreprise, de la mission et de votre consultant vous devrez trouver le meilleur équilibre en termes de durée des réunions et de leur fréquence.

---

Complétez ces points réguliers courts par des points d'étape plus conséquents tous les 3 ou 6 mois pour discuter plus en profondeur de sujets importants et de sujets informels également. Par exemple, faire un point sur sa dynamique avec l'équipe, sur son ressenti sur l'entreprise, ou encore, sur les pistes d'amélioration à exploiter.

Si malgré ces points réguliers et courts votre intervenant a toujours des questions, restez disponible pour qu'il puisse continuer d'avancer.

Une question sans réponse peut bloquer un processus et créer une inertie néfaste pour la mission. Mais cela ne veut pas dire que vous êtes à sa disposition en toutes situations. Vous aurez intérêt à définir un cadre ou des conditions pour que cela ne perturbe pas votre propre productivité. Voici quelques exemples de pratiques :

- Référer en amont des interlocuteurs pertinents pour des domaines précis (par exemple, la comptable pour les questions de comptabilité, l'assistante pour les questions ayant trait aux aspects logistiques...).
- Etre contacté par téléphone uniquement pour les problèmes urgents et importants pour lesquels vous êtes l'interlocuteur privilégié.
- Etre contacté par email pour pouvoir y répondre pendant vos moments de disponibilité pour les questions importantes, mais non urgentes, en regroupant les questions dans un seul email pour limiter les échanges.
- Pour toutes questions non bloquantes, les garder pour le prochain point prévu.

Votre rôle en tant que bénéficiaire de la prestation sera également d'apporter des feedbacks au consultant en partageant pendant vos échanges :

- Les points positifs : ce qui fonctionne bien dans la dynamique de la mission. Cela contribuera à la motivation de l'intervenant.

- Les points à améliorer : les éléments sur lesquels l'intervenant n'apporte pas encore de réponses du niveau de vos attentes.

Pour les points à améliorer, précisez vos attentes spécifiques pour que le consultant puisse corriger le tir et répondre au besoin. Pour cela, illustrez si possible avec des exemples précis servant de référentiel pour l'intervenant. Toutefois, faites attention à ne pas basculer dans le contrôle qui est l'apanage du contrat de travail.

---

**Astuce**

Invitez les consultants aux réunions internes de la société afin de créer et partager une culture commune. Ils se sentiront pleinement intégrés aux équipes et auront également le même niveau d'information que le personnel salarié, ce qui fera gagner un temps précieux dans de nombreuses situations.

Conviez-les aussi aux évènements plus informels tels que les pots de départ, les sorties, etc. Cela consolidera les liens relationnels avec vos équipes internes. Pour le formalisme de l'invitation, il conviendra d'indiquer une phrase telle que « les consultants externes sont également conviés » ou bien vous pourrez créer une invitation spécifique à leur attention.

---

## 2.4. Se séparer avant le terme initial de la mission

*« Tout quitter est plus facile que tout recommencer.*
*Ailleurs, c'est toujours l'inconnu. »*
- Reine Malouin

Si malgré vos demandes d'amélioration de la prestation ou de respect du cahier des charges, vous vous rendez compte que la mission ne se déroule toujours pas comme vous le souhaitez, vous avez la possibilité de mettre un terme à la mission. Mais avant d'arriver à cet extrême, essayez autant que possible de trouver des solutions en discutant de manière constructive avec votre intervenant, ou en lui proposant de prendre quelques jours pour que chacun puisse prendre du recul et réfléchir à des pistes d'amélioration concrètes.

La fin d'une collaboration avant son terme n'est généralement pas une bonne nouvelle pour l'intervenant. Gardez donc à l'esprit qu'il y aura peut-être des frustrations et des tensions à gérer suite à cette décision. Afin d'adoucir cette transition, assurez-vous d'en discuter de vive voix avant de prendre votre décision définitive et avant l'envoi de la lettre de résiliation. Restez le plus objectif possible afin de conserver une dynamique la plus positive possible pour cette situation délicate.

S'il s'agit d'un cas de problème d'attitude, de comportement, de manque de respect de consignes, contactez la société et non pas l'intervenant officiellement. Par exemple, plutôt que d'envoyer un courrier à Dominique Dupond, envoyez-le plutôt à Dupond SASU ou à sa société de management de transition ou de portage salarial si ce consultant intervient ainsi. C'est à votre prestataire qu'incombe la responsabilité de gérer cette situation.

Toutefois, c'est aussi à vous de fournir les éléments factuels nécessaires pour que la société intermédiaire puisse prendre ses dispositions (témoignages, emails...). Par ailleurs, dans le cadre d'une séparation avec des prestataires externes, il n'est pas nécessaire de justifier sa position, il est simplement nécessaire de respecter le formalisme et le délai de séparation convenu. Par exemple, envoyer un courrier recommandé dans lequel vous indiquez la résiliation et accordez 30 jours calendaires pour mettre un terme à la mission.

Si les échanges sont constructifs, préparez également l'avenir en lui demandant pendant cet entretien de formuler un discours officiel pouvant être retenu pour la fin de la mission (en interne et en cas de demande de références) et qui permettra aux deux parties de sortir par le haut.

Pour terminer, les dernières étapes seront les plus proches possible de la fin d'une mission arrivée au terme initialement prévu. Par exemple, préparer un document de passation, former son successeur, etc.

---

**Témoignage de Maître Marie Koehler de Montblanc, Directeur Associé du Cabinet Fidal : attention à la rupture abusive des relations commerciales établies.**

Faire appel à un prestataire externe (salarié porté ou travailleur indépendant notamment) permet de bénéficier d'une certaine flexibilité quant à l'organisation de la mission confiée. S'il est par exemple possible de mettre fin au contrat liant l'entreprise au salarié porté ou au travailleur indépendant, ceci ne doit pas constituer une rupture brutale des relations commerciales existantes (ce qui peut survenir notamment dans le cas de missions longues).

La rupture brutale des relations commerciales est une pratique dite « abusive », sanctionnée par l'article L.442-6-1-5° du Code de commerce.

Sur ce fondement, il est **en principe** possible d'engager la responsabilité d'un producteur, commerçant, industriel ou artisan qui rompt abusivement des relations commerciales établies et cause ainsi un préjudice à la victime de la rupture (le prestataire externe).

Trois critères apparaissent ici fondamentaux :

<u>La relation commerciale **établie**</u> : cette notion s'entend de manière large et peut être matérialisée par l'existence ou non d'un contrat, d'une suite de contrats ou encore de la poursuite informelle d'un contrat ;

<u>La rupture **abusive**</u> : il s'agit de la rupture ne respectant pas un **préavis écrit d'une durée « raisonnable »**. Ce caractère est évalué non seulement au regard de la durée de la relation (plus celle-ci est longue, plus la durée du préavis doit également l'être), mais également au regard d'autres facteurs tels que les usages du commerce, le chiffre d'affaires que réalise la victime de la rupture avec son co-contractant, la dépendance économique de la victime de la rupture à l'égard de l'auteur de la rupture, la nature des services ou des produits (technicité, caractère saisonnier desdits services ou produits), ou encore les investissements réalisés dans le cadre de la relation commerciale ;

<u>L'existence d'un **préjudice**</u> : c'est la brutalité de la rupture qui est sanctionnée, et non la rupture elle-même. Le préjudice subi (purement économique ou non) doit donc être la conséquence *directe* de la brutalité de la rupture (par

exemple, il peut s'agir de la difficulté à retrouver rapidement un nouveau partenaire commercial).

Si ces critères sont réunis, la victime de la rupture peut être indemnisée d'un montant en général équivalent à la **marge brute qui aurait été réalisée pendant la durée du préavis non accordé**.

**Par exception**, la responsabilité de la partie à l'initiative de la rupture ne peut être engagée si l'autre partie n'exécute pas ses obligations ou encore en cas de force majeure.

Astuce : afin de vous prémunir de toute rupture commerciale abusive, pensez à :
Notifier votre co-contractant de votre volonté de mettre fin à la mission en cours, par lettre recommandée avec accusé de réception ou par exploit d'huissier ;
Respecter un préavis dit « raisonnable » qui tienne notamment compte de la durée de la relation commerciale (par exemple, la durée moyenne de préavis raisonnable paraît être de l'ordre de 2 à 6 mois pour une relation dont la durée est comprise entre 10 mois et 4 ans) et qui soit dans tous les cas au moins égal à celui prévu par le contrat vous liant au prestataire externe. *Attention* : le juge peut sanctionner tout préavis prévu par un contrat, dès lors que celui-ci est jugé insuffisant.

En cas de doute, n'hésitez pas à vous adresser à votre avocat conseil pour un accompagnement personnalisé.

## 2.5. La mission est accomplie

*« Sans intensité, pas de victoire et s'en éloigne la réussite. »*
*- David Taibaud*

Bonne nouvelle, l'intervenant a rempli ses objectifs dans les délais impartis ! Comment bien conclure ? Une bonne conclusion de mission repose sur trois éléments forts : dresser un bilan de la mission, assurer la passation et la continuité de la mission et enfin envisager d'autres pistes de collaboration éventuelles.

Pensez à prévoir la préparation de la conclusion de la mission suffisamment en avance, par exemple une trentaine de jours avant la conclusion définitive de la mission.


Voici la liste des éléments à préparer pour cet entretien :

- Dressez un bilan de la mission : il s'agit d'analyser les problématiques qui ont été résolues et dresser les défis qui restent à relever.


- Vérifiez l'état d'avancement de la passation.

La passation est cruciale dans le succès plein et entier de la mission. Par exemple, si votre société a fait appel à un manager de transition expert en achats dans le cadre de l'analyse d'appels d'offres et que pendant six mois le manager a structuré le service, les dossiers, les présentations, la méthodologie de réponse, alors il serait dommage et surtout contreproductif de ne pas assurer la continuité et la passation. Même dans le cas où cette personne ne serait pas remplacée en fin de mission il convient d'assurer la transmission des dossiers à des équipes en interne.

Essayez de piloter et de désigner des responsables dans la reprise des dossiers. Vérifiez que la transition soit bien documentée et que des créneaux soient bloqués en fin de mission afin que la passation soit la plus complète possible.

- Prévoyez un bonus éventuel. Si vous êtes pleinement satisfait, vous pouvez récompenser votre prestataire de services en lui accordant un règlement additionnel ou vous pouvez régler des jours d'intervention qui ne seront pas effectués. Et cela d'autant plus si vous souhaitez prolonger sa prestation, que ce soit pour cette même mission ou pour une autre. Cette récompense peut également prendre une autre forme, comme celle d'une recommandation écrite qui pourrait lui être utile pour un prochain client.

- Envisagez l'avenir.

Ce dernier point est important, surtout si votre société souhaite gérer les ressources humaines comme la gestion des compétences dans son sens le plus large, en gardant une ouverture sur la gestion des compétences des consultants externes.

Par définition, bien qu'un consultant externe ne dispose pas d'un contrat salarié au sein de votre société celui-ci pourrait tout de même se révéler très pertinent pour relever d'autres défis au sein de votre structure. En effet, à l'issue de cette mission réussie, le consultant dispose désormais d'une connaissance poussée de votre métier, de votre cœur de métier, des enjeux, des spécificités de votre société et connait les équipes ainsi que la culture d'entreprise. Une personne avec un tel savoir pourrait permettre à votre société de gagner un temps précieux et son action serait probablement très efficace dans le cadre d'une nouvelle mission.

Comme nous l'avons abordé, si votre société souhaite éviter les ennuis, les modalités d'intervention d'un salarié et d'un consultant externe sont et doivent rester différentes. Toutefois, il arrive que la réalisation d'une mission permette de découvrir un professionnel talentueux que vous ne souhaitez plus voir partir et à qui vous proposerez une prolongation de mission, une nouvelle mission voire, pourquoi pas, une intégration dans les effectifs de votre Entreprise. Oui, dans une vision large de la gestion des compétences, vous pouvez proposer au consultant externe de devenir salarié de votre entreprise. Finalement, les barrières entre le « Monde du salariat » et le « Monde des Externes » sont parfois assez ténues, mais dans cette situation, qui s'en plaindra ?

# CONCLUSION GENERALE

*Un nouveau mode de travail*

## Savoir saisir les opportunités

*« Il y a des gens qui disent qu'ils peuvent, et d'autres qu'ils ne peuvent pas. En général ils ont tous raison »*
*- Henry Ford*

Les changements liés à l'ubérisation, à l'externalisation et à l'essor de l'entreprise agile apportent de nombreuses opportunités à saisir. En effet, les sociétés sont de plus en plus nombreuses à faire appel à des consultants externes pour répondre à leurs besoins. Par exemple, un groupe pharmaceutique peut missionner un expert pour réorganiser un de ses services. Autre exemple : une entreprise faisant appel à l'expertise d'un designer indépendant pour créer ses prochaines collections (de chaussures, de montres, etc.). Ces illustrations montrent que travailler en tant que salarié en poste dans une entreprise n'est plus l'unique mode d'intervention dans une structure.

Et au-delà d'ouvrir de nouvelles portes d'entrée dans les entreprises, intervenir en mode mission apporte également un style de vie prisé par de nombreuses personnes aujourd'hui.

# Un nouveau mode de travail

Le travail en mode mission longue durée permet de proposer ses services à une entreprise pour une durée déterminée et pour une mission spécifique. Cette manière de collaborer avec l'entreprise offre de nombreux avantages parmi lesquels:

- elle permet d'avoir une grande diversité de missions,
- elle offre l'opportunité de négocier une rémunération plus importante,
- elle donne une nouvelle perspective pour retrouver une activité professionnelle.

L'entreprise a également des intérêts à faire appel à des consultants en mission longue tels que :

- une gestion plus fine des budgets alloués à des projets,
- une plus grande flexibilité de gestion,
- définir des missions spécifiques plutôt que des postes à pourvoir.

Vous l'aurez compris, le travail en mode mission apporte une dimension d'agilité et d'adaptabilité à la fois aux entreprises et aux travailleurs. Cette manière de travailler n'a pas vocation à remplacer les autres modes, mais d'apporter une alternative complémentaire pour les entreprises et les personnes désireuses d'opérer ainsi.

Par ailleurs, si vous n'êtes pas sûr que les missions longues soient faites pour vous, rappelez-vous que rien ne vous contraint à faire un choix définitif. Vous pouvez tout à fait tester cette approche pour vous faire votre propre idée. Si cela vous convient, alors continuez. Sinon, vous pouvez choisir un autre mode de travail qui vous correspondrait mieux. Quoi qu'il en soit, cela vous permettra de gagner beaucoup d'expérience : vous avez tout à y gagner.

# Bibliographie

## Ouvrages

STARLOFF, BRIÈRE (2010), *Le Management de Transition,* Editions Dunod

CANETTI, CATINAUD et KOCH, *Manager l'urgence,* Editions Dunod

MARQUETTE (2013), *Cent jours pour réussir,* Editions Leduc

TUAL (2015), *Le Travail pour Tous !* Editions Alisio

BOSETTI et LAHORE (2016), *Je réussis grâce à mon réseau* Dunod

LE SAGET (2013), Le Manager Intuitif, Editions Dunod

BLOCH (2013), *Opération Boomerang, Ventana Editions*

BOOTHMAN (2013), *Convaincre en moins de deux minutes,* Marabout Editions

BOURET, HOARAU, MAULÉON (2014), *Le Réflexe Soft Skills,* Editions Dunod

ALONSO, BARRAIS (2013), La bible du manager, ESF Editeur

MULLER (2006), La technique du succès, Diateino Editions

FERNANDEZ (2012), A son compte, Editions Eyrolles

BAKER (2016), 101 Contracting Tips

SENIOR (2013) Confessions of an interim manager

BENJAMIN (2010) Consulting, Contracting and Freelancing

LEVI (2016) The 7 Power Contractor

REYNOLDS (2015) So You're Going Contracting

# Ressources internet

**Sur le consulting et la création d'entreprise :**

https://www.afecreation.fr

http://blog-du-consultant.fr

http://www.gautier-girard.com


**Sur l'agilité des entreprises :**

https://www2.deloitte.com/fr/fr/pages/technology/articles/livre-blanc-entreprise-agile.html
http://www.valtech-training.fr/assets/uploads/pdf/livre-blanc-methodes-agiles.pdf


**Sur le management de transition :**

BURTIN (2015), *Le Guide du Management de Transition*

http://www.essensys-france.fr/images/documents/Livre-Blanc-MdT.pdf

http://www.cairn-experts.fr/wp-content/uploads/2016/07/Livre-Blanc-du-Manager-de-Transition-Delville-Management.pdf

http://www.lenouveleconomiste.fr/lesdossiers/management-de-transition-managers-prestataires-29471/


**Sur les ressources humaines :**

http://www.RHinfo.com

http://www.exclusiverh.com

http://www.focusrh.com

http://www.flexientrepreneur.com/blog-portage-salarial

http://www.parlonsrh.com

http://www.allomission.com

# ANNEXES

1. ANNEXE 2.1 - Contacter via les groupes Linkedin

2. ANNEXE 2.2 - Liste des cabinets de management de transition

3. ANNEXE 2.3 -  Liste des cabinets de SSII et de conseil

4. ANNEXE 2.4 - Proposition de collaboration

5. ANNEXE 3.1 -  Etapes création d'entreprise

6. ANNEXE 4.1 - Préparation d'intervention

7. ANNEXE 4.2 - Rapport d'étonnement

8. ANNEXE 4.3 - Trame de fin de mission

9.  ANNEXE 5.1 - Document d' accueil du consultant externe

# Annexe 2.1 - Contacter via les groupes Linkedin

a)Consultez le profil de la personne.

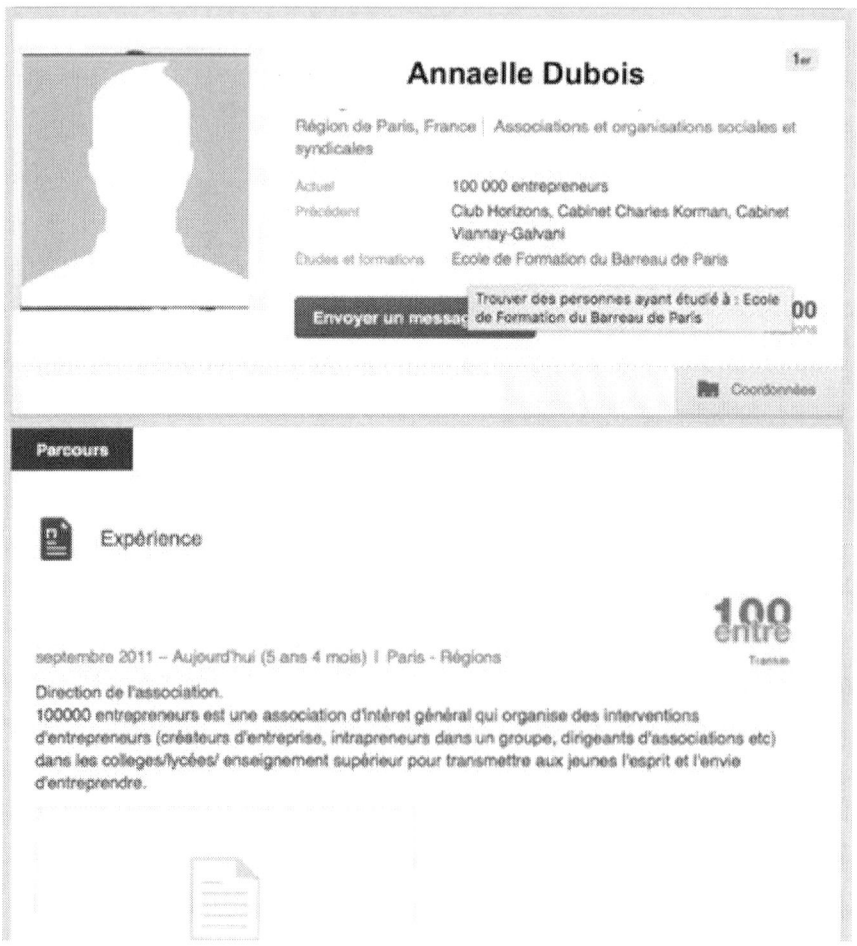

b)Parfois sur son profil, sont listés les groupes dans lesquels la personne est membre (si aucun groupe n'est listé, alors cette technique ne fonctionne pas).

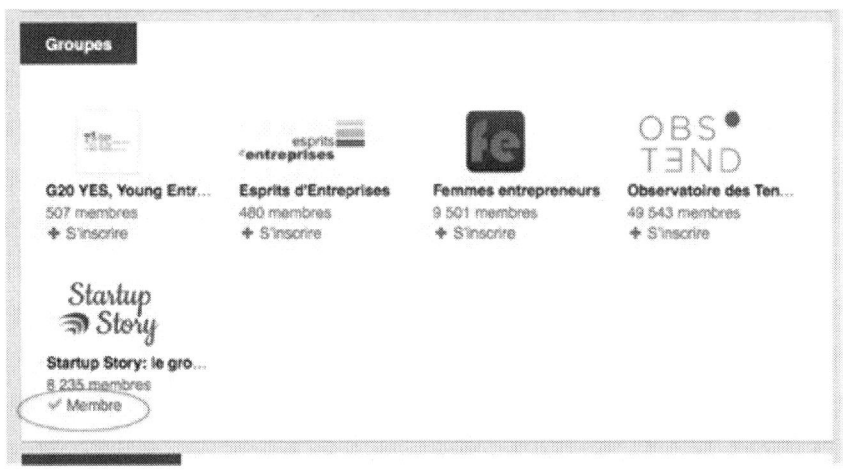

c)Si vous faites déjà partie du même groupe passez à l'étape suivante, sinon adhérez à ce groupe.

d)Allez dans la page d'accueil du groupe et cliquez sur membres pour voir la liste de tous les membres du groupe.

e)Tapez le nom de la personne dans le petit moteur de recherche au-dessus de la liste puis cliquez sur l'enveloppe pour écrire un message.

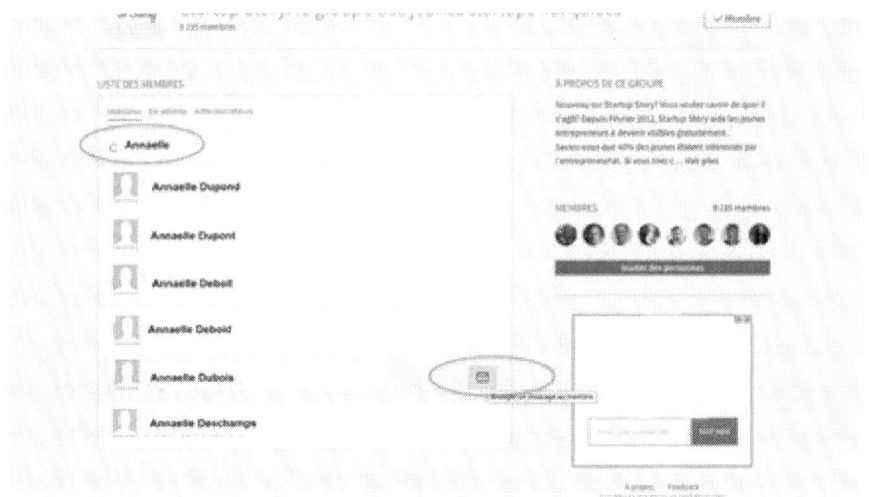

# Annexe 2.2 - La liste des cabinets de management de transition

VALTUS TRANSITION

X-PM TRANSITION Partners

IMT Partners

NIM Europe (NIM)

ACTISS PARTNERS

BOYDEN Branche MT

EIM

MENWAY

VoxAlto

LINCOLN Transition Executive

ESSENSYS

INSIDE MANAGEMENT

ALTERNATIVE Managers

APTIMEN MANAGERS

Ressources Transition

ERG EUROPE

Robert WALTERS (SAS)

DIRIGEANTS & INVESTISSEURS

BADENOCH & CLARK (ADECCO)

ETM (Exec Trans Mgmt ETM)

MCG MANAGERS

TRANSITIO / EUROSEARCH & Ass / ECI Group

ARTHUR HUNT - HUNT MANAGEMENT

Red2Green

GRANT THORNTON (DI Finances)

FONTENAY Managers

FINAXIM

EXECUTIVES ONLINE = DIS (Dir Int Sol)

# Annexe 2.3 - La liste des cabinets de conseils et des ESN

Le TOP 20 des Entreprises de Services du Numérique (source Xerfi)

| | |
|---|---|
| IBM | GFI |
| Capgemini | Assystem |
| Atos | CSC |
| Accenture | Akka Technologies |
| HP | BT Global Services |
| CGI | Bull |
| Sopra | Neurones |
| Altran | Nextiraone |
| Alten | Euriware |
| Steria | Osiatis |

**Autres ESN proposant des missions**

Skill-Expert : Missions en Réseau et Sécurité

IT2S (IT Support and Supply) : Missions en conseils et services ingénierie informatique

Emagine : Missions en stratégie et systèmes d'information

IT&M : Missions de systèmes d'information

Infotel : Missions en systèmes d'information

Anson McCade : Missions en finance et système d'information

Nelite France : Missions en système d'information et informatique

Symelia : Missions en système d'information et transformation numérique

Le Permis Numérique : Missions en système d'information et transition numérique

Phidelys : Missions en système d'information

Task Informatic : Missions en système d'information

Ethic Technology : Missions de conseil en transformation IT

Silkhom : Missions de recrutement de profils spécialisés en IT

Ositel France : Missions en ingénierie et en conseil en nouvelles technologies (NTIC)

Nexilone : Missions d'intégration de CRM (SAP)

Easyteam : Missions d'intégration et de gestion de solutions Oracle

PS INFRA : Missions en système d'information

ABC Systèmes : Missions en système d'information

Meotec : Missions en Gestion de Projets, Achats & logistique

**Les cabinets de consulting les plus recommandés selon le magazine Capital[1]**

Accenture

Deloitte Conseil

EY Advisory

Mc Kinsey & Company

The Boston Consulting Group

Kea & Partners

Bain & Company

Bearing Point

---

[1] Source Capital : http://www.capital.fr/carriere-management/dossiers/palmares-exclusif-les-meilleurs-cabinets-de-conseil-par-specialite-1174505

# Annexe 2.4 – Proposition de collaboration

Ce document est à compléter et à adapter à votre client et à la mission.

| LOGO DU CLIENT | PROPOSITION DE COLLABORATION | |
|---|---|---|
| | DESTINATAIRE : | |
| | REDACTEUR : | |
| | DATE : | |
| | OBJET : | PROPOSITION DE COLLABORATION |

## COMPTE-RENDU    V.01

Personnes rencontrées :

| Prénom | NOM | Fonction | Dates echanges |
|---|---|---|---|
| | | | |
| | | | |
| | | | |
| | | | |
| | | | |

**COMPREHENSION DE VOTRE SOCIETE**

- ❑ L'activité
- ❑ Bref historique et contexte de votre société
- ❑ Organisation
- ❑ Valeurs

**COMPREHENSION DE VOS ATTENTES**

- ❑ Assurer : La responsabilité de ...
- ❑ Enjeux : La société fait face à ...

❏ Expliquer ce que l'on a compris...

    o   Un

    o   Deux

    o   Trois

❏ La mission :

❏ Rôle :

❏ Tâches :

    o   Un

    o   Deux

    o   Trois...

❏ Enjeux de la fonction à moyen terme que vous identifiez : *les enjeux liées à la mission sont :*

    o   Un

    o   Deux

    o   Trois...

## PREMIERS ELEMENTS DE REFLEXION

Il est important de signaler que les éléments ci-dessous ne sont que des premiers éléments de réflexion qui demandent à être approfondis et développés.

*Par exemple faire un SWOT (forces, faibles, risques opportunités) qui sera ensuite intégré au rapport d'étonnement.*

## MES ATTENTES, MA MOTIVATION

- ❏ Ce qui me motive dans ce que XXX propose :
- ❏ Ce que je pense pouvoir apporter à XXX :
    - o Un
    - o Deux
    - o Trois...

## EBAUCHE PROPOSITION DE COLLABORATION

- ❏ Mode de collaboration : prestation de service
- ❏ Proposition financière : pistes de réflexion
    - o Partie fixe : base étudiée XXXK€ ht/an
- ❏ Soit sur une base d'intervention de XX jours par an entre XXX€ ht/ jour à XXX ht / jour
    - o Partie variable : entre 0 et 15% sur objectifs et indicateurs de l'entreprise

## REFERENCES

- ❏ Nom Prénom – Mail – Téléphone

## PROPOSITION PROCHAINES ETAPES

- ❏ Etapes précontractuelles :

| Etapes | Organisateur | temps estimé |
|--------|--------------|--------------|
| 1 | Rencontre informelle / autres échanges | |
| 2 | Approfondissement contours collaboration puis draft contrat | 1 semaine |

- ❏ Etapes post-contractuelles
    - o Passation fonction
    - o Entretiens/échanges équipes

- o Analyse de la société : Etudes de marché/tendances/concurrence/ stratégie suivie

- o Analyse approfondie situation XXX

- o Rencontre XXX

- o Approfondissement XXX

- o Approfondissement des forces et faiblesses ainsi que des risques et opportunités

- o Concertation et mise en place d'un plan d'action

# Annexe 3.1 – Les étapes de création d'une entreprise

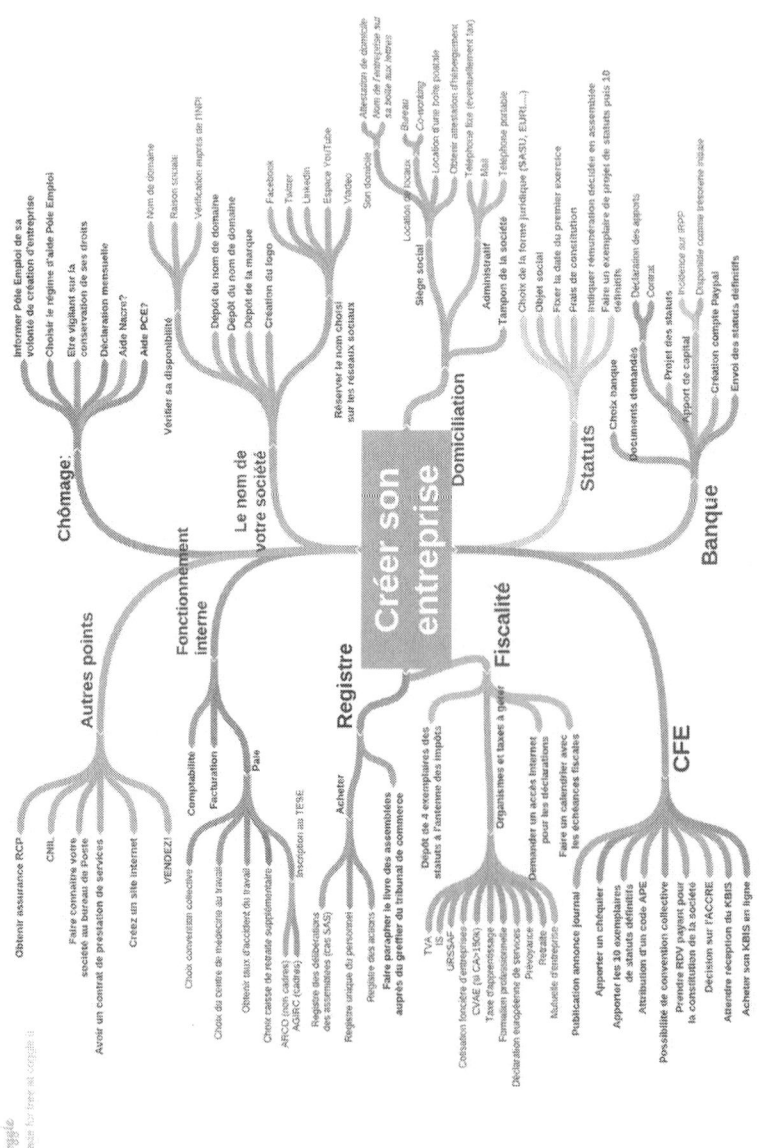

# Annexe 4.1 – Préparation d'intervention

Ce document est à compléter et à adapter en fonction de votre client et de votre mission.

| LOGO DU CLIENT | PREPARATION DE L'INTERVENTION | |
|---|---|---|
| | DESTINATAIRE : | |
| | REDACTEUR : | |
| | DATE : | |
| | OBJET : | PREPARATION DE L'INTERVENTION |

# PRISE DE FONCTION V.01

### 1. DOCUMENTS POUR FACILITER MA PRISE DE FONCTION

### 1.1 Données générales

❏ Quelques données financières du périmètre (CA, RESOP, Résultat net, effectifs...)

❏ Principaux drivers de l'activité (les éléments ayant un impact sur l'entreprise et le secteur d'activité)

❏ Faits marquants / sujets en cours

❏ Glossaire du vocabulaire interne (si existant)

### 1.2 Ressources humaines

❏ Organigramme

    o Interne (toutes sociétés) et idéalement trombinoscope

    o Nom et fonction des responsables de département (et lieu)

    o Liste des acteurs clefs

❏ Equipes directes :

    o CV des collaborateurs

- o Principales tâches réalisées
- o Objectifs fixés pour l'année en cours
- o Entretiens d'évaluation des 2 dernières années
- o Si possible points forts/points faibles
- o Ancienneté
- o Autre élément à connaitre ?
- ❑ Tâches et missions en cours des collaborateurs
- ❑ Rémunérations de l'équipe directe
  - o Idéalement tableau synthétique comportant la part fixe/variable et les différents avantages
- ❑ Congés des collaborateurs directs
  - o Synthèse des congés pris / à prendre et le calendrier des congés posés
  - o Idéalement avoir pour consigne de ne plus valider aucun congé avant mon arrivée
  - o Suivi de l'absentéisme
- ❑ Règlementaire
  - o Conventions collectives
  - o Règlement intérieur
  - o Règlement et consignes d'hygiène et de sécurité en vigueur dans les locaux
  - o Règles en vigueur pour les déplacements à l'étranger

## 1.3 Système d'information

- ❑ Vue globale de l'ensemble des systèmes d'information (comptabilité, reporting, achats, consolidation...)

## 1.4 Administratif

❑ Contacts

- o Internes (numéro de téléphone, mail, comptes visioconférence si utilisé, etc.)

- o Adresses des bureaux des sociétés du Groupe

- o Contacts externes (si applicable – par exemple, prestataires informatiques, etc.)

❑ Logistique : clefs, codes, standard téléphonique, répondeurs, matériel divers, téléphonie mobile collaborateurs, copieur / fax, internet, câbles des salariés en France et à l'étranger.

❑ Documents de présentation de la société

## 2.   COTE OUTILS DE TRAVAIL

En raison des spécificités liées aux réseaux informatiques des Grands Groupes il sera probablement nécessaire de mettre à disposition un ordinateur portable et éventuellement un téléphone portable.

❑ Accès aux logiciels (installation sur l'ordinateur portable et préparation des identifiants et des mots de passe) :

- o Compte de messagerie et adresse mail (par exemple ext.pierre.dupont@ )

- o Accès à la comptabilité

- o Accès aux logiciels utilisés (exemple : accès au logiciel comptable, consolidation, etc.)

- o Accès comptes de visioconférence

- o Accès à l'intranet

- o Accès au système de validation des congés des collaborateurs directs

❑ Accès aux fichiers et documents :

- o Accès aux dossiers partagés par le Service

- o Ensemble des fichiers du prédécesseur
- o Ensemble des mails professionnels du prédécesseur (le cas échéant les expurger des messages personnels)
- o Mots de passe nécessaires

❑ Divers

- o Badge d'entrée et de sortie (préconfigurer si possible un horaire large)

## 3. JOUR J

❑ Afin de faciliter la prise de fonction il peut être opportun de fixer les éléments suivants :

❑ Communication aux équipes

❑ Note de service arrivée

❑ Prévoir des créneaux d'échange avec le prédécesseur

❑ Pot d'arrivée ou déjeuner avec les équipes ?

❑ Visite d'une ou deux sites représentatifs des agences du Groupe (idéalement dans les deux premières semaines)

❑ Prévoir des créneaux d'échange avec d'acteurs clefs (DRH, responsable comptable, responsable des opérations, responsable commercial, etc.) – peut aussi s'organiser dans un deuxième temps

## 4. AUTRE ?

❑

# Annexe 4.2 – Rapport d'étonnement

Ce document vous servira de guide pour la rédaction du rapport d'étonnement que vous transmettrez à votre client.

| LOGO DU CLIENT | PRISE DE FONCTION | |
|---|---|---|
| | DESTINATAIRE : | |
| | REDACTEUR : | |
| | DATE : | |
| | OBJET : | DRAFT COMPTE RENDU 10 JOURS APRES LA PRISE DE FONCTION |

# COMPTE-RENDU    V.01

## 1.    OBJECTIFS

- ❏ Etablir un état à  T0
- ❏ Dissiper d'éventuelles mésinterprétations
- ❏ Discussion objectifs/timming/moyens
- ❏ Ebauche organisation équipe
- ❏ Préparation réunion XXX

## 2.    ACTIONS ENTREPRISES ET RESTANT A ENTREPRENDRE

- ❏ Actions déjà entreprises
  - o Premier contact individualisé réalisé avec nombreux acteurs clefs
  - o Passation avec XXX bien avancée
  - o Première analyse des forces et faiblesses du service et identification d'axes d'amélioration
  - o Ebauche des premières propositions
  - o Schéma des systèmes d'information

❑ Actions restant à entreprendre

    o Finaliser la passation avec XX (en particulier YYY)

    o Faire le point avec les équipes CCCC

## 3.    PERSONNES RENCONTRÉES

❑ Rencontres individualisées :

    o Chaque membre de l'équipe DDD (14 personnes) exception faite RRR (absente)

    o Management : XXX, YYY...

    o Autres services : AAA, BBB...

❑ Visite terrain à ZZZ avec KKK

## 4.    SWOT – FORCES / FAIBLESSES / RISQUES / OPPORTUNITES

A noter : en réponse aux X points signalés dans « Faiblesses » et « Risques » le chapitre 5 comporte les premières ébauches d'organisation du service et le chapitre 6 comporte d'autres ébauches de solutions par thème.

FORCES :

❑ Entreprise et organisation:

1.    ...

2.    ...

❑ Equipes :

3.    ...

4.    ...

FAIBLESSES :

❑ Organisation interne :

1.   ...

2.   ...

RISQUES /!\:

1.   ...

2.   ....

OPPORTUNITES :

1.   ....

2.   ....

## 5.   EBAUCHE PROPOSITION : ORGANISATION INTERNE

⇨   Cf. schéma d'organisation en Annexe

❑ Ebauche 1,

❑ Ebauche 2,

❑ Etc.

## 6.   EBAUCHE AUTRES PROPOSITIONS

❑ Idée...

❑ Idées...

## 7.    OBJECTIF PRIORITAIRES

| PRIORITE | OBJECTIF | DATE TARGET | MOYENS |
|----------|----------|-------------|--------|
| 1 | | | A définir |
| 2 | | | A définir |
| 3 | | | A définir |
| 4 | | | A définir |
| 5 | | | A définir |
| 6 | | | A définir |
| 7 | | | A définir |

# Annexe 4.3 – Trame de fin de mission

Ce document est une « check list » vous permettant de vérifier les points essentiels pour effectuer une bonne passation à la fin de la mission.

| LOGO DU CLIENT | TRAME DE FIN DE MISSION | |
|---|---|---|
| | DESTINATAIRE : | |
| | REDACTEUR : | |
| | DATE : | |
| | OBJET : | PREPARER ET ASSURER LA FIN DE MISSION ET LA PASSATION |

# CONCLUSION DE LA MISSION   V.01

Les différents éléments qui suivent ont pour but de faciliter la conclusion de la mission et ne sont pas exhaustifs.

1.  **RETROSPECTIVE DES TEMPS FORTS DE LA MISSION**

1.1  Récapitulatif des différents jalons

- ❑ Sous-objectifs

- ❑ Délais

- ❑ Résultats de ces différents jalons

1.2  Moments forts de la mission

- ❑ Les grandes victoires

- ❑ Les difficultés marquantes

- ❑ Les grands tournants / changements

- ❑ Synthèse des résultats obtenus

2.  **PASSATION**

2.1  Notes explicatives et documents de passation

2.2  Calendrier

2.3  SWOT de la passation

3.  **CONCLUSION DE LA MISSION**

❑ Prolonger la mission ?

❑ Récolter des retours / recommandations de vos collègues

❑ Organiser pot ou déjeuner de départ avec l'équipe

❑ Retourner le matériel prêté (ordinateur, téléphone, badge,...)

❑ Envoyer un mail d'au revoir aux personnes avec qui vous avez collaboré et en transmettant vos nouvelles coordonnées

# Annexe 5.1 – Préparation d'intervention

Ce document à pour but de lister les différents éléments à prendre en compte avant l'intégration d'un consultant en mission longue dans l'entreprise que vous représentez.

| LOGO DU CLIENT | DOCUMENT D'ACCUEIL | |
|---|---|---|
| | DESTINATAIRE : | |
| | REDACTEUR : | |
| | DATE : | |
| | OBJET : | TRAME DE PREPARATION ACCUEIL CONSULTANT |

# DOCUMENT D'ACCUEIL   V.01

Les différents éléments qui suivent ont pour but de faciliter la prise de fonction et ne sont pas exhaustifs.

## 1.   DONNEES GENERALES

1.1   Données générales

❑ Documents de présentation de la société

❑ Quelques données financières du périmètre (CA, RESOP, Résultat net, effectifs, etc.)

❑ Faits marquants / sujets en cours

❑ Glossaire du vocabulaire interne (si existant)

1.2   Administratif

❑ Organigramme

    o   Interne et idéalement trombinoscope

    o   Nom et fonction des responsables de département (et lieu)

    o   Liste des acteurs clefs

❑ Contacts

- o Internes (numéro de téléphone, mail, comptes visioconférence si utilisé, etc.)
- o Adresses des bureaux des sociétés du Groupe
- o Contacts externes (si applicable – par exemple, prestataires informatiques, etc.)

❑ Logistique : clefs, codes, standard téléphonique, répondeurs, matériel divers, téléphonie mobile collaborateurs, copieur / fax, internet, câbles des salariés en France et à l'étranger.

## 2.    OUTILS DE TRAVAIL

En raison des spécificités liées aux réseaux informatiques des Grands Groupes il sera probablement nécessaire de mettre à disposition un ordinateur portable et éventuellement un téléphone portable.

❑ Accès aux logiciels (installation sur l'ordinateur portable et préparation des identifiants et des mots de passe) :

- o Compte de messagerie et adresse mail (par exemple ext.pierre.dupont@ ou pierre.dupont.externe@ ... )
- o Accès aux logiciels métier utilisés (exemple : accès au logiciel comptable, consolidation... Accès comptes de visio conférence ou procédure
- o Accès à l'intranet
- o Accès au système de validation des congés des collaborateurs directs

❑ Accès aux fichiers et documents :

- o Accès aux dossiers partagés par le Service
- o Ensemble des fichiers du prédécesseur

- o Ensemble des mails professionnels du prédécesseur (le cas échéant les expurger des messages personnels)
- o Mots de passe nécessaires
- ❏ Divers
  - o Badge d'entrée et de sortie (préconfigurer si possible un horaire large)
  - o Accès à réfectoire d'entreprise
- ❏ Règlementaire
  - o Règlement intérieur
  - o Règlement et consignes d'hygiène et de sécurité en vigueur dans les locaux
  - o Règles en vigueur pour les déplacements à l'étranger

## 3. EQUIPES

- ❏ Equipes directes :
  - o CV des collaborateurs
  - o Principales tâches réalisées
  - o Objectifs fixés pour l'année en cours
  - o Entretiens d'évaluation des 2 dernières années
  - o Si possible points forts/points faibles
  - o Ancienneté
  - o Autre élément à connaitre ?
- ❏ Tâches et missions en cours des collaborateurs
- ❏ Rémunérations de l'équipe directe
  - o Idéalement tableau synthétique comportant la part fixe/variable et les différents avantages
- ❏ Congés des collaborateurs directs

    o  Synthèse des congés pris / à prendre et le calendrier des congés posés

    o  Idéalement avoir pour consigne de ne plus valider aucun congé avant l'arrivée du consultant

    o  Suivi de l'absentéisme

## 4.    JOUR J

Afin de faciliter la prise de fonction il peut être opportun de fixer les éléments suivants :

- ❑ Communication aux équipes
- ❑ Note de service arrivée
- ❑ Prévoir des créneaux d'échange avec le prédécesseur
- ❑ Pot d'arrivée ou déjeuner avec les équipes ?
- ❑ Visite d'une ou deux sites représentatifs des agences du Groupe (idéalement dans les deux premières semaines)
- ❑ Prévoir des créneaux d'échange avec d'acteurs clefs (DRH, responsable comptable, responsable des opérations, responsable commercial, etc.) – peut aussi s'organiser dans un deuxième temps

## 5.    AUTRE ?

- ❑
- ❑

# Table des matières

L'Auteur ........................................................................ 5

Remerciements............................................................. 5

Sommaire ..................................................................... 9

Préambule .................................................................. 11

INTRODUCTION GENERALE.....................................13
Saisir le moment présent ...........................................13
   Travailler *en mode mission* : l'innovation d'aujourd'hui .................17

CHAPITRE 1 : Naviguer en indépendant dans la nouvelle économie .................................................................... 23
   1.    Qui sont les *contracteurs* ? ........................................ 23
      1.1.    Les termes liés au consultant externe ................... 23
      1.2.    Exemples de situation ...................................27
      1.3.    Le cas des missions de courte durée .................... 30
      1.4.    Quels sont les prérequis pour travailler en mode mission de longue durée ? ................................................ 33
   2.    Les tendances actuelles de l'économie favorisent les indépendants................................................................ 35
      2.1.    Une économie en transformation : l'ubérisation du travail 36
      2.2.    L'externalisation : une tendance de fond............................ 39
      2.3.    La tendance vers l'indépendance ......................40
   3.    Des conséquences importantes sur l'organisation des entreprises................................................................ 42
      3.1.    Qu'est-ce qu'une entreprise agile ? ....................... 43
      3.2.    Rôles et responsabilités des fonctions internes de l'entreprise ..............................................45
   4.    Suis-je fait pour devenir  contracteur ?................................ 47
      4.1.    Un mode de travail stimulant......................... 47
      4.2.    Avec les avantages des entrepreneurs sans les inconvénients ..........................................49
      4.3.    Ce mode de travail est-il fait pour vous ? ................ 50

CHAPITRE 2 : Trouvez vos missions ................................. 55
   1.    Les premiers éléments avant de vous lancer......................... 55
      1.1.    Le rythme des missions et des intermissions...................... 56

1.2. Créez un environnement propice à votre changement de carrier ....................................................................... 60

2. **Posez vos conditions financières** ................................. **67**

2.1. De salaire à prestation de services ....................... 67

2.2. Le Taux Journalier Moyen (TJM) ....................... 68

2.3. Exemple de calcul du TJM ................................. 72

2.4. Facturer un forfait mensuel ? .............................. 75

2.5. Les honoraires de la première mission ............... 76

3. **Consolidez votre image au début de votre activité** ....... **77**

3.1. Préparez un CV professionnel ............................ 77

3.2. Soignez votre image et votre marque personnelle ........... 80

3.3. Faites-vous recommander ................................... 90

4. **Prospectez en direct** ................................................ **92**

4.1. Postulez à des offres d'emploi ! .......................... 92

4.2. Démarchez directement les entreprises ............. 95

4.3. Les réseaux sociaux professionnels .................... 97

5. **Prospectez les cabinets** ........................................ **100**

5.1. La valeur ajoutée de passer par un cabinet spécialisé ...... 101

5.2. Comment rencontrer ces sociétés ? ................... 107

6. **Cultivez votre réseau professionnel** ..................... **109**

6.1. L'importance du réseau .................................... 109

6.2. Maintenez le lien relationnel ............................ 112

6.3. Rejoignez des réseaux ...................................... 114

7. **Gérez votre premier rendez-vous commercial ?** ...... **123**

7.1. La première prise de contact ............................ 123

7.2. Connaissez et utilisez l'argumentaire des avantages pour une entreprise ................................................. 127

7.3. Astuces pour le jour J ....................................... 128

7.4. La négociation de vos honoraires ..................... 138

7.5. Concluez le premier rendez-vous ..................... 142

7.6. La proposition de collaboration ....................... 144

7.7. Donnez une suite au premier rendez-vous ....... 145

7.8. Le statut d'indépendant comme force pour négocier ...... 146

**CHAPITRE 3 : La dimension administrative** ................ **151**

1. **Quels sont les différents statuts possibles ?** ............ **151**

1.1. Quels statuts existent pour le consultant en mission longue ? . 152

1.2. Comparaisons du potentiel de gains ................. 155

1.3. Comparaisons des protections .......................... 160

1.4. Comparaisons des aides financières de Pôle Emploi ....... 168

1.5. Comparaisons générales ................................... 177

1.6. Comparaisons des tâches administratives ......... 180

2.   Les étapes administratives pour se lancer............................184
  2.1.   Créer sa propre société .........................................184
  2.2.   Le portage salarial ..............................................203
  2.3.   Les autres formes d'intervention possibles ....................221
3.   Le contrat de prestation de services ? .............................231
  3.1.   Les articles essentiels...........................................232
  3.2.   Attention à certaines conditions ...............................238

**CHAPITRE 4 : En mission............................................ 243**
1.   Le premier mois décisif de la mission ............................ 243
  1.1.   Anticipez et préparez le début de la mission ...................245
  1.2.   Cadrez la mission................................................248
  1.3.   Les outils du consultant en mission.............................249
  1.4.   Comprenez bien votre nouvel environnement de travail........255
  1.5.   Faites un rapport d'étonnement à 30 jours ......................261
2.   Quelques bonnes pratiques pour bien s'intégrer en entreprise... 264
  2.1.   Cultivez votre intelligence interpersonnelle....................265
  2.2.   Communiquez, communiquez, communiquez.................269
  2.3.   Cultivez une bonne confiance en vous ...........................273
3.   Comment faire face aux freins et difficultés ? .................. 279
  3.1.   Soyez un « problem solver »......................................279
  3.2.   Cultivez des relations humaines saines .........................283
4.   Conclure la mission ................................................. 286
  4.1.   Délivrez la mission et préparez la passation....................287
  4.2.   L'entreprise veut aller plus loin, et vous ? .......................290
  4.3.   Arrêter avant la fin de la mission ...............................293

**CHAPITRE 5 : Entreprises, comment intégrer les consultants externes et sécuriser vos relations ......................... 299**
1.   Les préalables d'une collaboration réussie ......................300
  1.1.   Définir les rôles et les responsabilités entre les fonctions........300
  1.2.   Le SWOT des différents modes d'intervention pour une entreprise cliente................................................304
  1.3.   Contractualiser : points à vérifier...............................326
  1.4.   Contractualiser : bâtir une relation gagnant / gagnant...335
2.   Les ingrédients d'une collaboration en mode mission réussie.... 338
  2.1.   Préparez l'arrivée du consultant externe .......................338
  2.2.   Le rapport d'étonnement du consultant..........................343
  2.3.   Planifiez des points réguliers ...................................345
  2.4.   Se séparer avant le terme initial de la mission .................347
  2.5.   La mission est accomplie.........................................352

**CONCLUSION GENERALE....................................... 355**

Savoir saisir les opportunités ........................................................355
Un nouveau mode de travail............................................................356

Bibliographie ..................................................................................357
Ouvrages .........................................................................................357
Ressources internet........................................................................358

ANNEXES ........................................................................................ 359
Annexe 2.1 - Contacter via les groupes Linkedin ..........................360
Annexe 2.2 - La liste des cabinets de management de transition
........................................................................................................363
Annexe 2.3 - La liste des cabinets de conseils et des ESN............365
Annexe 2.4 – Proposition de collaboration ...................................367
COMPTE-RENDU  V.01................................................................ 368
Annexe 3.1 – Les étapes de création d'une entreprise.................372
Annexe 4.1 – Préparation d'intervention......................................373
PRISE DE FONCTION V.01........................................................... 374
Annexe 4.2 – Rapport d'étonnement.............................................378
COMPTE-RENDU  V.01................................................................ 379
Annexe 4.3 – Trame de fin de mission..........................................383
CONCLUSION DE LA MISSION V.01 ............................................ 384
Annexe 5.1 – Préparation d'intervention......................................386
DOCUMENT D'ACCUEIL V.01...................................................... 387

Table des matières ........................................................................391

© Allo Mission, Paris, 2017

www.allomission.com

Une Marque de Transifi Management

56 rue Davy 75017 Paris

Tous droits réservés.

Crédit photo couverture : Philippe Du Pont

ISBN: 978-2955987308 (PAPIER)

ISBN: 978-2955987315 (EPUB)

ISBN: 978-2955987322 (MOBI)

ISBN: 978-2955987339 (PDF)

*Imprimé par CreateSpace*
*27 janvier 2017*

Printed in Great Britain
by Amazon